첫 번째 프레네 학교 이야기

초판 1쇄 발행 2006년 5월 22일
　　 2쇄 발행 2008년 8월 19일
　　 3쇄 발행 2010년 11월 15일

두 번째 프레네 학교 이야기

초판 1쇄 발행 2007년 9월 17일
　　 2쇄 발행 2011년 1월 17일
　　 3쇄 발행 2013년 7월 26일
　　 4쇄 발행 2021년 9월 13일

합본판 　인쇄 2024년 4월 23일

펴낸곳 | 별의친구들
엮　음 | 별의친구들 / 장 노엘 예반, 올리비에 프랑콤
펴낸이 | 김현수

표지디자인 | 라용
인　쇄 | 주)열림씨앤피

등　록 | 제320-2006-15호
주　소 | 서울시 영등포구 선유로54길 13 성연빌딩 2층
전　화 | 02-876-9366
홈페이지 | https://www.fos.or.kr/
e-mail | starcollege@hanmail.net
ISBN | 979-11-972467-6-0

첫 번째

프레네학교 이야기

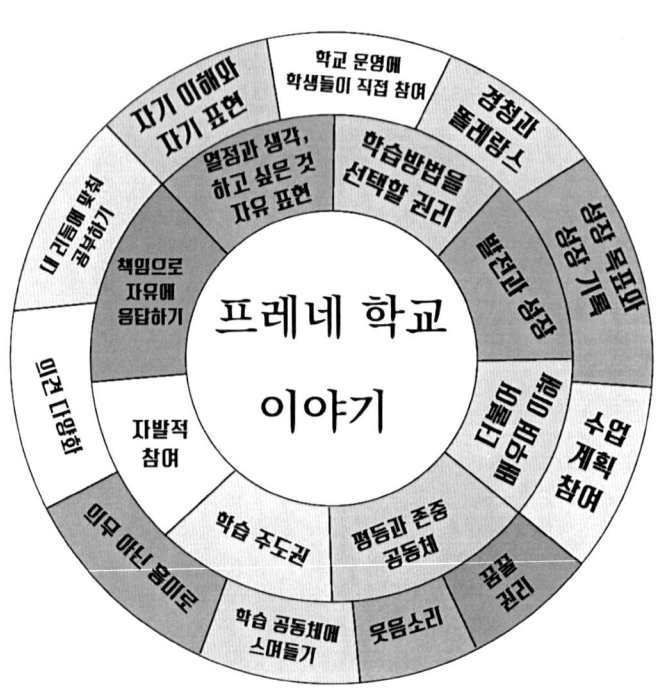

『첫 번째 프레네 학교 이야기』를 발행하며

교육학이 교사보다 중요한가?

2010년 프랑스 낭트에서 개최된 국제프레네교사회의(리데프)에 참가하는 동안 프랑스의 교사와 나눈 이야기 중 하나입니다. 그분은 교사출신 교수로서 프랑스의 특수교사 양성을 담당하고 있었습니다. 그는 이렇게 이야기하였습니다. '교육학이 교사보다 중요하다'고

그분은 교사의 개인적 태도보다 그가 가진 교육적 실천의 바탕이 되는 교육학이 무엇인가가 교실, 학교에 영향을 더 강력하게 미친다고 하였습니다. 그가 그렇게 이야기한 것에는 30여 년의 세월이 뒤에 서 있었습니다. 그는 그리고 교사가 치료적인 것이 아니라 교육학이 치료적인 것이라고 덧붙였습니다.

우리는 어떤 교육학을 갖고 교실에 들어가는가?

특정한 교육학에 대한 방침을 따르진 않지만 날마다 우리 자신이 영향받고 있는 교육학이 있을 것입니다. 그 교육학의 프레임(틀)으로 우리는 아이들과 만나고, 대화하고, 우리 자신의 입장을 설명하고 있을 것입니다. 우리가 이를 더 의식화해야만 우리 교육의 결과를 더 냉정하게 정리할 수 있을 것입니다.

그 이후 우리 교실의 핵심철학으로 프레네 교육학을 만들어가고자 해왔습니다. 대안교육을 시작한 이후로 교육학 지도에 나온 여러 교육학을 전전하다 안착한 곳이 프레네 교육학인 것입니다.

별의친구들은 이후 4~5회의 국제 연수와 3~4회의 프랑스 방문[1], 개별적 교류를 통해 연대를 지속해 왔습니다. 그리고 이 책은 그 과정에서 만들어낸 첫 번째 산물에 속합니다. 이미 1,000여 명 이상의 교사들이 함께 세미나와 연수에 참여했고 이 책을 사서 읽어본 사람들도 1,000여 명이 훌쩍 넘었습니다. 한국에서도 이제 적지 않은 교사들이 프레네를 알게 되었고 프레네 교육실천에 대한 관심도 증가하고 있습니다.

우리는 모든 교사는 아니지만 많은 교사들이 저마다 자신의 교육학을 세우고, 점검하고, 교실에 넘쳐나는 그 무언가가 자신의 교육학과 어떤 형세로 구조화되었는지를 알기 바랍니다. 교육학 없는 교사는 교사가 아니라고도 할 수 있습니다. 교사가 무엇을 하고 있는지에 대한 틀이 없다고 할 수 있으니까 말이지요. 그러므로 그 행위는 어떤 행위가 될 것인

---

[1] 2024년 3월 기준 현재 별의친구들은 프레네 국제연수 약 8회, 프랑스 프레네 학교 현장연수 약 4회 참여

지 가늠하기 어렵습니다.

　새로운 교육환경은 지금 우리에게 어떤 교육학을 가질 것인가에 대해 질문하고 있습니다. 한국의 교육학은 입시의 교육학이었습니다. 이것은 중학생 이상이면 대부분의 아이들이 알고 있는 교육학입니다. 프레네 교육학은 모두의 대안은 아니지만 입시의 교육학에서 새로운 교육학으로 이동해갈 수 있는 또 다른 길 중 하나입니다. 이 길을 걷기 위해 여정을 나선 교사들에게 프레네 학교 이야기는 자그만 이정표가 될 수 있을 것이라 기대합니다.

　새로운 교육학을 찾아 나선 많은 교사들에게 이 책이 한때나마 그 길의 동반자가 되기를 바랍니다. 우리는 조금 더 걸었지만 많은 사람이 함께 걷는다면 뒤에 오는 사람들이, 혹은 다른 길을 걷는 사람들이 더 좋은 길을 걷게 되리라고 생각합니다.

　지난 5년간 그리고 처음으로 책을 낸 2006년 이후 꾸준히 함께 활동해 온 모든 교사분들과 프랑스의 티드 호젤, 장 노엘, 올리비에 프랑콤 등의 프랑스 측 인사들 그리고 별의친구들의 별지기분들과 학생, 학부모들께 감사드립니다. 그리고 특별히 김세희 선생님, 정수미 선생님, 권경아 선생님께 감사드립니다.

2010년 10월 25일
별의친구들
김 현 수

| 차 례 |

프레네 학교 이야기, 첫 번째 이야기

발행하며 _ 교육학이 교사보다 중요한가 _ 김현수 | 03

여는 글 _ 김현수 | 10

1부 프레네 교육 집중연수
    1장 학생이 스스로 결정하는 학교 | 15
    2장 학교는 즐거운 곳입니다 | 42
    3장 형식을 제공하는 교사와 내용을 채우는 학생 | 74

2부 프레네 교육 세미나
    4장 협동이 없는 교실은 살아있는 교실이 아니다
        학생의 실패란 없습니다. 교사의 실패가 있을 뿐입니다 | 105
        무엇을 배울 것인가, 어떻게 배울 것인가, 왜 배울 것인가 | 118
    5장 학교는 어디로 가야하는가
        모든 배우는 사람을 위한 프레네 교육학 | 125
        평범한 교사와 평범한 학생이 만나 탁월한 시스템을 운영해 가는 곳 | 131

3부 마침 그리고 새로운 시작
    6장 나의 교육일기 _ 올리비에 프랑콤 | 145

프레네 학교 이야기, 두 번째 이야기

발행하며 _ 민주주의가 가장 큰 치유제 _ 김현수 | 154

발간사 _ 김현수 | 158

1부 프레네 교육연수
　1장 들리지 않는 목소리를 듣는 교사 | 168
　2장 성공한 것을 빛나게 하는 교사 | 199
　3장 결정하지 않는 교사 | 232
　4장 통념을 뒤흔드는 교사 | 272

2부 프레네 교육 세미나
　5장 프레네 교육에 입문하기 _ 올리비에 프랑콤 | 305
　6장 평범한 교사의 평범한 역할 _ 장 노엘 | 320

3부 새로운 시작을 위하여
　7장 한국의 교사들에게 _ 장 노엘 | 330

부록
　현대학교헌장 | 338
　프레네 교육의 불변법칙 | 342

A Célestin Freinet.

셀레스탱 프레네 서거 58주년에 즈음하여
이 책을 프레네 선생님께 헌정합니다.

여는 글

한국 교육에 새로운 숨결을 불어넣을 정신을 찾아서

이 책이 발간되기까지

프레네는 1896년에 태어나 1966년에 숨을 거두었습니다. 그러니까 그가 서거한 지 58주년이 바로 올해입니다. 책과 사진으로밖에 뵙지 못했지만 그분께 지면으로나마 추모의 뜻을 전합니다. 한 사람의 교사로서, 한 사람의 개혁가로서 활동했던 그의 교육정신은 지금 전 세계 수십 개국에서 계승발전되어 확대되고 있습니다. 아시아권에서는 일본에 이어 한국에서 두 번째로 프레네 교육운동의 지부를 준비하고 있는 상태입니다. 그래서 저희는 그의 서거 58주년을 기릴 뿐 아니라 한국에서 새로운 한국식 프레네 교육운동의 전기를 마련하기 위하여, 멀리 프랑스에서 급작스럽게 초대되어 온 두 프레네 운동가들과의 2005년 만남과 교류를 축하하기 위하여 이 책을 만들게 되었습니다.

이 책이 나오기까지의 간단한 역사는 이렇습니다. 저희 학교에서 대안교육에 관한 세미나를 하던 중 저희는 프레네를 본격적으로 알게 되었습니다. 그래서 프레네 정신과 그의 학교운영원리를 이해하기 위해 파리를 방문했고, 그곳에서 티드 호젤(Thyde Rosell)과 크리스티안 알랭(Christiane Alinc)을 만났으며 감동적인 연수기회를 갖게 되었습니다. 한국으로 돌아온 후 그분들을 한국에 초대했고 프레네 협회 국제부 관계자인 티드 호젤이 협회에 의견을 올려 올리비에 프랑콤과 장 노엘 선생님께서 오시게 된 것입니다. 그분들과 한국의 대안교육 교사들은 한국에서 일주일간을 함께 지내면서 다양한 토론을 하게 되었고 더 깊은 이해를 나누게 되었습니다. 그때의 글들이 엮어져 책이 되었고, 책을 내기 위해 프랑스로 돌아간 후에도 그분들과 연락이 지속되었습니다. 많은 자료를 제시해주었지만 저희의 현실과 여건상 한국 방문 당시의 토론 그 이상으로 책을 낼 수는 없었습니다. 아마도 이는 다음 기회로 미루어야 할 것 같습니다. 그래서 결국 2005년 11월에 있었던 대화들만으로 이렇게 부끄러운 책을 내게 되었습니다.

한 권의 책이 만들어지기까지의 많은 수고는 거의 김세희 선생님 혼자서 다 하다시피 하였습니다. 모두에게 감사하지만, 특별히 프랑스의 두 선생님과 김세희 선생님께 감사를 전합니다.

협동, 작업, 동기, 책임, 자유, 민주주의……

이 책의 여러 곳에서 반복되는 이야기들이 발견될 것입니다. 아마 가장 많이 발견되는 단어는 협동일 것이며, 그다음이 작업 혹은 아뜰리에이고 그리고는 동기, 책임, 자유, 민주주의, 신뢰 등이 발견될 것입니다.

경쟁사회에서 각박하게 살아온 우리에게 협동은 예전 새마을 운동 시대의 낡은 구호였습니다. 이 책에서의 협동이 그렇게 모두를 위한 희생으로 다가서지 않기를 바랍니다. 민주주의에 관해서도 마찬가지입니다. 민주적 정신이 기본이라고는 하지만 우리는 학생을 주체로 세우기 위한 노력에 있어 아직도 부족한 점이 많습니다. 학생위원회나 학급위원회가 법제화도 되지 않은 국가라는 비웃음을 사고 있는 형편이니까 말입니다. 우리가 민주적이라는 자만은 아직 이른 것 같습니다. 학생들이 스스로 배움을 만들어가는 과정 또한, 그 모양새는 얼추 닮았을지는 모르나 실제로는 부족한 점이 많다는 생각이 들었습니다.

그래서 티드와 크리스티안은, 교육은 하루아침에 이루어지는 것이 아니라는 말씀을 반복하신 것으로 알고 있습니다. 한국식으로 말하면 그분들은 짬밥이 두둑한 분들이었습니다. 프랑스에서 만난 두 사람의 프레네 교사는 30년을 프레네 운동을 한 분들이고 이번에 한국을 찾았던 분들도 20년 이상을 프레네 운동을 하면서 자신이 알고 있는 협동, 민주주의, 자유, 책임 등의 원리를 새롭게 혁신해 나간 분들입니다. 5년에서 10년의 대안교육 역사를 통해 터득한 우리의 원리는 아직 눈부신 개혁을 한다거나 교육과 학습의 철학원리를 기초부터 실현하기에는 너무 짧고 얕은 것이 사실일 것입니다. 더군다나 식민지 학교나 전체주의 학교를 다닌 우리는 우리 내부에 수많은 상처와 왜곡을 지니고 있으므로 더 많은 인내와 변화를 위한 혼신의 노력이 필요하지 않을까 생각합니다.

생전에 모든 교의에 반대했던 프레네 선생과 마찬가지로 프레네 교육 운동을 한다는 것은 그의 교육사상을 도그마로 n 활용하겠다는 것이 결코 아닙니다. 프레네를 따르고 프레네 협회를 만드는 것은 아이들에 대한 깊은 이해와 아이들의 성장을 위한 사회적 형식을 마련하기 위한 기초적 밑그림에 동의한다는 의지의 표현일 뿐입니다. 프레네가 모든 학교는 그 민족의 학교가 되어야 하고 그 마을의 학교가 되어야 한다고 했듯 우리도 우리의 형식과 내용을 만들어 우리 마을의 학교, 민족의 학교가 되도록 노력해야 할 것입니다.

프레네 교사들과 지내면서 두려웠던 것이 있었는데, 그것은 늦은 시간, 빡빡한 일정의 강행군 중에도 다름 아닌 "이야기하자"는 것이었습니다. 토론보다는 정답을, 나서기보다는 눈치 보기, 제안보다는 비판에 익숙한 우리는 그들이 "이야기하자"는 열정과 경청, 신중하고 사려 깊은 태도, 토론에 기초한 민주적 형식을 끈질기게 가져가려는 태도와 힘(체력포함)에 감명을 받기도 하였습니다.

이제 우리도 '이야기해야' 할 것 같습니다. 두려움 없이 이야기를 해나가야 할 것 같습니다. 그리고 그것을 협동의 재료로 삼아 한국 대안교육의 정신에 새 숨결을 불어넣어야 할 것입니다.

2006년 5월
별의친구들
김 현 수

제1부 프레네 교육 집중 연수

제1장 학생이 스스로 결정하는 학교
제2장 학교는 즐거운 곳입니다
제3장 형식을 제공하는 교사와 내용을 채우는 학생

제 1 장 _ 학생이 스스로 결정하는 학교

| 무엇을 배울 것인가, 어떻게 배울 것인가를
학생이 스스로 결정하는 학교 |

학습은 체험나눔과 질문으로부터 시작한다

장 노엘 프레네 교육연수 첫째 날입니다. 우선 여러분은 누구이며, 어떤 이유로 이곳에 참석하게 되었는지를 말씀해 주십시오.

지금 우리가 하고 있는 소개의 장은 프레네 학교에서 학생이나 교사들이 모임을 시작할 때 하는 '꾸아 드 네프[2)'라고 합니다.

모든 프레네 모임은, "나는 누구이며, 왜 이곳에 왔는가?"라는 질문에 따라 참석자들이 자신의 소속을 밝히고, 그곳에 모인 이유를 설명하면서 시작됩니다. 이것은 앞으로 그 모임을 어떻게 운영할지를 결정하는 매우 중요한 요소이며 절차 중의 하나입니다.

---

2) Quoi de neuf - '별 일(새로운 일) 없니?'라고 묻는 프랑스의 안부인사

참석자들의 자기소개

지금까지 여러분께서는 여기에 참석하신 이유를 말씀해 주셨는데, 다음으로 우리가 던져야 할 질문은 주어진 주제에 대해 참가자가 얼마나 알고 있는지를 나누는 것입니다.

즉, 우리는 지금 프레네 교육을 위한 집중연수를 시작하고 있습니다. 그러므로 우리의 두 번째 질문은 다음과 같습니다.

"나는 프레네 교육에 대해서 무엇을, 얼마나 알고 있는가?"

아는 것이 없어서 배우러 왔다고 생각하시는 분들께서는 조금 의아해하실 수도 있겠습니다만, 프레네 학급에서는 아침모임 및 각종 토론뿐만 아니라 학습 역시도 이런 식으로 진행합니다. 앞에 나온 교사가 모든 지식을 가지고 있다는 전제하에 그것을 던져주는 것이 아니라, 모여 있는 사람들 모두가 무엇인가를 알고 있다고 믿고 서로 가지고 있는 지식을 공유하는 것입니다. 그런 후에 모두가 가야 할 방향을 함께 정하는 것이지요.

가르친다는 것은 인성을 전달하는 것

질문 한국의 대안교육운동은 공교육과 분리되어 움직입니다. 그래서 프레네 교육이 프랑스 공교육 안에서 실천하고 있는 대안교육운동이라는 이야기를 들었을 때, 어떻게 그것이 가능한지, 그렇다면 프레네 교사들은 공교육 안에서 어떤 위치를 차지하는지 궁금했습니다. 또한, 일반학교 교사가 프레네 교사가 되기 위해서는 어떠한 절차를 밟아야 하며, 국가는 이를 위해 어떤 지원을 해주고 있는지도 궁금합니다.

장 노엘 프랑스에서 교사가 되는 전형적인 과정은 사범대학(Ecole Normale)에 들어가거나 학사(Licence) 이상의 학력을 획득한 후 일정한 시험(CAPES[3])을 거쳐 교사양성대학(IUFM[4])에서 교육을 받는 것입니다. 그러나 이러한 과정 어디에도 프레네 교사를 양성하는 프로그램이라든지 연수과정 등은 따로 존재하지는 않습니다. 결론부터 말씀드리면, 학급에서 프레네 교육을 실천하고 싶은 교사나 프레네 교육을 공부하고 싶은 사람은 모두 독학을 해야 합니다. 기존 프레네 교사들로부터 경험과 이론을 듣거나, 오늘과 같은 자리를 마련해서 공부해야 합니다. 물론 아주 드물기는 하지만, 여기 계신 올리비에 선생님처럼 교사양성대학에 프레네 교사로 활동하는 교수가 있는 경우도 있습니다. 매우 운이 좋은 경우이지요.

---

3) 중등교육을 위한 교사능력적성시험. 일단 국가고시인 C.A.P.E.S.에 합격하면 IUFM 에 들어가서 교사양성교육을 받을 수 있다.
4) Institut Universitaire des Formations des Maîtres : 교사양성대학기관

이러한 현실 속에서 프레네 교육을 실천한다는 것이 매우 어렵고 복잡하다고 느껴지기도 하겠지만 그렇다고 불가능한 것은 아닙니다. 가르친다는 것은 단편적인 지식을 전달하는 것이 아니라 우리의 인성을 전달하는 것이기 때문이지요. 교육방법과 철학 역시 한가지로 정해져 있는 것이 아니라 아주 다양한 길이 존재한다고 생각합니다. 그 길 중에서 자신의 신념과 개성에 맞는 길을 찾아가는 것이 무엇보다도 중요하고, 그것이 프레네라고 느꼈을 때 우리는 그 길을 따라 즐겁게 걸을 뿐입니다.

올리비에 현장에서 아이들을 가르쳐야만 프레네 운동을 할 수 있는 것은 아닙니다. 교사뿐만 아니라 모든 사람이 프레네 운동을 할 수 있습니다. 오늘 이 자리처럼 경력이 오래된 교사에서부터 학생에 이르기까지 다양한 사람들이 모여 각자 프레네 교육에 관심을 가지고 합류를 하면 그것이 프레네 운동의 시작이 되는 것입니다.

우리 각자에게는 프레네 교육과 만나는 접점이 있다고 생각합니다. 개인적으로 저에게 그 접점은 여덟 살 때 찾아왔던 것 같습니다. 그때 저는 초등학생이었는데 하루 종일 가만히 앉아서 선생님의 말씀을 듣기만 하는 수업들이 너무 지루했습니다. 당연히 졸 수 밖에 없었고, 그런 지루한 수업들은 끔찍한 경험으로 기억 속에 남아있었습니다.

또한, 그랑제꼴5)에서의 공부경험도 무언가 '다른 교육'을 갈구하게 만들었습니다. 그랑제꼴은 좋게 말하면 프랑스에서 최고의 직업으로 선망

---

5) Grandes Ecoles : 대학 이상의 고등교육기관이며 국립고등사범대학, 국립건축대학, 국립예술대학, 국립행정대학, 국립정치학교 등등이 있다.

받고 있는 '엔지니어'를 양성하는 고등교육기관이고, 좀 더 솔직하게 말하면 한 분야로만 비정상적으로 발달하는 기계적인 전문가를 키워내는 시스템입니다. 이러한 경험들은 저에게 학생들이 주체가 되어 능동적으로 이끌어 가는 수업을 갈구하게 만들었고, 프레네 교육이 제게 그 해답을 주었던 것입니다.

그런 측면에서 보았을 때 저는 여기 모인 여러분이 지금 이 순간 프레네 교육과의 접점에 서 있는 상태라고 생각합니다.

'무엇을 배울 것인가, 어떻게 배울 것인가'를 학생이 결정하는 학교

질문 자료를 보니 프레네 학생들은 학교생활이나 학습에 있어서 각자 자기 책임을 잘 수행하고 있을 뿐만 아니라 그것에 대해 동기부여가 잘 되어있다는 느낌이 들었습니다. 지금 이곳이 프레네 교실의 한 모델이라고 할 때 저희는 모두 프레네 교육을 배우고자 하는 동기를 가지고 모여 있는 것인데요. 그렇다면 실제 교실에서 동기부여가 되지 않은 아이들에게 어떻게 의욕을 줄 수 있고, 학급활동이나 학습에 참여하도록 도와줄 수 있는지 궁금합니다.

장 노엘 생-나제르 학교의 예를 들어보면 아까 말씀드린 것처럼 지금 이 자리와 매우 흡사합니다. 작업을 준비하는 과정에서 가장 먼저 하는 것은 '무엇을' 그리고 '어떻게' 배울 것인가를 함께 토의하는 일입니다.

생-나제르 자주 고교는 다양한 학생들이 모인 학교입니다. 전통학교 제도를 거부하기 때문에 온 학생도 있고, 바칼로레아(Bac)6)를 치르지 않고 하고 싶은 공부를 하고자 오는 학생도 있으며, 또 바칼로레아를 치르긴 하되 자신이 원하는 방법대로 공부하고자 이 학교를 선택한 학생들도 있습니다. 염세주의에 쌓여 자신을 비하하는 학생도 있고, 마약과 알코올에서 헤어나지 못하는 학생, 장애를 가진 학생들도 있습니다. 이런 다양한 학생들이 모여 "무엇을 배울 것인가?", "어떻게 배울 것인가?", "시험은 어떻게 준비할 것인가?", "외부에서 강연자를 모실 것인가?"등을 토의를 통해 결정하고 배워나가는 곳이 바로 생-나제르 자주 고교입니다. 직접 경험하면서 스스로 배워나가는 것입니다.

종종 고등학교니까 이런 방식이 가능하다고 생각하시는 분들도 있습니다. 그러나 프레네 교육방식은 초, 중등학교뿐만 아니라 유치원에서도 이렇게 행해지고 있습니다. 내 인생에서 무엇이 중요하고, 내가 진정 배우고 싶은 것이 무엇인지 찾기 위해 꼭 십 대 중반까지 기다려야 하는 것은 아닙니다.

학생들이 이러한 나눔 작업을 할 때, 모든 사람에게 적합한 해결책을 찾도록 도와주는 것이 바로 제 역할입니다. 어디에서나 그렇듯이 다른 친구들의 말을 들으려 하지 않는 학생이 간혹 있기 때문에 중재자가 필요하거든요. 동의하는 사람과 그렇지 않은 사람들의 이야기를 골고루 들

---

6) Baccalauréat : 프랑스의 대학입학자격시험이자 고등학교졸업시험. 점수가 있지만 주로 합격, 불합격으로 구분된다. 일정 수준에 이르면 '그 과목에 합격했다'고 말한다. 예) 불어와 세계사 bac에는 성공했지만 철학 bac에는 실패했다.

는 것, 학생들이 추진하고자 하는 프로젝트가 교육과정 안에서 어떤 의미를 지니고 있는지 알려주는 것이 바로 교사의 역할입니다.

이때 학생들이 무엇을 원하는지, 어떤 방향으로 결정할지 교사가 이미 알고 있다고 자신하지 않는 것이 중요합니다. '모른다'에서 출발해야 합니다. 하나의 프로젝트가 시작되면 교사 자신도 그 프로젝트를 잘 모른다는 입장에서 학생과 함께 출발해야 합니다. 배움은 모르는 것으로부터 출발해서 아는 것을 향해 나아갈 때 의미가 있는 것이고, 그 배움의 길을 갈 수 있도록 인도하는 것이 바로 프레네 학급에서 교사의 역할입니다.

"수학 없는 세상에서 살고 싶다!"

장 노엘 우리가 진행했던 프로젝트 수업 중에는 '어떻게 하면 전 세계 사람들을 가장 많이 죽일 수 있을까?'라는 제목의 작업이 있었습니다. 일반 프로젝트랑 조금 다르지요? 이 프로젝트를 위해서 모두 15번의 모임을 가졌습니다. 그리고 '어떻게 하면 가장 많은 사람들을 죽일 수 있을까?'를 논의하는 과정에서 〈핵무기〉, 〈박테리아〉, 〈기상이변〉등에 대해 토론하고 배울 수 있었을 뿐만 아니라, 〈지리학〉과 〈전쟁의 역사〉 등에 대해서도 공부할 수 있었습니다.

또 다른 예로, 유난히 수학수업을 싫어하는 학급에서 진행했던 '어떻게 하면 수학을 좋아할 수 있을까?'라는 프로젝트도 있었습니다. 이 반

학생들은 토의 끝에 '수학을 아예 없애 버리자'고 결정했습니다. 그래서 수학과 관련된 모든 것을 없애고 숫자가 없는 세상에서 살기로 했습니다. 그러자 곧 학교 거실에 카펫이 필요했는데, '치수'를 잴 수가 없고, '돈'계산을 할 수 없어서 카펫을 살 수가 없었으며, '시간'을 알 수 없어서 수업을 시작하고 끝낼 시간은 물론, 집에 가야 할 시간과 친구를 만나기 위한 약속시간을 알 수가 없었습니다. 되풀이되었던 이러한 논의는 수학 없는 삶이 얼마나 불편한지 깨닫게 해 주었고, 결국 우리는 수학을 재창조하기로 하였습니다. 우리는 없애버렸던 숫자를 하나씩하나씩 되살려내는 작업을 했고 이때 가장 어려웠던 일은 0을 재창조하는 것이었습니다.

이렇듯 프레네 교육에서는 일어날 수 있는 일뿐만 아니라, 신빙성이 있든 없든, 발언 되고 제안되는 모든 주제에 대해 거절하거나 무시하지 않습니다. 오히려 주어진 주제가 심오하면 할수록, 심각하면 할수록 더욱 풍성한 논의를 가능하게 만든다고 생각합니다. 그 논의는 바로 '그룹'의 형태로 모여 각자 자신이 가진 것을 나눌 때, 즉 협동을 통해 비로소 가능한 것입니다.

'무엇을 토론하고 어떻게 토론할 것인가' 하는 학습토의의 순간과 마찬가지로 '학교운영'을 논의하는 순간 역시 매우 중요합니다. 이런 행정적인 문제나 학급과 학교운영에 관련된 문제들을 나누는 순간에, 학생과 교사가 모두 똑같이 평등한 권리를 행사해야만 합니다. 이것은 수평적인 권력구조를 의미합니다. 물론 아무리 권력이 수평이라고 해도 교사인 저는 학생들보다 나이도 많고 학교운영위원회[7]의 구성원이기 때문에 학교에 대해서 더 잘 알고 있다는 것은 부인할 수 없는 사실이긴 합니다.

우리의 목표는 결국 토론을 통해서 모든 사람이 동의하는 합의를 도출하는 것이기 때문에, 총회에서는 언제나 수가 많은 학생들의 의견이 더 존중되고 있습니다. 프로젝트의 주제를 정하거나, 학교의 운영에 관련된 어떤 결정을 하는 것은 프레네 교육 안에서 대단히 중요한 순간입니다. 이런 토론은 교육적인 영역과 정책적인 영역이 분리되어서 다루어질 수도 있고 통합적으로 논의될 수도 있으며, 그 성격과 상황에 따라서 다양한 형태로 변화시키는 것이 가능합니다.

아까 책임감과 동기부여에 대한 질문을 해 주셨는데, 처음에 학생들은 자신에게 학습을 결정할 권한이 있고 학교운영을 할 수 있는 권력이 있다는 것을 믿지 않습니다. 토론에 참석하고 합의를 도출해가는 과정을 반복하면서 차츰 자신의 역할과 책임을 깨닫게 되고 점점 적극적으로 학교생활에 참여하게 되는 것입니다. 이렇게 학생들에게 권한을 부여하는 것이 바로 그들에게 동기부여를 하는 중요한 요소라고 생각합니다.

올리비에 학생의 동기화는 아주 중요한 주제입니다. 실제 프레네 학교의 아이들은 학교에 오는 것을 아주 좋아합니다. 매주 나오고 주말에도 오고 심지어는 방학 때도 나오고 싶어 합니다. 잘 믿기지 않으시지요? 이건 누가 시킨다고 할 수 있는 것은 아닙니다. 보통은 학생들이

---

7) Conseil d'Etablissement : 학교심의결정기관으로 총 6명의 학생과 2명의 교육팀원으로 구성된다. 학교위원회의 조직과 운영체계에 대해서는 108쪽 이하에서 자세히 설명된다.

학교에 가기 싫어하는 것이 정상이기 때문에 이렇게 학생들이 너무 자주 학교에 가려고 하는 것을 때로 의심스럽게 바라보시는 학부모들도 계십니다. 이러한 상황은 아마도 학생이 학교생활과 배움에 대해 동기부여가 되어 있느냐, 아니냐의 문제로 설명될 수 있다고 생각합니다.

내용이 아니라 형식을 계획하는 시간표

질문 보통 학교에서는 수업목표를 정하고 수업계획표를 짭니다. 또한, 시간표라는 것도 필요합니다. 그러면 프레네 학교에서는 이런 시간표까지도 교사와 학생들이 함께 조율해서 만들어 가는지 아니면 일반학교처럼 학교에서 일방적으로 정해주는지 궁금합니다.

장 노엘 생-나제르 자주 고교에도 물론 시간표가 있습니다. 그러나 그것은 내용을 계획하는 것이 아니라 형식을 계획하는 시간표입니다. 보통 이런 계획표는 학생들과 함께 연말에 작성해서 실행하고 한해를 마감하면서 그동안 했던 것을 전체적으로 점검하고 평가합니다. 그리고 나서 또 다음 해를 계획하지요. 보시다시피 생-나제르 자주 고교의 시간표는 2주 단위를 기본으로 하는 아주 간단한 형식으로 되어 있습니다.

시간	월	화	수	목	금	월	화	수	목	금
8:30	아뜰리에	아뜰리에	그룹학습	아뜰리에	아뜰리에	아뜰리에	아뜰리에	그룹학습	아뜰리에	아뜰리에
10:15	휴식				쉬는시간	휴식				청소
10:45	아뜰리에	기본그룹	그룹학습	아뜰리에	연속그룹	아뜰리에	토론	그룹학습	아뜰리에	휴식 / 발표
12:30	점 심 식 사									
2:00 ~ 3:35 ~ 5:00	그룹/개별학습8) 회합	그룹 및 개별학습	학교위원회	그룹 및 개별학습	그룹 및 개별학습	그룹/개별학습 회합	그룹 및 개별학습	학교위원회	그룹 및 개별학습	그룹 및 개별학습

〈 생-나제르 자주고교 시간표 〉

* 바캉스 직전 마지막 두 주간 : 첫 주간은 똑같이, 두 번째 주간의 오후는 일반적으로 개학 후 진행하게 될 활동 프로그램을 논의한다.

* 만약 바캉스 이전 한 주가 남았을 경우에는 이 주간을 활동프로그램을 작성하거나 토론과 만남 등을 조직하는 시간으로 활용할 수 있다.

* 「학교위원회」는 학사력과 관련된 변경 사항에 대해 결정 할 수 있는 권한을 가지고 있다.

---

8) 그룹학습은 기존학교의 전통과목을 특별한 활동으로 풀어가는 학습시간이다. 예를 들어, 언어, 철학, 역사, 지리, 수학과 같은 과목을 '읽기', '쓰기', '토론하기', '논증하기', '실용화하기', '생산하기'등의 활동을 통해 배운다.
개별학습은 학생들이 그룹을 만들어 독립적으로 학습하는 시간을 의미한다. 학생들은 자신들의 개별학습계획을 학교위원회에 알리고, 그것의 진행에 필요한 예산과 자료지원을 요청할 수 있다. 이 개별학습의 종류가 많으면 많을수록, 잘 진행되면 될수록 그 학교는 더욱 자주적이라고 할 수 있다.

장 노엘 오전에는 '아뜰리에(Atelier, 작업장을 뜻하는 프랑스어)'라고 불리는 작업시간이 있습니다. 15일째가 되는 금요일, 즉 두 번째 주 금요일에는 우리 그룹 아뜰리에의 결과물을 다른 학생들 앞에서 발표하는 시간을 갖습니다. 오후에는 보통 독서를 중심으로 한 읽기, 쓰기, 수학 등의 수업과 창작수업 등이 진행되고, 각종 토론회와 모임, 학교위원회 등을 할 수 있는 시간으로 구성되어 있습니다. 토론회나 모임에서는 정책, 재정, 운영적인 면을 총망라해서 주제로 다룰 수 있습니다. 이 시간표는 다음 주에도 똑같이 적용됩니다.

다시 말해서 생-나제르 자주 고교에서 시간표라는 것은 내용을 결정하는 것이 아니라 형식을 규정하기 위해 있는 것입니다. 내용은 학생들과 논의를 통해 결정하는 것이지요. 이번 아뜰리에에서는 어떤 내용을 가지고, 어떻게 작업할 것인가를 정하고, 읽기 시간에는 어떤 것을 어떻게 읽을 것인가를 토론합니다. 학생들의 결정에 따라 읽기수업이 '카페에서 문학작품 토론하기'가 될 수도 있고, '겨울시 자작 캠프'로 진행할 수도 있습니다. 또한, 그룹 아뜰리에를 하는 대신 철학시험을 위해 특별히 개인적으로 공부하고 싶은 학생은 그 시간을 '철학책 읽기'로 정할 수도 있습니다. 중요한 것은 미리 정해진 것을 따라가는 것이 아니라 모두 함께 정해서 내용을 채워간다는 것입니다.

그렇게 진행된 시간표에 대한 평가는 한해를 마치면서 학생팀과 교사팀이 함께 합니다. 평가에서 올해 잘 안되었다고 판단되는 목록들은 내년에 다른 것으로 대체되고, 반대로 잘했다고 평가된 것은 그다음 해에도 다시 실행합니다.

일반적으로 전체 학생 중 대략 5/6 정도는 수업에 참여하고, 나머지 1/6은 교사와 함께 학급운영이나 학교예산문제, 외부손님접대 등 비서 역할을 수행합니다. 학습이나 학교운영에 대한 이런 여러 가지 방식들 때문에 우리는 프랑스에서 외계인 취급을 받고 있는 것이 사실입니다.

생-나제르 자주 고교는 일반학교와 비교했을 때 굉장히 특수한 학교 형태라고 할 수 있고 그런 의미에서 우리들은 선택받은 사람들임이 분명합니다. 그러나 학생과 교사가 토론을 통하여 내용을 채워가는 이러한 방식은 어떤 학교, 어떤 과목에서든 적용, 실행할 수 있는 방식입니다. 또한, 이런 방식은 한 시간짜리 수업에도 적용될 수 있는 기본 형식이라고 생각합니다. 물론 토론식 수업이나 결정과정에 동의하지 않는 학생이 있을 수도 있습니다. 그렇지만 가장 중요한 것은 그러한 학생들과도 토론을 할 수 있는 가능성이라고 생각합니다.

일반학교에서 이런 방식을 도입했을 때 어떻게 평가해야 하는가가 숙제로 남을 수 있겠습니다. 프레네 학교처럼 유연한 평가방식이 받아들여지지 않는다면 교사로서 난감할 것이 분명하지요. 이 평가의 문제에 대해서는 다음 기회에 논의하도록 하고, 일단 지금은 학생들의 목표설정에 대해서 이야기하도록 하겠습니다.

목표를 설정하는 것은 무엇이 행복한지 찾아가는 길과도 같은 것

장 노엘 생-나제르 자주 고교는 다양한 학생들이 다양한 이유로 모인 곳입니다. 그래서 학생들 각각의 목표도 아주 다양합니다. 이러한 목표는 학생들이 스스로 정하는데, 일 년 혹은 삼 년을 두고 정할 수도 있고, 이 주나 한 달을 단위로 정할 수도 있습니다. 보통 일곱 명의 학생들이 한 그룹이 되어 서로 점검을 하는 시간을 갖습니다. 성실하게 수행한 것과 그렇지 못한 것, 달성한 것과 그렇지 못한 것에 대해 피드백을 주고받습니다.

그룹과 개인의 목표에 대한 예를 들어봅시다. 어떤 그룹 학생의 목표는〈'아침에' 학교에 도착하는 것〉이었습니다. 아침에 일어나는 것이 힘들어서 오전 중에 등교하는 것이 불가능했던 학생이었습니다. 그룹의 다른 학생들은 이 학생의 개인목표에 동의했고, 어떻게 하면 그 학생을 도와줄 수 있을지 함께 논의했습니다. 우선 그들은 돌아가면서 친구의 집에 가서 학교까지 함께 오기로 결정했습니다. 물론 이런 결정에 대해 그 학생은 동의를 했습니다. 그런데 이러한 과제를 수행하던 중 친구들은 아침에 가서 깨우는 것만이 충분한 해결책이 아니라는 사실을 깨닫게 되었습니다. 그 친구가 마약을 복용한다는 사실을 발견했기 때문입니다. 친구가 아침에 일어나지 못하는 것은 마약복용 때문이었고, 따라서 목표 달성을 위해 가장 선행되어야 하는 것은 바로 마약을 줄이거나 끊어야 한다는 새로운 사실이 개입된 것입니다. 결론부터 말씀드리자면, 본인과 그룹친구들의 노력으로 그 학생은 점점 마약을 줄이며 호전을 보였고 결국 아침 8시 30분 아뜰리에에 도착하는 목표를 달성할 수 있었습니다.

사실 그 학생의 마약복용사실을 우리가 알게 되었을 때 우리가 할 수 있는 일은 두 가지였습니다. 하나는 학생과 이야기해서 마약을 끊도록 하는 것이고 다른 하나는 경찰에 신고하는 것입니다. 우리는 그 학생이 우리의 도움으로 성공할 것이라는 기대를 걸고 학생과 논의하는 쪽을 선택했습니다. 이것은 우리 학교와 학생들의 정책적인 선택이었습니다. 그래서 한 학생의 목표가 달성된 것입니다. 이제 매일 아침마다 학교에 도착하는 것에 익숙해지면 이 학생은 또 다른 목표를 정해야 합니다. 혹은 그룹에서 그 학생에게 새로운 목표를 정하라고 요구하게 됩니다.

또 다른 예로 바칼로레아에서 인문계열 문학시험을 준비하는 학생의 경우, 프랑스 및 외국문학에 대해서 읽고 쓰고 점검하는 것을 목표로 정할 수 있습니다. 이때 문학시험을 준비하는 비슷한 처지의 다른 학생과 그룹을 결성하면 그들은 공동목표를 갖고 **협동학습**을 통해 상호나눔과 자기점검을 할 수 있습니다. 이런 그룹목표는 목표달성까지 긴장을 유지할 수 있도록 도와주며 대부분 좋은 성과를 끌어내고 있습니다.

그룹 안에 문제가 발생했을 때에는 교사가 중재하여 해결책을 찾아가도록 유도하지만, 그렇지 않을 경우 교사의 역할은 단지 관찰자에 머뭅니다. 물론 때로는 해결책이 없는 문제가 발생하는 경우도 있습니다. 그러나 어떤 경우든 일단 서로 이야기하고 논의하는 것이 가장 선행되어야 하며, 문제에 직면해 있는 당사자, 즉 학생이 혼자가 아니라는 것을 알게 해주는 것이 중요합니다. 프레네 교육은 단점을 보완하는 것보다 장점을 더 발전시키는 데 중점을 둡니다.

목표를 설정하는 것은 행복하게 사는 것이 무엇인지 찾아가는 것입니다. 다행히 살면서 행복하다는 것은 성적을 잘 얻어야 한다는 것을 의미하지는 않습니다. 하지만 가끔, 아주 가끔은 성적을 통해야만 할 때도 있긴 하지요……

(영상) 무싸크(Moussac)의 프레네 학교

무싸크 마을의 종이 울리고 있다. 학교종이 울리지만 아이들은 개의치 않는다. 학교에 가는 시간을 결정하는 사람은 바로 아이들이다. 아이들은 지각하는 것에 대해서 전혀 겁내지 않는다.

학생1 9시 10분에 도착해도 걱정 없어요.

학생2 다 똑같은 시간에 도착하지는 않아요. 시간의 자율성이 있거든요.

여기는 7살부터 11살까지의 학생들이 모여 있는 프레네 초등학교이다. 학생들이 학교의 이곳저곳을 소개하고 있다.

학생3 여기는 컴퓨터를 사용하면서 공부하는 컴퓨터방이에요. 인터넷이 연결되어 있어서 필요하면 사용할 수 있어요. 이것은 학급 전체의 계획표에요. 우리학급의 목표는 무엇인지, 개인이 오늘 해야 할 작업은 무엇인지 쓰여 있습니다. 여기는 '소리 아뜰리에'를 하는 곳이에요. 녹음기에 목소리도 녹음하고 악기도 연주하면서 녹음하고 그래요.

> **교사** 학교의 전반적인 활동을 계획하고 주도해가는 것은 바로 학생들입니다. 원하는 것이 무엇인지 스스로 찾아가지요. 초등학생이지만 자신을 제어하고 조절할 줄 알고 규율을 지키면서 학교질서를 유지할 줄 압니다. 학생들은 그룹으로 조직되어 있기 때문에 심지어 교사가 없을 때에도 문제없이 학교생활을 지속합니다.

올리비에 지금 보신 약 3분 분량의 영상은 현재 무싸크의 프레네 학교에 다니고 있는 아이들과 교사들의 모습을 그대로 보여드린 것입니다. 자세히 살펴보시면 전통적인 학교 교육과 프레네 학교 사이에는 세 가지의 차이점이 있다는 것을 발견할 수 있습니다. 어떤 것이라고 생각하십니까?

동기부여가 되었을 때 아이들은 빨리 그리고 멀리 나아갑니다

올리비에 먼저 가장 큰 차이점은 시간개념의 차이입니다. 학생들은 몇 시까지 등교해야한다고 학교가 정해준 규칙에 따라 학교에 가는 것이 아니라 그들이 원하는 시간에 학교에 갑니다.

두 번째는 공간의 운영입니다. 프랑스의 다른 학교 같은 경우 공간배치가 지금 보신 학교와 같이 되어있지 않습니다. 프레네 학교는 아이들이 직접 '이곳은 소리를 담당하는 곳'이라고 정합니다. 바로 이런 자율성 때문에 프레네 교육을 하는 학교라도 해도 똑같은 학교가 하나도 없습니다. 시간과 공간의 운영방식은 지역에 따라, 모인 아이들의 성향과 특성에 따라 모두 다릅니다.

마지막은 영상이 짧아서 잘 드러나지 않았는데, 학습방법의 차이입니다, 예를 들어 프레네 학급에는 문법시험에 통과해야하기 때문에 문법을 배우는 문법수업은 하지 않습니다. 반면에 친구에게 편지를 쓰고, 엄마에게 생일카드를 쓰고 싶은 실질적인 이유에 의해서 글쓰기를 배우고, 글쓰기 작업을 통해 자연스럽게 문법을 깨닫게 됩니다.

프레네가 강조한 것 중 하나는 바로 아이들에게 동기부여를 하는 것입니다. 앞에서도 잠깐 말씀드렸지만, 이 동기화의 문제는 굉장히 중요합니다. 동기부여가 되자마자 아이들은 굉장히 빨리 그리고 멀리 나아가기 때문이지요. 하고 싶은 것을 할 수 있을 때 아이들에게 학교는 즐거운 곳이며 배운다는 것 역시 즐거운 일이 됩니다. 그리고 즐거운 곳이기 때문에 아이들은 주말에도, 방학 때도 자꾸 학교에 나오고 싶어 하는 것입니다.

장면에는 나오지 않았지만 네 번째로 중요한 차이점은 프레네 학교에서는 학생들이 직접 학교재정을 관리하고 운영한다는 것입니다. 어른들의 우려와는 달리 아이들은 이 일을 훌륭하게 해냅니다. 우리가 아이들을 전적으로 신뢰하고 이것을 맡길 때, 우리는 이들이 성인에게 뒤지지 않을 정도로 예산책정을 잘할 뿐만 아니라 절약도 잘한다는 사실을 알 수 있습니다.

다양한 평가도구

질문 프레네 학교에는 국가교육과정과 같이 어느 시기에 무엇을 공부해야 한다고 정해놓은 교과 과정이 있습니까? 화면으로 보았을 때 이 학교 같은 경우 어떤 학년에 무엇을 배워야 한다는 것이 분명히 정해져 있지 않은 것 같은데요, 이것을 공교육에서 받아들여 줍니까? 그렇다면 진급을 위한 이수과정은 어떻게 되며 학년구분은 어떻게 되는가요?

올리비에 전통교육과 프레네 교육에 대해 비교 설명하면서 답변을 드리겠습니다. 물론 프레네 학교에도 준수해야 할 교과 과정이 있습니다. 예를 들어 문법, 셈하기, 철학, 문학 등은 꼭 가르쳐야 하고 이러한 것은 연 단위로 이수목표가 설정되어 있습니다. 교사의 역할은 학생의 학습결과물을 보고 성공한 것과 그렇지 못한 것, 즉 그 학생이 할 수 있는 것과 앞으로 더 노력해야 하는 부분들을 파악하는 것입니다.

프레네 학교에서 아이들의 학습은 다양한 방법으로 평가됩니다. 교사들이 가장 일반적으로 쓰고 있는 것은 초록색과 하얀색으로 표시하는 성적표입니다. 예를 들어서 한 학생이 어떤 한 과정을 이수하고 완전히 이해했다고 생각되면 성적표에 해당되는 그 란을 초록색으로 색칠합니다. 반면에 제대로 하지 않거나 아무 성과도 보여주지 않으면 그냥 하얗게 남겨둡니다. 말하자면 초록색과 흰색으로만 되어있는 성적표입니다. 학생들은 호기심이 많아서 "어? 여기 셋은 초록인데 여기는 흰색이네!"라고 이야기합니다. 흰색이 많은 학생들에게는 미리 준비된 프린트물이나 자료를 가지고 모자란 부분을 연습할 수 있도록 도와줍니다. 그리고 다 풀 경우 '너도 할 줄 아는 것이다'라고 인정해주는 뜻으로 그 항목을 초록색으로 칠해줍니다. 이런 성적표를 통해서 학생들이 자율적으로 판단하고 완수한 학습수준이 어느 정도에 와있는지 교사들은 한눈에 파악할 수 있습니다. 물론 이런 성적시스템에 대해서는 학부모님께 미리 알려 드려야 합니다.

또 다른 평가방법은 학습에 대해 학생과 교사의 의견을 동시에 반영하는 것입니다. 예를 들어 '구두점을 맞추어 쓰는 글쓰기'라는 항목에 대해 학생은 '나는 큰따옴표, 작은따옴표, 생략기호 등을 배웠고 활용할 줄 안다'라고 평가하고, 교사는 '인용문을 쓸 때 필요한 구두점은 능숙하게 사용할 줄 알지만, 부언설명기호(:)와 열거문기호(;)의 사용을 혼동하는 경향이 있다'라고 평가합니다. 이것은 프레네 학교에서 매우 자주 사용되고 있는 방법이며, 초등학교 1학년 아이들도 자신의 실력에 대해 짧지만 분명하게 평가를 하고 있습니다.

마지막 평가방법은 학습의 세부항목에 대해 '익힘, 익히는 중, 익히지 못했음'의 세 가지로 표시하는 것입니다. 프레네 학급의 교사는 과목의 성격과 필요에 따라 이 세 가지 평가방법을 적절하게 선별하여 사용합니다.

혼합연령(mixed-age)학급

올리비에 프레네 학급은 5~6단계로 학생들을 나누지만, 나이에 따라 학년이 단일화되어있지는 않습니다. 반면에 개인적인 목적과 성향에 따라 나누어진 다양한 소그룹으로 구성되어 있습니다. 이러한 그룹형태로 진행되는 학습방식의 장점은 교사를 거치지 않고 학생들끼리 상호도움을 줄 수 있다는 것입니다. 예를 들어 한 학생이 동사 변화를 잘 모르면(이 학생의 성적표 동사 변화는 하얀색이다) 선생님을 거치지 않고 초록색 표시가 된 학생을 찾아가서 직접 소통을 하며 배울 수 있습니다. 30명이 수업하는 전통학급에서는 교사가 설명하는 것을 10명 정도는 이해하지만, 나머지는 이미 알고 있는 것을 되풀이해서 듣고 있거나 혹은 교사의 설명을 전혀 이해하지 못하고 지나가는 등과 같은 끔찍한 상황이 종종 일어나고 있습니다. 학생들끼리 상호도움을 줄 수 있는 조건을 마련해주는 것은 이런 상황을 예방해 주는 하나의 해결책이 될 수 있습니다.

그룹이 항상 연령별로 나누어지는 것은 아닙니다. 같은 나이라고 해도 학습능력과 속도가 모두 다르기 때문입니다. 초등학생의 경우 보통 여학생이 남학생보다 학습속도가 빠르기도 합니다. 저희 학교의 경우 프레네 교육의 이름으로 관할교육청에 혼합연령학급을 제안했으며, 나이별로 1, 2, 3학년을 구별하여 운영하는 것보다 1, 2, 3학년 학생들이 골고루 어우러진 세 반을 운영하는 것이 훨씬 효율적이라는 설명을 덧붙였고 교육청의 허가를 받았습니다.

실제 같은 나이의 아이들이 모여 있을 때보다 아이들이 혼합으로 있을 때 아이들의 책임과 역할은 더욱 긍정적으로 변화됩니다. 아이들은 자기보다 어린 아이들에게는 '나도 어릴 적에는 너처럼 그랬어.'라고 안심을 시킴과 동시에 자기 자신에게는 굉장한 자부심과 책임감을 느끼며 그룹을 운영하려고 노력합니다. 모든 프레네 학교에서 실행하고 있는 혼합연령학급제도는 다양한 성과를 통해 효율성이 이미 입증되었습니다.

질문 한 명의 교사가 수준차가 다른 많은 아이들을 가르친다는 것이 어렵지는 않나요?

장 노엘 보통 우리는, 교사는 모든 것을 다 알아야 하고 모든 학생을 다 제어할 줄 알아야 한다고 생각하는 경향이 있지요. 하지만 저는 오히려 교사 한 명이 여러 가지를 가르쳐야 하는 전통 교육제도 안에서 교사는 더욱 바쁘게 움직여야 하지 않을까 생각합니다. 프레네 학급에서는 한 공간에서 다양한 소그룹들이 서로 내용이 다른 활동을 하기 때문에 교사는 다만 그룹활동을 하는 학생들 간의 흐름이 원활하도록 돕는 역할을 합니다.

올리비에 교사 한 사람의 무대연극이 학생들에게 진정한 학습을 제공한다고 생각하지 않습니다. 예를 들어 그런 식으로 배운 동사 변화는 6년 동안 배웠어도 8년째가 되면 또 잊어버리게 됩니다. 마주 보고 앉아서 한 사람이 일방적으로 가르치는 것은 잘못된 방식이라고 저는 확신합니다. 그러나 의문이 나는 부분을 스스로 찾고 질문해서 해답을 얻어가는 과정 속에서 우리가 배우는 것들은 산지식이 되어 기억 속에 거의 영원히 저장됩니다. 바로 프레네 교육이 추구하는 것이지요.

참고로 말씀드리자면, 저는 일반학교에 다닐 때 너무나 지겨워서 줄곧 졸았지만 지금 박사학위를 가지고 있습니다. 선생님 말씀을 듣지 않았는데 어떻게 된 일인지 의문스럽지요.

아이가 실수하는 순간이 바로 교사가 개입해야 하는 순간입니다

올리비에 우리가 생각해 보아야 할 문제는 과연 '학생은 어떤 순간에 학습을 하고 배움을 얻는가?' 하는 것과 '교사는 학생의 자발적 학습을 위해 어떤 순간에 개입해서 어떻게 도와주어야 하는가' 하는 것입니다.

프레네 학급에는 '자유표현'과 같은 수업이 있습니다. 이 수업은 학생들이 쓰고 싶은 것을 마음대로 쓸 수 있게 하는 시간입니다. 그렇게 하면 우리는 몇 주 만에 학생들의 글쓰기 능력이 신기할 정도로 향상되는 것을 볼 수 있습니다. 자유표현수업에서 학생들과 제가 한 간단한 약속 하나는 매일 무언가를 한 줄 이상씩 쓰는 것입니다. 그냥 쓰는 것이지요. 그리고 저는 그때마다 학생들이 쓴 것을 고쳐줍니다. 당연히 아이들은 글을 쓸 때 여러 가지 실수를 합니다. 그 실수를 할 때 저는 교사로서 제 역할을 수행할 수 있게 됩니다. 아이들은 결코 일부러 실수를 하지 않습니다. 오히려 정반대입니다. 아이들은 정말 실수를 하고 싶어 하지 않습니다. 그래서 실수를 했다는 것은 정말 이 아이가 그것을 모르고 있다는 것이며, 교사가 그 아이를 도와주기 위해 개입해야 할 때임을 우리에게 알려주고 있는 순간입니다. 물론 수정이라는 역할을 맡았을 때 저는 학생들이 쓴 연애편지의 내용을 고치는 것이 아니라 편지의 글자를 고치는 것뿐입니다. 아이들은 보통 제가 고쳐준 것을 따라 다시 한 번 쓰곤 합니다.

장 노엘 기존교육은 물론 프레네 교육 역시 읽기, 쓰기, 셈하기, 기본적 사회기술을 향상하기 등 전통적으로 달성되어야 하는 동일한 목표를 가지고 있습니다. 다만 이와 같은 목표는 공통적이지만 그것을 이루는 시기가 다르다는 것이 두 교육의 차이점입니다.

프레네 교육은 모든 사람의 학습속도가 다르다는 사실을 인정합니다. 같은 것을 배우더라도 좀 더 일찍 이해하는 학생이 있는가 하면, 나이가 든 후에 깨닫는 경우도 있습니다. 마찬가지로 배움에 적합하다면 우리는 음악이나 미술을 통해 읽기나 쓰기를 할 수도 있습니다. 간혹 고등학생 같은 경우 한 분야에만 몰두하는 아이들이 있습니다. 그럴 때 그 아이가 배움을 위해 준비될 때까지 기다리는 것 그리고 그 아이가 좋아하는 방식으로 배움을 할 수 있도록 허용하는 것이 프레네 교육입니다. 연극만 좋아해서 다른 것은 하고 싶어 하지 않는 학생이 있다면 연극을 통해서 철학, 대인관계, 사회기술 등을 끌어내는 학습을 구상할 수도 있습니다.

학교의 종류 또한, 매우 다양합니다. 시골의 작은 소학교와 도시나 공장지대의 학교는 규모로 볼 때나 모인 학생의 성격이나 환경으로 볼 때 당연히 다를 수밖에 없습니다. 이러한 학교들이 모두 한 가지 방법으로 가르침을 할 수는 없습니다. 교육방식의 다양성이 요구되는 것이지요.

결론을 말씀드리자면 프랑스 국가는 프레네의 학습방식을 인정하고 있습니다. 프랑스의 교사는 원하는 방식으로 가르칠 수 있는 권한과 자유를 가지고 있습니다. 여기에 계신 분들이 국가를 상대로 이러한 요구를 하고 계신 분들이라고 들었습니다. 여러분의 용기에 진심으로 박수를 보내드립니다.

질문 생-나제르 자주 고교는 어떤 학생들이 다니는 학교입니까?

장 노엘 간략하게 설명 드리겠습니다. 생-나제르는 전교생이 180명인 소규모학교로 누구에게나 개방되어 있는 공교육기관입니다. 국가는 우리에게 프랑스 전역에서 학생들을 받아들일 수 있도록 허락해 주었습니다. 이 학교는 특별한 어려움을 가진 학생들이 오는 것이 아니라 자율성을 원하는 아이들이 찾아오는 곳입니다. 여러 종류의 아이들이 찾아오고 있어서 개성과 다양성이 생생하게 살아있습니다. 대략 전체 입학생의 15% 정도는 자발적인 프로젝트를 가지고 오고, 50%는 기존 학교에서 배척당해서 오기도 합니다. 30%는 사회적으로 거의 단절되어 있는 학생들, 예를 들면 길거리에서 방황하는 학생들이고, 나머지는 일반학교에서 생활하기 힘든, 자폐증과 같은 장애를 가진 학생들입니다. 이렇게 설명 드리면 학교가 굉장히 특수하고 학생들의 차이가 너무 다양한 것 같지만, 중요한 사실은 시간이 지날수록 이러한 특수성은 거의 차이를 드러내지 않게 된다는 것입니다.

질문 학교의 교사는 총 몇 명입니까?

장 노엘 저희는 교사라고 하지 않고 교육팀이라고 부릅니다. 생-나제르 자주 고교 교육팀의 구성원은 모두 18명입니다. 이런 상황에서는 학생 수가 200명을 넘지 않는 것이 중요합니다. 소규모로 운영해야 우리가 지향하는 교육이 더욱 잘 이루어질 수 있기 때문입니다. 일반 프랑스 학교의 교사 대 학생 비율에 비교해 봤을 때, 한 명 정도 더해서 교육팀이 모두 19명 정도가 되어야 바람직하다고 생각합니다.

첫 번째 연수를 마치며

올리비에 여기 모인 교사들이 많은 부분에서 프레네의 교사들과 비슷하다는 생각이 듭니다. 문화적인 차이에도 불구하고 제기하는 문제와 고민하는 부분, 해결책을 찾아 적극적으로 노력하는 모습이 프레네 교사들의 모습과 많이 닮았습니다. 여러분을 만나게 되어 정말 기쁜 시간이었고 기쁜 자리였습니다. 감사합니다.

장 노엘 올리비에와 비슷합니다. 우리는 종종 단숨에 해결이 가능한 비법이나 요령을 원할 때가 있습니다. 그러나 교육은 그렇게 이루어지는 것이 아닙니다. 어떤 상자가 있어서 그것을 열기만 하면 모든 답을 다 알려주는 그런 것은 아니라고 생각합니다. 역사와 노력과 협동으로만이 가능한 것이 아닐까요.

감사합니다.

제 2 장 _ 학교는 즐거운 곳입니다

| 학교는 즐거운 곳입니다 :
원하는 공부를 원하는 만큼, 원하는 속도로 |

꾸아 드 네프 quoi de neuf

사회자 프레네 교육 집중연수 두 번째 날입니다. 연수 첫째 날 이후 생긴 의문이 있거나 지난 사흘간의 변화에 대해 함께 나누고 싶은 분은 말씀해주십시오.

질문 프레네 교육은 민중교육이라고 하는데요, 그럼 학교에서 정치적 문제에 대해서도 거론을 하나요? 어떻게, 어떤 방식으로 접근하는지 궁금합니다. 예를 들어, 얼마 전 이슬람 계통 이민자들의 소요로 프랑스가 혼란스러웠는데, 이와 관련해 프레네 학교에서는 어떤 입장을 취했고, 또 아이들과는 어떻게 토론하고 해결 방안을 고민하셨는지 말씀 해주십시오.

장 노엘 네, 프레네 학교에서는 정치적 시사문제뿐만 아니라 모든 뉴스거리에 대해서 교사와 학생이 함께 이야기를 합니다. 최근 프랑스의 소요에 대해서도 마찬가지입니다. 소요의 주체가 학생이었다는 이유 외에도 매스컴에서 그 원인에 대해 확대해석하고 보도했기 때문에, 우리는 학생들에게 사태에 대한 올바른 정보를 제공하고 그것을 바라보는 분별력을 갖추도록 도와주어야 한다고 판단했습니다. 그래서 학교 정규프로그램을 전면 중지하고 토론에 들어갔습니다. 꼬박 하루에 걸쳐 사태일지를 함께 점검하고 각자 이번 소요를 어떻게 바라보는지, 또 우리는 어떤 입장을 취해야 하고, 우리가 해야 할 일은 무엇인지에 대해 토론하였습니다.

당시 한 신문에서 '자율적이고 민주적인 시스템으로 운영되고 있는 생-나제르 고교와 같은 학교제도가 이와 같은 소요나 사회문제를 평화적으로 해결할 수 있는 하나의 해결책이 될 수도 있을 것이다'라고 우리 학교를 인용하는 사설을 싣기도 하였습니다. 이에 학교 교사팀과 학생팀은 '이번 소요는 단순히 학교제도를 변화시킴으로써 해결할 수 있는 문제가 아니라, 정치적이며 경제적인 문제로 보아야 한다'는 우리의 입장을 밝히는 반박문을 실었습니다. 그리고 생-나제르 자주 고교가 그런 소요를 방지하기 위한 목적으로 창립된 학교가 아니라는 점을 분명히 밝혔습니다.

마지막으로 우리는 학교 정문에 다음과 같은 내용을 담고 있는 현수막을 걸었습니다.

「우리는 자동차 불 지르거나 물건을 부수는 행위 등 소요에 동참한 사람들의 행위에는 동의하지 않지만, 소요의 원인을 제공한 것은 정부의 정책과 사회적 차별이라는 그들의 의견에는 동의한다. 우리는 소요의 형식에는 동의하지 않지만 내용에는 찬성한다.: 생-나제르 자주 고교 학생팀과 교육팀」

질문 프레네 교육은 유럽개혁교육의 큰 흐름 중 하나이며 프랑스의 대표적인 대안교육이라고 하는데요, 현재 프랑스에는 몇 개의 프레네 학교가 있으며 프레네 교사의 수는 얼마나 되는지 궁금합니다. 또한, 프레네 학교가 아닌 곳에서 프레네 교사로 일할 경우 일반교사와 갈등을 겪지는 않는지 궁금합니다.

올리비에 학교이든, 교사이든 그 수치는 두 가지 방식으로 측정할 수 있습니다. 하나는 '프레네 학교' 혹은 '프레네 교사'라고 밝히는 경우, 즉 적극적인 활동가이고 다른 하나는 밝히지 않는 경우입니다. 밝히지 않는 사람들은 대부분 주목받지 않고 조용히 하고 싶은 것을 실천하는 사람들입니다.

대략 학교 전체를 프레네식으로 운영한다고 밝힌 학교는 약 10여 개가 있고, 밝히지 않고 프레네식 교육실천을 하는 학교는 약 100여 개입니다. 또한, 적극적으로 프레네 교육운동을 하는 교사의 수는 대략 5000~6000명이고, 그 중 많은 교사들이 프레네 교사가 아닌 교사들과 협력해서 일하고 있습니다.

프레네 교사와 그렇지 않은 교사가 만났을 때, 즉 교육철학과 교육방식이 다른 두 부류의 교사들이 만났을 때 초반에는 갈등을 겪기도 합니다. 하지만 대부분 외교적인 협의로 잘 해결하고 있고 각자의 교육적 노선을 걷는데 별문제가 되지 않습니다. 어쨌든 교사들 사이에서 이런 갈등이나 문제가 일어날 때면 언제나 프랑스의 교사는 '원하는 방식대로 가르칠 자유가 있다'는 말을 다시 한 번 확인하게 됩니다.

장 노엘 초반의 갈등은 때로 프레네 교사들이 일을 너무 많이 한다는 이유로 생기기도 하는데 그런 문제는 곧 해결이 됩니다. 반면 두 부류의 교사 사이에 형성되는 긴장이 아이들의 자유에 대한 개념의 차이로 오는 경우 조율해 가는데 다소 시간이 걸리기도 합니다. 예를 들어 프레네 교육에서는 아이들에게 최대한의 자율성을 부여하고 있는데 이것이 다른 교사들에게는 방종을 허락하는 것처럼 보일 수도 있기 때문입니다.

장 노엘 프레네 학급으로 보았을 때 지금은 '꾸아 드 네프'에 해당합니다. 꾸아 드 네프는 교사나 학생모임뿐만 아니라 생활 속에서 여러 가지 형태로 진행할 수 있습니다. 저녁 식사 때 가족이 모두 모여 오늘은 무엇을 했는가에 대해 서로 나누는 것도 일종의 가족 꾸아 드 네프라고 할 수 있겠고, 교사회의를 시작하면서 하루 수업과 학생에 대한 이야기를 나누는 것도 꾸아 드 네프라고 할 수 있습니다.

더 이상 질문이 없으면 오늘의 꾸아 드 네프를 마치도록 하겠습니다.

장 노엘 지난번 모임에서 여러분께서는 프레네 수업에 대해 구체적으로 알기를 원하셨습니다. 그래서 오늘 저희는 프레네 학교의 전형적인 수업방식인 아뜰리에를 체험해 보기 위하여 세 개의 아뜰리에를 준비했습니다. 여러분께서는 그 중 두 개의 아뜰리에에 직접 참가하실 수 있습니다.

아뜰리에에 대해 간단하게 설명을 드리면, 첫 번째는 수업도구의 하나인 수학카드목록을 만드는 아뜰리에입니다. 교사들이 직접 제작하고 학생들이 자신의 실력을 스스로 점검할 수 있도록 사용되는 자료(자가수정카드)입니다.

두 번째는 소리를 제작하는 아뜰리에입니다. 이 아뜰리에 참가자들은 하나의 작품을 완성해야 합니다. 제가 작품이라고 말씀드린 이유는, 다른 그룹이 그것을 보고 연주할 수 있도록 만들어야 하기 때문입니다. 자신의 몸이나 주변의 물건 등 소리가 나는 모든 것을 이용하여 소리를 제작하고 기록하는 것입니다. 단, 악기는 사용할 수 없습니다.

마지막 아뜰리에는 자유 글쓰기입니다. 자유롭게 자신이 쓰고자 하는 것을 쓸 수 있도록 유도하는 글쓰기 작업장입니다.

자, 이제 세 그룹으로 나누겠습니다.

사회자 이번 시간은 보고 듣는 수업이 아니라 참여하는 수업입니다. 모두들 프레네 학급의 학생이 되어서 직접 수업에 참여하셔야만 합니다. 협동작업을 하고 피드백을 주고받는 과정에서 프레네 교육에 대한 진정한 체험을 하실 수 있을 것입니다.

장 노엘 올리비에는 수학카드목록 아뜰리에에, 저는 자유 글쓰기 아뜰리에의 교사로 들어가고 소리 아뜰리에는 교사가 없이 진행되겠습니다. 소리 아뜰리에 참석자들은 기존의 음악에 대한 모든 고정관념을 머릿속에서 지워야만 합니다. 작품을 만든다고 해서 너무 어렵게 생각하지 마세요. 여러분이 하실 것은 거대한 심포니를 작곡하는 일이 아닙니다. 주변의 것을 이용해서 소리를 만들고 그것을 하나의 악보(작품)로 만들어내기 위해 모두가 함께 고민하고 생산하는 협동작업입니다. 그 악보는 다른 그룹(이 아뜰리에의 다음 참석자들)이 보고 연주할 수 있도록 기록해야 합니다. 다만 기록할 때 그림, 도표, 기호 등은 사용할 수 있지만, 음표나 글씨를 쓰는 것은 금지입니다. 다시 말씀드리지만, 소리 아뜰리에는 교사 없이 자주적으로 진행됩니다.

모든 아뜰리에는 한 시간 동안 진행되겠습니다. 한 시간 뒤에는 왈츠 방향에 맞추어 다음 아뜰리에 현장으로 이동하겠습니다.

1. 수학카드목록 아뜰리에

원하는 공부를, 원하는 만큼, 원하는 속도로 : 프레네의 카드학습

올리비에 교실에서 학생들과 만나는 시간 외에 프레네 교사들이 가장 많은 시간을 할애하는 것은 바로 도구와 자료를 만드는 일입니다. 프레네 교육에 있어서 교육 도구는 매우 중요합니다. 셀레스탱 프레네는 매우 일찍부터 개별화된 학습 도구를 연구하고 활용했던 사람입니다. 이것은 학생이 개별적으로 공부할 수 있도록 도와주는 교구로서, 아이들이 자기가 하고 싶은 것을 선택해서 원하는 속도로 자율학습을 할 수 있다는 장점을 가지고 있습니다. 교사의 도움 없이도 할 수 있기 때문에 학생들에게 매력적이기도 합니다. 프레네 학급의 시간표에 적혀있는 'TE9)'는 개별학습시간을 뜻하는데, 주로 이 시간에 학생들은 다양한 카드목록을 가지고 공부하곤 합니다.

프레네 학급은 교재나 교과서를 사용하지 않는 대신에 이러한 카드로 수업을 합니다. 따라서 학년별, 과목별, 진도별로 굉장히 다양한 종류의 카드목록이 존재합니다.

지금 보여 드리는 것이 수학카드입니다. 정확하게 '자가수정카드목록-수학'이라고 할 수 있겠지요.

〈 카드목록 -하얀 카드, 초록카드, 오렌지카드 〉

---

9) TE : Travail d'Élève, 학생작업을 뜻하는데 프레네 학급에서는 학생이 개별적으로 하는 학습을 지칭한다. 한국식 자율학습에 해당된다.

카드는 하얀색, 초록색, 주황색 세 가지로 나누어집니다. 모든 카드목록이 마찬가지입니다. 하얀 카드는 문제지이고 초록카드는 하얀 카드의 답지입니다. 개별학습을 하는 학생은 하얀 카드를 가져다가 문제를 푼 후 초록카드를 가지고 스스로 답을 맞힙니다. 마지막으로 오렌지카드는 이 단계를 모두 파악했는지, 다음 단계로 넘어가도 괜찮은지 알아보기 위한 테스트용 카드입니다. 이 오렌지카드의 답은 바로 교사입니다.

각 단계는 여섯 장의 하얀 카드(문제지)와 두 장의 오렌지카드(테스트)로 이루어져 있습니다.

첫 번째 시간에 점수 대신 초록색으로 표시하는 성적표에 대해서 말씀을 드렸는데 지금 보여드리는 것이 바로 그 성적표입니다. 여기서 보시는 네모 한 칸은 카드 한 장에 해당됩니다. 앞에 있는 여섯 칸은 여섯 장의 하얀 카드를 위한 것이고 뒤의 두 칸은 두 장의 테스트카드를 위한 것입니다.

예를 들어 A2과정의 9단계는 '올림이 있는 덧셈'입니다. 이 단계는 쉬운 것에서부터 어려운 것까지「9.1, 9.2, 9.3, 9.4, 9.5, 9.6」으로 나누어져 있고, 이어 테스트1, 테스트2로 구성되어 있습니다.

FICHIER NUMÉRATION-OPÉRATIONS							Niveau A 2	
Série 9 Additions "avec retenues"	9.1	9.2	9.3	9.4	9.5	9.6	Test 1	Test 2
Série 10 Sens de la soustraction	10.1	10.2	10.3	10.4	10.5	10.6	Test 1	Test 2
Série 11 Nombres de 3 chiffres	11.1	11.2	11.3	11.4	11.5	11.6	Test 1	Test 2
Série 12 Sens de la multiplication	12.1	12.2	12.3	12.4	12.5	12.6	Test 1	Test 2
Série 13 Additions	13.1	13.2	13.3	13.4	13.5	13.6	Test 1	Test 2
Série 14 Opérateurs + et −	14.1	14.2	14.3	14.4	14.5	14.6	Test 1	Test 2
Série 15 Passage à la centaine supérieure	15.1	15.2	15.3	15.4	15.5	15.6	Test 1	Test 2
Série 16 Unités (F. et Cts, m. et cm., h. et mn.)	16.1	16.2	16.3	16.4	16.5	16.6	Test 1	Test 2

〈 수학카드 기록표 〉

아이들은 하얀 카드와 초록카드를 가져다가 혼자서 공부를 합니다. 하루에 몇 장을 풀든지 그것은 학생의 마음입니다. 한 장을 끝내고 나면 스스로 수정한다고 해서 '자가수정'입니다. 보시다시피 그 원리는 매우 간단합니다. 아이들은 카드를 선택해서 풀고 그리고 답지를 찾아서 무엇이 틀렸는지 맞았는지 확인하는 것입니다.

질문 모든 아이들이 똑같은 카드를 가지고 있습니까?

올리비에 이 카드목록은 개인적으로 가지고 있는 것이 아니라 교실에 비치해놓고 사용하는 공동자료입니다. 아이들은 개별학습시간에 비치함으로 가서 자신의 수준에 맞는 카드를 선택합니다. 한 번에 한 장씩 뽑을 수도 있고 원한다면 여러 장을 할 수도 있습니다. 여섯 장으로 되어 있는 하얀 카드가 쉽다고 생각하면 하얀 카드를 하지 않고 바로 테스트용 오렌지카드로 넘어갈 수도 있습니다.

　물론 아주 간혹 직접 풀지 않고 해답카드의 답을 그대로 베끼는 학생도 있긴 하지만, 전 별로 대수롭지 않게 생각합니다. 또한, 그런 학생들은 테스트에서 떨어지게 되어있거든요. 아까 말씀드린 것처럼 테스트카드의 답을 알려주는 카드가 따로 있지 않기 때문에 - 정답은 교사의 머릿속에 있습니다 - 베낄 수가 없습니다. 따라서 테스트카드를 풀다 보면 진짜 실력이 다 드러나게 되어있지요. 보통 테스트카드의 문제들은 하얀카드 마지막 단계의 문제들보다 조금 쉽게 나와 있습니다. 하얀 카드를 모두 풀 수 있다면 테스트카드는 문제없이 통과할 수 있도록 되어 있는 시스템입니다.

　질문 학생들이 카드 위에 직접 푸나요?

　올리비에 아닙니다. 카드목록은 모든 학생들을 위한 것입니다. 학생들은 카드 위에 비치는 종이를 대고 그 종이에 풉니다. 카드 자체는 건드리지 않습니다.

카드목록은 프레네 교사의 협동작업물

　올리비에 학생들이 스스로 학습하기 때문에 교사는 그 시간에 특별한 어려움을 가진 학생들을 돌볼 수 있습니다. 그러면서 틈틈이 오렌지카드를 수정해주면 됩니다. 대부분의 아이들은 교사의 도움 없이 자기가 하고 싶은 것을 자기가 원하는 속도로 한다는 사실에 만족해합니다.

혼자서 카드를 풀고 틀린 것을 스스로 교정하는 것은 아주 어린 나이의 학생들에게도 적용할 수 있는 방식입니다. 심지어는 글을 모르는 아이들에게도 가능합니다. 카드에는 보통 9.1, 9.2와 같이 과정별 단계를 나타내는 숫자가 쓰여 있고 옆에는 자동차 그림이 있습니다. 하얀 카드와 초록카드에 같은 그림이 그려져 있는데 이것은 글을 읽을 줄 모르는 아이들도 사용할 수 있도록 하기 위해 삽입된 그림입니다.

카드학습을 하는 학생들이 '잘 모르겠어요. 어려워요'라고 도움을 청하는 순간이 있습니다. 그럴 때 교사는 바로 개입하기 전에 '누구 이 친구 좀 도와주겠니?'하고 학생들에게 먼저 물어봅니다. 학생들은 보통 친구를 도와주겠다고 나서는데 만약 아무도 손을 들지 않으면 그때 교사가 개입합니다.

만약 거의 모든 학생들이 다 푼 어떤 문제를 소수 몇 명만이 풀지 못하고 도움을 요청한다면 일반적으로 저는 빠지려고 합니다. 왜냐하면, 이것은 나머지 학생들이 합심하여 문제를 못 푸는 학생을 충분히 도와줄 수 있는 상황이고, 그렇게 도와주는 것이 협동학습 안에서 그 학생들이 해야 하는 역할이라고 생각하기 때문입니다.

질문 카드목록을 하고 싶어 하지 않는 아이들은 어떻게 하나요?

올리비에 그런 경우는 한 번도 없었기 때문에 어떻게 대답해 드려야 할지 모르겠네요. 그렇지만 아까도 말씀드렸다시피 아이들은 카드학습을 좋아합니다. 만약 카드목록을 하고 싶어 하지 않는 아이가 있다면 굳이 강요할 필요는 없다고 생각합니다. 배움에는 학습자의 의지가 가장 중요하니까요.

카드목록을 대하는 학생들의 태도는 보통 두 부류로 나닙니다. 먼저 오렌지카드만 하고 싶어 하는 경우입니다. 이런 학생들은 하얀 카드를 눈으로 쭉 훑어보고 바로 오렌지 테스트카드로 넘어갑니다. 이때 이 학생이 테스트에서 성공하면 성적표(기록표)의 그 줄은 모두 초록색이 됩니다. 한 가지를 끝낼 수 있는 아주 빠른 방법이 있다는 것을 터득한 경우이지요. 또 다른 부류는 하얀 카드를 하나하나 다 풀고 또 풀면서 복습까지 하는 학생입니다. 때때로 그 과정을 이미 끝낸 다른 학생에게 미리 물어보고 푸는 학생들도 있습니다. 이런 학생들은 대개 실수가 적고 다른 친구들에게 설명도 잘 해주는 편에 속합니다.

교사는 카드학습을 통하여 학생의 학습유형과 성격을 파악할 수 있고 이것을 다른 수업에도 활용할 수 있습니다. 카드학습은 학생들 개개인의 학습 취향과 성격에 따라 다양한 방법으로 활용이 가능한 도구입니다. 그것이 바로 카드목록의 장점이라고 할 수 있습니다. 그러나 무엇보다도 카드학습의 가장 중요한 점은 학생들이 원하는 공부를, 원하는 만큼, 원하는 속도로 할 수 있다는 것입니다.

프레네 교실에서는 거의 모든 과목에서 이러한 카드목록을 사용하고 있기 때문에 굉장히 많은 카드목록을 소장하고 있습니다. 그래서 프레네 학급의 책장은 교과서 대신 이러한 다양한 카드목록으로 채워져 있습니다. 아이들은 대개 카드학습을 좋아하고 새로운 카드를 내놓을 때마다 많은 관심을 보이곤 합니다. 새로운 카드목록을 교실에 적용하고자 할 때 교사는 먼저 한 세트만 가져다 놓고 이것이 문제가 있는지 없는지, 우리 교실, 우리 학생들에게 적합한지 아닌지를 실험하는 시간을 충분히 갖습니다.

만약 어떤 카드목록을 실행했는데, 한 학생이 오렌지 테스트1도 실패하고 테스트2도 실패했다면 교사는 더 이상 그 학생에게 그 시리즈의 카드를 권하지 않습니다. 대신 그 학생에게 직접 카드를 만들어보라고 권합니다. 그 학생이 자신의 수준에 맞는 테스트를 만들게 되면 결국 이것은 또 하나의 카드를 창조한 것이 됩니다. 이렇게 해서 교사는 새로운 카드를 가지게 되고 그 학급의 카드목록은 점점 늘어나게 됩니다. 제가 맡고 있는 학급에는 학생들이 만들어낸 이러한 카드가 무척 많이 있습니다.

만약 학생이 직접 테스트카드 만들기를 거부한다면 그 학생은 모든 문제를 처음부터 다시 풀어야만 합니다.

질문 테스트에서 실패했다는 것은 문제를 못 푼다는 뜻인데 그런 학생이 어떻게 문제를 낼 수 있나요?

올리비에 학생이 (테스트카드에) 실패하는 경우는 다음의 두 가지입니다. 하나는 하얀 카드를 풀긴 풀었는데 직접 풀지 않고 답을 베낀 경우,

즉 자신을 속인 경우이고, 다른 하나는 처음부터 단계를 건너뛰고 오렌지카드로 간 경우이지요. 그러니까 학생이 직접 테스트카드를 만들면 교사는 그 학생의 수준을 가늠할 수 있습니다. 그리고 왜 테스트에 실패했는지 원인을 찾을 수도 있습니다. 혹은 학생이 테스트카드 만드는 것을 거부해서 처음부터 다시 풀게 되는 경우라면 그 학생은 문제를 푸는 동안 모르는 부분에 대해서 자연스럽게 학습을 하게 됩니다.

질문 그래도 학생이 직접 문제를 만든다는 것을 잘 이해할 수 없습니다. 예를 들어 계산을 못 하는데 어떻게 문제를 만들 수 있나요?

올리비에 문제를 만든다는 사실보다 그 학생이 무슨 이유로 두 번의 테스트에 모두 실패했는지 알아보는 것이 중요합니다. 만약 학생이 그 단계의 하얀 카드를 하나도 안 한 경우라면 처음부터 풀라고 권할 수 있겠지만, 단지 피곤해서 실수를 한 것이라면 학생은 충분히 문제를 만들 수 있습니다. 어쨌든 한번 풀었던 테스트는 다시 풀 수 없습니다. 금지입니다. 그러므로 그 학생이 처음부터 하얀 카드를 다시 풀었다고 하더라도(1-6 과정까지) 그 학생이 풀 수 있는 테스트카드는 없습니다. 이미 풀었기 때문이지요. 따라서 그 학생은 테스트를 직접 만들 수밖에 없는 것입니다. 그런데 어떤 학생이 1에서 6까지의 카드를 모두 풀었다는 것은 테스트도 풀 수 있다는 것을 의미하기 때문에 (테스트의 문제는 항상 하얀 카드 5, 6번째의 문제보다 약간 쉽습니다) 이 학생은 문제를 만들 수 있는 능력을 가지고 있다고 볼 수 있습니다.

질문 카드목록은 학교마다, 교사마다 모두 다른가요?

올리비에 아닙니다. 프레네 교육의 장점은 모두가 나눈다는 것입니다. 누군가 새로운 카드목록을 만들어 내면 모두 함께 나눕니다. 예를 들어 새로운 카드가 있을 경우 프레네 교사들이 공유하는 잡지나 사이트에 소개를 합니다. 그리고 원하는 사람들에게 모두 무상으로 카드를 보내줍니다. 대신 그 카드를 사용한 사람은 자신의 의견과 학생들의 반응, 교실에서 어떻게 사용되고 어떤 결과를 가져왔는지에 대해 반드시 피드백을 주어야 합니다. 이러한 의견을 수렴하여 그 카드목록은 검증과 수정 작업을 거치게 됩니다. 이 모든 것이 프레네 교사들의 협동작업이라고 할 수 있습니다.

올리비에 이제 우리가 직접 카드를 만들어 보겠습니다. 오늘 이 자리에서 하는 것은 만들기 쉽고 사용하기 쉬운 자료를 만드는 실습입니다. 지금부터 우리는 '대칭'에 대한 카드목록을 만들어보는 작업을 하겠습니다. 참고로 '대칭'은 프랑스에서 초등학교 1학년 수학과정에 나오는 것입니다. 일단은 각자 초안을 작성해 보고 각자의 작품에 대해 다른 사람들이 동의하는 것을 모아보겠습니다. 한 사람이 한 단계, 즉 6개의 문제를 만들어 봅시다. 세로 대칭, 가로 대칭, 대각선 대칭 등 여러 가지 경우를 만들 수 있겠지요.

- 카드만들기 작업 -

2. 자유 글쓰기 아뜰리에

자유 글쓰기, 고정관념으로부터의 해방

장 노엘 자유 글쓰기를 시작하겠습니다. 이 아뜰리에는 글쓰기 작업을 할 때 우리가 제일 먼저 하게 되는 '아! 나는 글을 쓸 줄 몰라'라는 생각을 떨쳐버리게 하는 작업장입니다. 그래서 무엇보다도 먼저 글쓰기에 대해서 우리가 가지고 있는 고정관념인 '철자, 문법, 문학성'등을 밖으로 쫓아버리는 예식으로 문을 열겠습니다.10)

먼저 하나의 놀이로 시작하겠습니다. 이 놀이는 '책임을 나누는 글쓰기'라고 부릅니다. 각자 앞에 놓인 종이에 한 문장을 쓰고 그 종이를 옆 사람에게 넘깁니다. 다시 받은 종이에 또 한 문장을 쓰고 넘깁니다. 그리고 또 한 문장을 쓰고 넘기고를 반복하겠습니다.

질문 무엇에 대해 쓰나요?

질문 내가 쓰는 문장이 앞사람의 글과 연관되어야 하나요?

장 노엘 원하는 대로 하세요. 우리는 '자유' 글쓰기 아뜰리에에 있습

---

10) 자유 글쓰기 아뜰리에를 여는 예식이다. 글쓰기가 예식으로 시작되어야 하는 이유에 대해서는 뒤에 설명된다. 이날 아뜰리에를 진행했던 교사는 실제 문으로 걸어가서 무언가를 쫓아내는 시늉을 하고 우리가 쫓아낸 철자, 문법, 문학성 등이 다 나갔는지 아니면 아직도 문밖에 서성이고 있는지 확인하는 동작을 한 후 문을 닫고 자리에 앉았다.

니다.

- 약 10분 정도 문장을 쓰고 넘기는 작업을 한다. -

장 노엘 자, 그만하겠습니다! 교실에서 할 때는 종이가 다 채워질 때까지 할 수 있습니다만, 우리는 시간 관계상 여기서 멈추겠습니다.

지금 자기 앞에 놓여있는 종이를 들고 우리가 쓴 것을 눈으로 한번 읽어봅시다.

- 침묵 중에 각자 읽기 -

이제 소리 내서 한번 읽어보겠습니다. 누구 큰 소리로 한번 읽어보실 분 계십니까?

```
- 오늘은 녹차가 맛있네
- 오늘밤은 좀 더 추워요
- 마음의 별이 네 눈 속에서 빛난다
- 물이 따스해서 손도 따스해지는 것 같다
- 별이 빛나는 밤에 우리의 마음도 빛난다
- 별구경 힘든데, 아마도 마음속의 별인가
- 일상에서 벗어나고 싶은 꿈꾸는 자를 위하여
- 별? 지리산에는 별이 무지 많다…
```

〈 책임을 나누는 글쓰기 _ 예 1 〉

장 노엘 - 어떻게 생각하십니까? 여러분들은 이 문구들이 서로 연관이 있다고 생각하십니까, 그렇지 않다고 생각하십니까?

다음 분 읽어보시겠습니까?

- 이제 아홉시가 다 되어간다
- 너는 쓰고 그리고 나는?
- 볼에서 열이 난다. 왜일까?
- 나는 쓴다. 너는?
- 나도 열이 난다
- 졸렸는데 지금은 아니네. 왜일까?
- 자꾸 연관되지 않은 글을 쓰고 싶은데 앞글을 돌아보게 된다
- 지금 난 열이 났다, 안났다 한다
- 이렇게 마구마구 쓰는 게 참 재밌군

〈 책임을 나누는 글쓰기 _ 예 2 〉

- 오늘밤 서울의 손님
- 우리 동네는 조용한데
- 우리 집도 서울
- 우리 동네도 조용합니다.
- 우리 집은 인천
- 그래도 바람소리는 나지 않네
- 노엘선생님이 쓴 글을 보니 소음이 안들리는데..
- 가만히 귀 기울여 들어 보세요
- 끝나고 맥주한잔 하실 분?
- 추운 겨울엔 포장마차에서 따끈한 오뎅국물에 소주한잔도 좋지요
- 집에서는 반짝이는 별이 보이는데 여기서는 반짝이...?

〈 책임을 나누는 글쓰기 _ 예 3 〉

```
- 별이 반짝이는 밤입니다
- 겨울나무가 아름답다
- 겨울나무는 외로워 보입니다
- 둘이 되기 위한 진통이 필요하지요
- 추억 그리고 다시 올 거야
- 빨리 12월이 왔으면 좋겠다
- 2005년도 얼마 안 남았다
- 정말 여행을 떠날 거야...
```

〈 책임을 나누는 글쓰기 _ 예 4[11]) 〉

장 노엘 감사합니다. 이제 각자 가지고 있는 텍스트를 들고 모두 함께 읽겠습니다. 저는 한글을 이해하지 못하니까 제가 느끼는 대로 읽겠습니다. 이렇게 소리를 내어 읽는 것은 우리 안에 억압되어 있는 것을 밖으로 끌어내기 위해서입니다. 다 같이 큰 소리로 읽겠습니다.

- 모두 함께 읽기 -

이제 우리는 자유입니다. 종이를 구겨서 던지십시오!

장 노엘 이번에는 다음과 같은 형식으로 된 문장을 쓰겠습니다. 두 번 되풀이 하겠습니다 : '네가 만약..........라면, 나는 너에게..........말 할 거야'

- 약 5분간 작업 -

[11) 여기에 실린 예는 실제 자유 글쓰기 아뜰리에서 참가자들이 했던 자료를 그대로 옮긴 것이다.

장 노엘 이제 오른쪽 줄에 계신 선생님께서 '네가 만약……….라면'의 문장을 읽으면 왼쪽 줄 선생님께서 '나는 너에게……….말할 거야'라는 문장을 읽겠습니다.

- 내가 만약 나무라면, *나는 너에게 나를 안아달라고 말할 거야.*
- 내가 만약 하늘이라면, *나는 너에게 함께 놀자고 말할 거야.*
- 네가 만약 아프다면, *나는 너에게 너의 자리에서 최선을 다하라고 말할 거야.*
- 네가 만약 사람이라면, *나는 너에게 지금 이 글쓰기는 좀 힘들다고 말할 거야.*
- 네가 만약 나라면, *나는 너에게 시간이 흐른 뒤 반갑게 만나자고 말할 거야.*
- 네가 만약 곰이라면, *나는 너에게 이 순간을 즐기라고 말할 거야.*
- 네가 만약 천사라면, *나는 너에게 별학교 하나 지어달라고 말할 거야.*
- 네가 만약 바람이라면, *나는 너에게 행복하라고 말할 거야.*
- 네가 만약 아기라면, *나는 노래를 불러달라고 말할 거야.*
- 네가 만약 귀머거리라면, *나는 너에게 따스한 햇볕을 비추어달라고 말할 거야.*

〈 문장 완성하기 _ 예 〉

장 노엘 어때요? 어떻게 느끼셨습니까? 우리가 읽지 않은 문장이 하나 더 있습니다. 다 같이 큰 목소리로 그 문장을 읽으면서 그 속에 있는 우리의 감정을 밖으로 끌어내 보겠습니다. 우리가 '말'함으로써 글로 된 우리의 생각은 자유로워질 것입니다.

- 각자 큰 소리로 나머지 한 문장을 읽는다 -

장 노엘 놀랍게도 우리가 각자 쓴 글이지만, 그 글이 모였을 때 그곳에는 의미가 있고 종종 그 의미는 너무 아름답기도 하고, 웃기기도 하고, 너무나 시적이기도 합니다. 물론 아무것도 전달해 주지 않는 글이 될 수도 있습니다. 그렇지만 우리는 아무렇게나 쓸 수 있고, 그렇게 쓴 글이 의미를 줄 수도 있다는 사실을 알아야 합니다. 그것은 써야 한다는 의무감으로 머리에서 짜낸 것이 아니라 쓰고 싶은 것을 자유롭게 쓰면서 나온 글입니다. 이러한 글쓰기를 할 때 중요한 것은 우리 머릿속에 있는 고정관념을 없애버리는 것입니다.

마지막으로 '스크립 톱(script-top)'이라는 놀이를 할 것입니다. 먼저 제가 책상을 '탁' 치면서 단어 하나를 말할 것입니다. 또 십 초 후에 제가 책상을 '탁' 치면 옆의 선생님께서 단어를 말하고, 십 초 후에는 또 옆의 선생님이...이렇게 반복하겠습니다. 그동안 우리가 할 일은 종이에 계속 쓰는 것입니다.

질문 그 단어와 연관해서 써야 합니까?

장 노엘 여러분은 자유입니다. 연관해서 써도 좋고 연관하지 않아도 좋고 원하는 대로 쓰세요. 중요한 것은 십초마다 '탁'했을 때 단어를 말해야 하는 것입니다. 시작하겠습니다.

[탁! 수능, 탁! 잘 봐, 탁! 몰라, 탁! 신발, 탁! 엄마, 탁! 슬금슬금, 탁! 초가집, 탁! 낮잠, 탁! 늑대, 탁! 와인, 탁! 연필, 탁! 초록색, 탁! 위스티티, 탁! 설거지...]

장 노엘 이것은 놀이입니다. 우리가 알고 있는 것, 우리를 억압하는 것들을 우리로부터 떨어져 나오도록 하는 놀이입니다. 글을 쓰고 읽을 때는 어떤 강요도 해서는 안 됩니다.

각자 자기가 쓴 텍스트를 한번 훑어보고 원하는 사람이 큰 소리로 읽어보겠습니다. 읽지 않아도 되고, 읽어도 되고 모든 것은 자유입니다.

> 비밀, 나무, 별, 우산, 멍멍, 부지깽이, 지하철, 소리, 경제, 희망, 교감, 공감, 선풍기, 연락, 궁금, 설레임, 기대, 파도, 흙냄새, 아기, 삶, 행주, 변기, 쓰레기, 담배, 즐거움, 괴로움, 나눔, 마음, 고백, 울렁거림, 느낌.

〈스크립 톱 _ 예 1〉

> 사흘이 지났다. 어떻게 흘러왔는지…마음이 편하다. 귀를 막자. 사랑받는 그 순간보다 따뜻한 건 없다던데. 오늘 처음으로 임진각에 갔다. 단순하게. 글을 쓰는 중. 보고 싶다. 사람과 그리움. 난 지금 초록색 니트를 입었다. 사진도 찍었지. 바람. 겨울.

〈스크립 톱 _ 예 2〉

장 노엘 원래 제가 학생들과 이 놀이를 할 때는 여유 있게 훨씬 더 많은 시간을 줍니다. 때로는 아이들이 지겨워할 때까지 하기도 합니다. '탁' 쳤을 때 '그만 해요! 지겨워요!'라는 소리가 나올 때까지 말입니다. 그러면 그 순간 멈추고 다른 것으로 넘어갑니다. 오늘 우리가 한 것은 모두 짧은 예에 불과합니다.

여기서 지금 이 순간에 우리가 쓴 것은 굉장히 개인적이고 은밀한 이야기일 수 있습니다. 그래서 이 작업을 실행하기 위해서는 그룹 안에서 서로가 서로를 알고 신뢰할 수 있는 시간이 필요합니다. 30분의 작업으로는 충분하지 않겠지요. 그래서 방금 제가 누구 큰소리로 읽어보실 분 있느냐고 물었을 때, 여러분의 입에서 '아휴~'하는 소리가 나온 것은 놀랄 일이 아닙니다. 왜냐하면, 사실은 우리가 아무렇게나 쓴 것 같은 이 글들이 우리의 내면을 이야기해 주고 있기 때문입니다. 우리의 깊은 속에서부터 나온 것이지요. 그래서 그것을 다른 사람에게 말하는 것에 대해 확신을 갖지 못할 수 있고 그래서 망설이게 되는 것입니다. 서로가 서로를 잘 모를 때 다른 사람이 내가 쓴 것에 대해 어떻게 생각할지 의문하게 되는 것은 당연합니다. 그래서 이런 놀이를 하는 그룹은 구성원들 사이에 서로 안전하다고 느낄 수 있는 신뢰가 바탕이 되어야 합니다.

글을 못 쓰는 이유는 '글을 못 쓴다'는 두려움 때문입니다

장 노엘 이런 종류의 글쓰기는 우리가 자유로워질 수 있도록 도와줍니다. 우선 우리 사회에 박혀있는 고정관념으로부터 우리를 자유롭게 하고, 글로 표현함으로써 우리도 모르게 억압되어있는 그것으로부터 우리를 해방시킵니다.

이 아뜰리에가 '자유 글쓰기'인 이유는 형식 없이 마구 쓰기 때문이 아니라, 글을 씀으로써 우리가 자유롭게 되기 때문에 '자유 글쓰기'입니다. 이 아뜰리에를 통해 우리는 무엇보다도 타인의 판단으로부터 자유로울 수 있습니다. 학교에서 하는 많은 판단은 사람을 죽이는 일이라 할 수 있는데, 글쓰기와 관련해서는 특히 글을 쓰고자 하는 욕망을 죽입니다. 우리는 모두 글을 쓰고자 하는 욕망을 가지고 있습니다. 하지만 '글을 못 쓴다'는 생각이 두려움을 주고 그래서 결국 글을 '못'쓰게 되는 것입니다. 못쓴다는 것은 없습니다. 단지 쓸 뿐입니다. 어쨌든 우리는 모두 자유입니다!

장 노엘 학생들의 나이와 성격에 따라서 이러한 글쓰기를 다양한 방식으로 적용해 볼 수 있습니다.

무엇을 하든 처음에 우리가 했던 '예식'은 굉장히 중요합니다. 고등학생들과 글쓰기를 할 때 저는 항상 '문학과 글쓰기의 형식을 문밖으로 내쫓고 아직 거기에 있는지 다시 가서 확인을 하는 예식'을 합니다. 언젠가 딱 한번 그 예식을 잊어버린 적이 있었습니다. 그런데 제일 먼저 글 읽기를 했던 한 학생이 '오늘 장 노엘이 무척 피곤한가 보다. 문학과 문법이 아직 문밖에 있는지 확인하는 것을 잊어버렸다'라는 글을 적었던 적이 있었습니다.

다시 말해서 아이들에게 무언가를 시작하는 예식은 그만큼 중요합니다. '예식화' 하는 방법에는 여러 가지가 있습니다. 저처럼 할 수도 있고, 촛불을 켜놓을 수도 있고, 개시한 노래를 부를 수도 있고, 명상으로 시작할 수도 있겠지요. 어쨌든 그것은 아뜰리에에 참석한 교사와 학생들 간의 신호가 되는 것입니다. '자, 지금부터 우리는 자유롭게 아무것에도 얽매이지 않고 글쓰기를 할 수 있다'라는 그룹 구성원 간의 약속입니다.

어떤 아이가 무슨 단어를 쓸 줄 모를 때 그 아이는 그 단어를 쓸 줄 모르는 것이지, 글쓰기를 싫어하는 것은 아닙니다

장 노엘 이러한 놀이를 되풀이하다 보면 학생들의 글쓰기 시간은 점점 늘어납니다. 물론 여섯 살이나 일곱 살 된 아이들과 함께 두세 시간 동안 글쓰기를 할 수는 없지만, 그들과 할 때도 시작예식은 필요하고 항상 중요합니다.

우리가 오늘 함께 한 놀이 외에도 상황과 대상에 적합한 글쓰기 방식은 다양하게 개발될 수 있습니다. 그 방식을 찾는 것이 바로 교사의 몫입니다. 글쓰기놀이가 어떤 것이 되었든 간에 그 순간 '문학, 형식, 철자, 문법은 중요하지 않다는 것'과 '텍스트의 길이, 내용 등등에 대한 어떠한 판단도 있어서는 안 된다'는 원칙을 지키는 것이 중요합니다. 다른 사람이 쓴 글을 들으면서 '무엇이 연상된다', '감동적이야' 등 느낌에 대해서는 이야기 나눌 수는 있겠지만, '잘 쓴 글이야', '문체가 화려하다' 등과 같은 언급은 하지 않도록 주의해야 합니다.

물론 우리는 자유이기 때문에 글을 쓰지 않고자 하는 학생의 의견도 존중해야 합니다. 왜냐하면, 그것도 그 학생의 일종의 제안이기 때문입니다. 혹은 쓰지 않겠다고 했던 학생이 얼마 후에 다시 글쓰기에 참여하겠다고 할 수도 있는데, 그때는 자연스럽게 그가 함께 작업할 수 있도록 받아들이면 됩니다.

자유 글쓰기는 하나의 즐거움입니다. 사람들은 학교가 지겨운 곳이라고 생각하는데 그것은 사실이 아닙니다. 교사는 항상 학생들에게 즐거움을 줄 수 있는 작업을 찾아야 하고, 그렇게 한다면 학교는 항상 즐거운 곳이 될 수 있습니다.

질문 글자는 하나의 상징인데요, 프레네 교육에서는 어떻게 문자교육을 하나요?

장 노엘 다양한 종류의 방법론이 있습니다. 물론 전통적인 방법은 a와 b를 배운 후 'b + a = ba'라고 익히는 것입니다. 동시에 문법과 철자도 배우지요.

프레네 방법론은 이런 전통방법과는 완전히 다릅니다. 우선 그 목적에서부터 차이가 있는데요, 프레네 학급에서 글쓰기를 배우는 이유는 글을 써야 할 필요에서부터 시작됩니다. 예를 들어 친구에게 편지를 쓴다든지, 엄마에게 카드를 쓰기 위해서 혹은 이성 친구에게 생일초대카드를 보내야 할 때 학생들은 무언가를 써야 한다는 욕구와 필요를 느끼고 자연스럽게 쓰기에 대해 관심을 가지게 됩니다. 이것이 글쓰기에 대한 동기부여입니다.

처음 시작할 때는 물론 어른과 함께합니다. 각자 쓰기 노트를 장만해서 어른이 쓴 것을 따라 쓰기도 하고, 배운 것을 하나하나 기록하기도 합니다. 그리고 신문이나 책에서 새로운 단어를 발견하면 배운 단어인지 아닌지 자신의 노트를 찾아보고, 새로운 단어일 경우에는 추가해서 적는 과정을 되풀이하면서 익혀갑니다. 절대로 b + a = ba가 된다는 식으로 배우지는 않습니다.

프레네 교육학에서는 읽기와 쓰기가 분리되어 있지 않고 하나의 과목으로 되어있습니다. 그래서 편지의 답장을 보고 읽기를 배우며, 그 안에 쓰인 단어를 가지고 쓰기를 배웁니다. 교실 안에는 글을 읽고 쓸 수 있는 상황이 너무나 많이 있습니다. 신문, 학급 간 편지교환, 개인/그룹으로 하는 작업, 공문서, 혹은 혼합연령학급에서 큰 학생들의 글쓰기 등등. 이러한 상황 안에서 아이들은 조금씩 '글'을 배워갑니다. 아이들은 언제나 호기심으로 가득 차 있기 때문에 알고 싶은 욕구를 가지고 있고, 이 욕구가 자연스럽게 배움으로 아이들을 유도해 줍니다.

교사는 아이들이 가지고 있는 본능적인 호기심과 욕구에 글쓰기를 고양하는 상황을 만들어 줄 수 있습니다. 어떤 학생에게든 '너는 특별해', '훌륭해'라는 말을 듣는 것보다 더 큰 용기와 격려는 없습니다. 교사는 바로 이런 순간과 방법을 찾아야 하는 사람입니다. 정해져 있는 것이 아닙니다. 생각해 보십시오. 누군가가 우리가 쓴 글을 보고 '야! 이거 멋진데! 정말 감동적이야!'라거나 '네가 쓰고 싶은 것을 맘껏 써 봐'라고 말한다면 우리는 계속해서 쓰고 싶을 것입니다. 반면 '네 글은 괜찮기는 한데, 여기 틀렸지? 여기는 이렇게 쓰는 게 맞지', '여기는 띄어쓰기를 안 했네?', '이 말보다는 이 단어가 더 적합하지.' 등의 말을 듣는다면 의욕을 잃고, 쓰기 싫어지고, 쓰는 것이 두려워지는 것은 당연합니다.

어떤 아이가 글을 쓰지 않겠다고 하는 것은, 글을 쓸 줄 몰라서가 아니라 그 아이에게 글을 쓰고 싶은 욕구가 없기 때문입니다. 어떤 아이가 어떤 단어를 쓸 줄 모를 때 그 아이는 그 단어를 쓸 줄 모르는 것이지, 글을 쓰기 싫어하는 것이 아닙니다. 교사는 그 학생에게 다양한 도구를 활용한 가능성을 제시해 주어야 하고 그렇게 함으로써 그가 글을 쓸 수 있는 방법을 되찾도록 도와주어야 합니다. 또한, 글쓰기를 할 때 시간은 결코 중요한 것이 아니라는 사실도 우리는 늘 인식해야 합니다.

질문 프레네 학급은 어떻게 구성되어 있습니까? 그리고 국어수업은 어떻게 하나요? 자유 글쓰기만 가지고 프랑스어를 완벽하게 배우는 것이 가능한가요? 만약 문법 시간이 없다면, 예를 들어 '편지의 형식'과 같은 것은 언제, 어떻게 배울 수 있나요?

장 노엘 오늘 저녁이 꼭 프레네 학급과 같습니다. 한 학급 안에서 한 그룹은 자유 글쓰기를 하고 한 그룹은 수학카드를 풀고 또 다른 한 그룹은 소리 작업을 합니다. 그리고 그룹에 참여하지 않고 혼자서 개인 프로젝트를 수행하는 학생도 있습니다. 우리는 전형적인 프레네 교실 안에 있습니다. 교사는 조직하고, 학생들은 각자 정해진 시간에 자신이 할 일을 수행합니다.

프랑스어는 자유표현, 신문 만들기, 학급 간 서신교환, 설문지작업 등을 통해 자연스럽게 배웁니다. 이 모든 것이 프레네 학급의 국어수업이라고 할 수 있겠지요.

편지의 형식과 같은 것도 마찬가지입니다. 다른 학급으로부터 받은 편지를 읽으면서, 게시판에 붙은 공문들을 보면서 자연스럽게 배웁니다. 맨 첫줄은 '누구에게'라고 쓰고, 안부 인사를 하고, 본문, 마침, 날짜순으로 적어야 한다는 것은 그런 형식의 글을 몇 번 접하게 되면 저절로 터득하게 되는 것들입니다. 그것을 배우기 위해 과목을 만들어 몇 시간씩 할애해야 한다고 생각하십니까? 마찬가지로 우리는 항상 철자에 관해서 의식하고 있지만, 그것을 수업으로 배우지는 않습니다. 편지를 함께 읽으면서 '여기 s가 빠졌네' 혹은 '이 단어는 n이 두 개나 들어가는구나'라고 하면서 터득하는 방식을 선호합니다. 어떻게 보면 프레네 학급에는 글쓰기 시간이 많이 있기 때문에 전통학교에 비해서 철자공부도 더 많이 한다고 볼 수도 있겠습니다.

그러나 우리가 한 자유 글쓰기에는 틀린 것이 있다고 해도 말씀드렸던 것처럼 중요하지 않습니다. 왜냐하면, 그건 우리 속에 있는 그런 억압을 떨쳐내기 위한 글쓰기였기 때문입니다.

중요한 답장이라든지, 공문이나 기사 등 철자오류를 범하지 않아야 할 글을 쓸 때는 협동작업을 통해서 하기도 합니다. 그럴 때면 모두들 볼 수 있도록 큰 종이나 칠판에 써놓고 함께 상의를 하지요. "저렇게 쓰는 거야? 이거 같은데...", "이 표현에 모두 동의해?", "내 생각은 달라"라고 서로 질문을 주고받으면서 수정하고 완성합니다. 함께 작업하면서 함께 배워가는 것이지요.

만약 전통학교에서처럼 철자나 문법이 수업으로 주어지게 된다면 그것은 아이들에게 너무나 많은 일을 주게 됩니다. 아이들은 숙제와 일에 지쳐버리게 될 것이고 결국 주변의 어른에게 도움을 청해서 문제를 임시로 해결하려고 할 것입니다. 그것은 진정으로 배우는 것이라고 할 수 없습니다. 저 역시도 한 학생이 너무 많은 숙제에 치이고 있다면 도와주고 싶을 것입니다. 저는 철자나 문법이 하나의 문제가 되어서는 안 된다고 생각합니다.

질문 모든 교과목에서 카드를 활용한다고 했는데 글쓰기에도 카드가 있습니까?

장 노엘 물론 자유 글쓰기에는 카드가 없습니다. 왜냐하면, 자유 글쓰기는 카드를 비롯한 모든 형식에서 자유로워지는 것이기 때문입니다.

모든 것이 세트로 갖추어진 교육학이란 존재하지 않습니다

장 노엘 교실에서 작업하는 것을 좋아하는 교사도 있고, 밖으로 나가는 현장학습을 선호하는 교사도 있으며, 음악을 좋아해서 음악으로 모든 과목을 풀어가는 교사도 있습니다. 관계와 개인성에 따라서 정말 많은 프레네식 교육이 가능합니다. 프레네 교육 안에서는 교육에 대해 시도하고 질문하는 어떤 것도 금지하지 않기 때문에 모든 것이 다 가능합니다.

중요한 것은 여러분의 상황에 맞는 한 가지를 시작하는 것입니다. 모든 것이 세트로 갖추어진 하나의 정해진 프레네 교육학이란 없습니다. 다만 우리가 실천하는 만큼 다양한 프레네 교육학이 존재하는 것입니다. 그것이 모여서 프레네 교육학 전체를 이루는 것입니다. 제가 오늘 여러분께 보여 드린 것은 그것을 시작할 수 있는 한 발판에 불과하다고 생각합니다.

오늘 아뜰리에에 참석해주신 여러분께 진심으로 감사드립니다.

사회자 오늘 수업이 모두 끝났습니다. 체험하신 아뜰리에에 대한 소감을 간단하게 듣고 오늘 프로그램을 마치기로 하겠습니다.

참석자1 아뜰리에 경험을 통해서 훨씬 더 구체적으로 프레네 교육을 알 수 있었고 이전에 가졌던 질문에 대해 스스로 답을 찾는 시간이 되었습니다.

참석자2 자유표현은 글쓰기이지만 명상이나 치료의 효과도 있는 것 같습니다. 하고 나서 머리가 맑아지는 느낌이 들었습니다.

참석자3 자유 글쓰기에서는 정말 정신이 각성되는 경험을 한 반면 수학카드 만들기에서는 체계적이고 합리적이면서도 수준별로 잘 구분되어 있는 프레네 교수법을 엿볼 수 있었습니다. 프레네 교육은 학생들이 원하는 것을 할 수 있도록 철저하게 연구하고 준비하여 모든 것을 구비하고 있다는 느낌이었습니다.

참석자4 글쓰기에서는 협동과 나눔을, 수학카드에서는 개별학습에 대한 구체적 체험을 할 수 있었습니다.

장 노엘 프레네 학교에서는 2주에 한 번씩 학생들이 아뜰리에를 발표하는 시간을 갖습니다. 종합정리라고 하지요. 내일은 함께 종합정리를 하는 시간을 갖도록 하겠습니다. 마지막으로 소리 아뜰리에의 발표를 들으면서 마감하겠습니다. 늦은 밤까지 열심히 참여해주신 모든 선생님들께 감사드립니다.

제 3 장 _ 형식을 제공하는 교사와 내용을 채우는 학생

| 형식을 제공하는 교사와 내용을 채우는 학생 |

꾸아 드 네프 quoi de neuf

장 노엘 안녕하세요. 지금부터 20분 동안 '꾸아 드 네프'를 시작하겠습니다. 어제부터 지금 이 시간까지 새로운 일이 있었으면 이야기해 주십시오.

청중1 오늘 학생들과 국립중앙박물관에 다녀왔습니다. 동양적인 흔적을 찾아볼 수 없는 완벽한 서양식 건물이었습니다. 아이들은 외출을 했다는 것에 즐거워했지만 유물이나 역사에 대해서는 그다지 신기해하지 않았습니다. 무엇보다도 너무 넓어서 모두 살펴볼 수가 없었습니다. 다음에 다시 한 번 방문해야겠다고 생각했습니다.

청중2 어제 장 노엘 선생님과 자유 글쓰기 수업을 한 후 바로 학교에 가서 아이들과 함께 해보았습니다. 그런데 교사인 제 문제인지 아이들의 문제인지 모르겠지만 '자유롭게' 글쓰기를 하라고 하니까 아이들이 대번에 욕을 쓰기 시작했습니다. 어떻게 해야 할지 몰라 당황스러웠습니다. 그래서 그냥 '자유롭게' 쓰도록 두었더니 결과적으로 정말 많은 욕이 나왔습니다. 똑같은 활동을 하더라도 교사로서 어떤 식의 마음가짐과 활동이 필요한 건지 의문이 들었습니다.

장 노엘 욕과 관련된 것은 자유 글쓰기 작업에서 흔히 직면하는 문제인데요, 지금 말씀하신 것에 대해 함께 생각해 보면 좋을 것 같습니다. 자유 글쓰기에서 욕을 사용하는 것을 허용해야 할까요, 말아야 할까요?

청중3 당연히 허용해야 합니다. 글쓰기는 자신의 감정을 표현하는 것이라고 했는데 욕도 억압된 감정의 하나가 아니겠어요?

청중4 무조건 허락할 것이 아니라 그 욕이 글쓰기 안에서 진짜 내재된 생각을 풀어내는 것인지 그냥 장난으로 쓰는 것인지 구분해야 할 것 같습니다. 욕을 해서 내재된 감정을 풀어낼 수 있다면 써도 되겠지만, 장난이나 재미삼아 그러는 것이라면 당연히 허락해서는 안 된다고 생각합니다.

장 노엘 그렇다면 그 욕이 그 학생의 내재된 감정인지 장난인지를 어떻게 알 수 있을까요?

청중5 짧은 시간 동안 단번에 알 수는 없겠고 아마도 아이들을 오랫동안 세심하게 관찰해왔을 때에만 제대로 파악하는 것이 가능하지 않을까 생각됩니다. 만약 제 경우였다면 저는 자유 글쓰기를 할 때 처음부터 욕을 허용하지는 않을 것 같습니다. 하지만 학급의 분위기나 아이들의 상태가 그런 쓰기 역시 필요로 한다고 판단될 경우에는 허용을 하게 되겠지요. 저는 아이들과 함께 글쓰기 작업을 할 때 교사가 좀 더 조직적으로 다가서야 한다고 생각합니다.

장 노엘 처음 질문을 제기하신 선생님의 교실에서는 어떤 방식으로 욕구가 표현되었는지 상황을 좀 설명해 주시겠습니까?

청중2 초등 4학년 과정 중 '우리말과 글쓰기' 활동이 있습니다. 자유롭게 글을 써보자고 제안했습니다. 우리가 이곳에서 배웠던 것처럼 쓰고 싶은 것을 짧게 쓰고 옆 친구에게 넘기고, 또 쓰고 넘기고 그렇게 했습니다. 아이들은 호기심으로 가득 차서 무척 재미있어했습니다. 문득 어떤 학생이 "자유롭게 글을 쓰는데 그럼 욕을 써도 되나요?"라고 물어보았습니다. 참고로 저희 학교에서는 다른 사람에게 욕을 사용하지 않기로 약속이 되어있거든요. 저는 순간 욕을 썼을 경우 다른 아이들에게 파장을 주겠다는 판단이 들어서 '쓰지 말자'고 했습니다. 그러자 곧 글쓰기가 어색해지는 것 같았습니다. 감정적인 것을 제한하라고 했기 때문이었겠지요. 그래서 다시 자유롭게 무슨 생각이든지 표현해보자고 했지요. 그랬더니 욕을 쓰는 아이들도 있고 그렇지 않은 아이들도 있었습니다.

아이들은 자유 글쓰기라는 작업 자체를 재미있고 흥미로워했습니다. 욕을 쓰는 것에 대해 '심하다', '아니다'라는 이야기는 작업 중 아이들에게서 먼저 나왔습니다.

장 노엘 오늘은 자유 글쓰기 작업 중 욕을 쓰느냐 마느냐에 대해 토론했습니다. 아이들과 작업을 할 때에는 아이들의 의견이 존중되어야 한다고 생각합니다. 자유 글쓰기를 통해 아이들이 변할 수 있다는 것을 가정하고 말입니다. 앞서 말씀드렸다시피 자유 글쓰기를 하는 학급에서 욕이라는 것은 항상 발생할 수 있는 문제입니다. 제 개인적인 해결책은 욕을 쓰도록 허락하는 것입니다. 한 명이 시작하면 욕이 욕을 부르고 점점 더 심각해지고 마침내 종이가 욕으로 도배가 되기도 합니다. 이렇게 하다 보면 결국 학생들은 더 이상 욕을 쓰고 싶지 않을 정도로 혹은 쓸 욕이 없을 정도로 욕에 질려버리곤 합니다. 이제 학생들에게 '욕'이란 것이 시들해지지요. 이런 시간을 갖고 나면 학생들 스스로가 욕에 대해 집착하지 않습니다. 이것이 제 나름의 방법이었습니다.

글쓰기의 자유가 허용된다는 것은 하고 싶은 말을 할 수 있다는 것을 의미합니다. 학생들 안에서 욕을 쓰는 것이 너무하다는 의견이 나오면 이 의견 역시 존중되어야 합니다. 장담할 수는 없지만 또 다른 한편으로는 자유 글쓰기 때 욕을 쓰면 교실 안에서는 물론 학교 밖에서도 더 이상 욕을 하지 않을 수도 있겠지요. 어쨌든 중요한 것은 문제 해결을 위해 아이들과 함께 방식을 이야기하고 결정한 후 결정된 것을 따라야 한다는 것입니다.

이것으로써 오늘의 꾸아 드 네프를 마치겠습니다.

장 노엘 오늘은 연수 세 번째 날입니다. 어제 해결하지 못한 작업이 있는데요, 바로 정리와 평가입니다. 어제 실습했던 아뜰리에에 대해 종합평가를 할 예정인데, 어떤 식으로 운영하기를 원하시는지 말씀해 주십시오.

청중1 어제 체험한 일과에 대해 전체 토론을 했으면 좋겠습니다.

청중2 그냥 질문하고 싶은 것은 질문하고 토론하고 싶은 것이 있으면 토론하고 자유롭게 진행이 되었으면 좋겠습니다.

청중3 평가에 대한 전반적인 이야기를 나누었으면 좋겠습니다.

장 노엘 지금처럼 어떤 방식으로, 어떻게 시간을 조직할 것인가를 결정하는 것은 보통 운영회의라고 합니다. 지금 두 가지 제안이 나온 것 같습니다. 우선 어제 했던 아뜰리에에 대해 전반적인 평가를 하는데 자유로운 방식으로 이야기를 하면서 풀어가자는 것입니다. 동의하십니까?

모두 네

장 노엘 그럼 지금부터 종합평가를 시작하겠습니다.

시도하는 모색이란, 전혀 모르는 것을 이해해 나가는 과정

장 노엘 어제 우리는 '자유 글쓰기', '자가수정카드만들기-수학' 그리고 '소리작업장'이라는 세 가지 아뜰리에를 체험했습니다. 소리작업장은 교사 없이 진행되었는데요, 그곳에 참여했던 두 그룹은 음악을 작곡하고 연주하는 임무를 훌륭하게 수행해 주셨습니다. 우선 교사가 없이 던져진 임무를 수행하는 데에 어떤 어려움이 있었는지, 어떤 좋은 점이 있었는지를 그 팀에서 활동하지 않은 다른 선생님들을 위하여 이야기해 주셨으면 좋겠습니다.

소리 아뜰리에(1) 참석자 악기나 음표를 사용하지 말고 음악을 창조하라는 과제를 받았을 때 어떻게 시작해야 할지 많이 어리둥절했습니다. 곧 우리가 멜로디에 많이 의존하고 있다는 사실을 깨닫게 되었습니다. 고민 끝에 멜로디가 아닌 박자에 대한 느낌을 가지고 음악을 만들자는 의견이 나왔습니다. 아이들과 함께 할 때도 리듬을 활용한 활동을 많이 하면 좋을 것 같다는 생각이 들었습니다.

참석자 악기 대신 몸과 주변의 것을 활용하여 다양한 소리를 찾아야 한다는 것이 오히려 강박이 되었습니다. 기존의 음악을 잊어야 한다는 사실이 오히려 자꾸 기존의 음악을 떠오르게 해서 저를 구속했습니다.

장 노엘 '창작을 할 때는 항상 역사와의 단절을 전제로 한다'는 말이 있습니다. 아주 흥미롭고 중요한 문제입니다. 제가 높이 평가하는 것은 두 그룹 모두 직접 연주를 하였다는 것입니다. 모든 사람들이 보는 앞에서 연주를 하는 것은 쉬운 일이 아니지요. 선생님 한 분이 이 앞에 나와서 칠판에 악보를 쓰는 모습도 인상적이었습니다.

참석자 처음에는 몸으로 낼 수 있는 소리를 모두 찾아봤습니다. 손뼉, 발 구르기, 뺨 때리기, 그리고 책상이나 주변에서 소리를 낼 수 있는 물건들을 찾아보았습니다. 그러다가 우리 몸 역시 어깨, 엉덩이, 머리 등 부위마다 다른 소리를 낸다는 것을 알았어요. 그런 소리의 느낌을 탐색했습니다. 주변 물건들의 소리 또한, 탐색했습니다. 우선 주제를 정해서 소리를 만들어내면 좋겠다는 의견이 나왔습니다. 그렇게 선택한 주제가 '화장실'이었습니다. 아마 듣는 분들은 모르셨을 수도 있겠습니다. '화장실에서 날 수 있는 소리에는 어떤 것이 있을까' 찾아보았습니다. 화장실을 찾아가는 발소리, 천천히 가다가 다급해져 빨라지는 발걸음 등등을 표현했습니다. 설사, 변비 등의 소리도 탐색하고 그것을 어떻게 표현할 수 있을까 고민하고 그리고 이런 모든 것을 이야기로 나열한 후 악보를 만드는 작업을 했습니다.

참석자 그리고 작업하던 중 막연히 소리만 내는 것보다는 음악적 리듬감을 일정하게 주면 좋겠다는 의견이 나와서 '연속으로 발 구르기'를 집어넣게 되었습니다.

소리 아뜰리에(2) 참석자 '표현하는 것'이 굉장히 중요하다는 것을 알았습니다. 저희는 다른 팀에서 우리 악보를 보고 제대로 연주할 수 있도록 전달하는 방법에 대해 고민했습니다. 무엇보다도 리듬과 음의 높낮이를 표현하는데 가장 큰 어려움이 있었습니다. 악보가 없었기 때문에 가능한 한 순서를 단순화 시켰습니다. 소리를 만드는 것에 중점을 둘 것인 지, 표현을 하는 것에 중점을 두어야 하는지를 두고 가장 많이 고민했던 것 같습니다. 결론은 소리를 단순화하여 표현을 쉽게 하기로 합의를 보았습니다.

장 노엘 지금까지 여러분께서 말씀해주신 소리 아뜰리에를 하면서 겪었던 상황이 바로 프레네 학급에서 작업을 할 때의 상황과 동일합니다. 하나의 지침이 내려지면 그것에 따르기 위해 논의를 하고 논의의 결과를 기록하여 다른 그룹에 전달을 합니다.

소리 아뜰리에에서 여러분은 생소한 과제를 받았습니다. 교사도, 선험자도 없었습니다. 모두들 어떻게 임무를 수행할 수 있을지 각자 고민하고 해결책을 찾기 위해 함께 토론을 했습니다. 여기서 나타나는 것이 바로 모색의 과정입니다. 모색이란[12], 전혀 모르는 것을 이해해가는 과정을 의미합니다. 해결책을 찾아보고자 의견을 내고 고민을 하는 하나하나의 과정이 바로 모색하는 과정입니다. 칠판에 나와서 악보를 그리면서, 그렸다가 지우고 다시 그리고 했던 것 또한, 모색의 과정입니다. 이러한 과정은 아뜰리에에 참여한 사람들 모두가 만족할만한 합의를 도출할 때까지 계속 되풀이 됩니다. 모색은 전달하는 것을 목표로 하고, 전달이란 서로 간의 소통을 말합니다.

---

12) Tâtonnement : 모색, Tâtonnement expérimental : 시도하는 모색/실험적 모색이란, 배움을 위하여 탐색해가는 과정을 중요시하는 프레네 교육학의 주요한 학습원리 중의 하나이다.

이것 외에도 프레네 교육의 전형적인 아뜰리에로는 '자유표현', '자가수정카드학습', '자유창조' 등이 있습니다. 이러한 아뜰리에가 진행되는 과정에는 늘 중심에 핵이 있고 주변에는 자유전자들이 활동하고 있습니다. 우리가 자유 글쓰기를 진행할 때 뒤에서 비디오를 찍는 선생님도 계셨고 컴퓨터로 녹취를 하는 선생님도 계셨습니다. 이런 분들이 자유전자와 같은 존재입니다. 모두가 동시에 같은 아뜰리에를 하는 것은 아닙니다. 원하는 사람이 참석하는 것입니다. 다시 말해서 원하지 않는 사람은 개인학습을 할 수도 있고, 참여하지 않은 학생들끼리 그룹을 만들어서 다른 작업을 할 수도 있습니다. 이러한 상황은 프레네 학급에서 늘 일어나고 있습니다.

질문 자가수정카드목록에 대한 질문입니다. 수학과 같은 과목에서 학생들의 수준 차이를 어떻게 인정하고 아뜰리에를 진행하는지 궁금합니다. 얼마만큼의 수준차가 있을 때 그룹 작업이 가능한 것인지, 수준차가 많이 날 때 교사는 어떻게 해야 하나요? 그냥 평균에 맞추어 진행하면 되는지, 일정한 수준까지는 허용을 하는지… 아무런 흥미를 보이지 않는 아이들은 또 어떻게 하는지 궁금합니다.

올리비에 자가수정카드는 개별화된 카드입니다. 대부분의 아이들은 그것을 풀고 다음 단계로 넘어가는 과정을 혼자서 진행합니다. 다음 수준으로 넘어가는데 그리 오랜 시간이 걸리지 않습니다. 또한, 교사에게 도움을 구하는 경우도 드뭅니다. 중요한 것은, 교사가 그 카드목록을 제대로 만들었는가 하는 것입니다. 그것이 아이들에게 적합하게 만들어진 것이라면 교사가 집중해야 하는 것은 어려움을 겪는 아이들을 도와주는 것입니다. 어려움을 겪는 아이들과 많은 시간을 보내야 할 필요가 있습니다. 만약 어려움을 겪는 학생이 교사가 아닌 다른 학생의 도움을 구할 때, 교사는 그 학생들 간의 소통이 어떻게 이루어지는지를 관찰해야 합니다. 이런 방식의 수학 아뜰리에에 관심이 없는 학생은 다른 학생과 일대일 연결을 주선해 줄 수도 있습니다. 시간을 낭비하는 것이라고 생각할 수도 있지만 절대 그렇지 않습니다. 교사의 입장에서 가르치는 학생은 더 깊이 생각하고 빠르게 발전할 수 있으며, 배우는 학생도 그룹 안에서보다 더 빨리 이해하며 진전을 보일 수 있습니다.

무엇보다도 교사로서 우리는 학생을 관찰하고 그들의 필요가 무엇인지 살펴보는 것이 중요합니다.

질문 카드에 대한 질문인데요, 예전에 완전정복이라는 자습서를 가지고 아침자습시간에 모두들 함께 풀었던 것이 생각납니다. 자가수정카드 목록과 비슷하지 않나 싶은데요. 프레네 교육의 이 학습카드는 누가 만드는 건가요? 개별학교가 만드는 것인가요? 이 카드목록은 국가가 정한 학업성취기준에 맞추어 만드는 것인가요? 또한, 이런 교육방법이나 교구들이 상업적 측면으로 발달되어 이용될 우려는 없는지 궁금합니다.

올리비에 프레네 학급에서는 지금 선생님께서 말씀하신 경우처럼 학생들에게 똑같은 카드를 주고 풀라고 하는 것이 아니라 학생이 알아서 자신이 원하는 카드를 **뽑**아 공부를 하는 시스템입니다. 각자 수준에 따라서 원하는 것을 선택하기 때문에 두 학생이 같은 것을 푸는 경우는 거의 없습니다. 또한, 학생마다 학습리듬이 다르기 때문에 한 시간에 열

문제 이상을 푸는 학생이 있는가 하면 한 문제를 가지고 고민하는 학생도 있습니다.

두 번째로 누가 카드를 만들었느냐에 대한 답은 매우 간단합니다. 학급을 진행하는 교사가 필요성을 느낄 때 만듭니다. 예를 들어, 학생들이 대칭을 잘 이해하지 못한다고 느꼈을 때 비슷한 고민을 하는 교사들이 인터넷이나 교사모임 등을 통해 모입니다. 그리고 함께 카드를 만들어 교실에서 활용을 해보고 다른 프레네 학급과도 카드의 효용성과 적합성에 대해 자문을 구합니다. 원하는 교사가 있으면 무상으로 보내주고 카드가 어떠했는지에 대한 사용결과 보고서를 작성해달라고 합니다. 이렇게 되풀이되는 피드백 과정에서 카드는 수정되기도 하고 폐지되기도 하며 필요하다고 판단되는 카드는 실제로 판매가 되기도 합니다. 그렇게 만들어진 카드목록과 교육 도구에 대한 카탈로그도 있습니다. 판매비는 다음 교구를 위한 출판인쇄비로 사용되거나 프레네 교육의 국제활동을 위한 기금으로 모금됩니다.

마지막으로 프랑스도 국가가 요구하는 학업성취기준이 있습니다. 보통 카드들은 그런 지침을 고려하지만 그것을 무시하고 만드는 경우도 있습니다. 카드를 만들 때 가장 고려하는 것은 그것의 필요성입니다. 그 카드가 아이들에게 얼마만큼 필요한 것인가 하는 질문이 바로 카드를 만들 때 국가의 성취기준보다 교사들이 더 중요하게 생각하는 기준입니다.

질문 저는 소리 아뜰리에에 참여했습니다. 우리 학생들, 아니 우리나라 아이들, 수동적이고 교사가 던져주는 교육에만 길들여져 있는 그들이 과연 이것을 재미있어 할까라는 의문이 들었습니다. 혹시 프랑스에서 이러한 교육이 가능한 것이 두 나라의 문화적 차이 때문은 아닐까라는 생각도 들었습니다.

자가수정카드는 개별화 학습을 목표로 합니다. 즉 공부는 내가 스스로 한다는 기본적인 생각이 있어야 가능한 것이지요. 제가 아는 학생들은 '어떤 참고서를 봐야하나', '어떤 학원에 가야 하나'를 고민합니다. 그만큼 의존적이고 혼자서 하는 학습에 길들여지지 않았다는 말이지요. 과연 이런 아이들과 함께 프레네식 아뜰리에를 실천할 수 있을까요?

교육이란 긴 과정을 통해 실현되는 것

장 노엘 저는 여러분을 만나기 전까지는 한국의 교육시스템에 대해서 잘 몰랐지만, 이곳에 체류하는 동안 다양한 학교를 방문할 기회를 가질 수 있었습니다. 그런데 제가 방문했던 학교들은 대체로 잘 되고 있다는 인상을 받았습니다. 물론 그것이 한국의 전반적인 시스템은 아닐 수도 있겠지만요. 그러나 교육의 오아시스라는 것은 바로 지금 여러분의 자리에서 이룰 수 있는 것이라고 생각합니다. 프랑스도 고등학교의 서열화가 존재하고 명문대학을 선호하는 경향이 강합니다. 그래서 과외를 받고 학습지를 하거나 컴퓨터로 선행학습을 받거나 주말에 따로 학원 등을 이용하여 성적을 올리기 위한 공부를 하는 학생들이 많이 있습니다. 한국과 다르지 않다고 생각합니다.

프레네 교육은 프랑스라는 한 나라 안에서 실천되는 교육학이 아니라 세계 전역에서 이루어지고 있는 하나의 교육운동입니다. 유럽의 여러 국가들, 아프리카, 러시아, 일본 등에서 프레네 교육을 실천하고 있습니다. 문화적 차이 때문에 실천하지 못하는 것은 아니라고 생각합니다. 다만 아이들을 어떻게 바라보는가 하는 시각의 문제라고 생각합니다.

개인적으로 저는 프랑스의 전통교육시스템이 싫어서 생-나제르 학교에서 일하고 있습니다. 저는 전통학교제도가 합리적이지 않다고 생각합니다. 전통학교 안에서는 교사의 도움 없이 혼자서 잘하는 학생들도 있긴 하지만 시스템에서 제외되는 학생들이 더 많이 있습니다. 그렇게 전통학교는 '나는 쓸모없는 학생이야'라고 생각하게 되는 학생들을 계속 만들어 내면서도 그들을 방치하고 있습니다. 이런 모순 때문에 전 '다른' 학교인 생-나제르를 선택했고 제 선택에 만족하면서 즐겁게 일하고 있습니다.

분명히 한국에서도 프레네는 가능합니다. 다만 처음부터 모든 것이 계획대로 잘 실행되기는 힘들겠지요. 긴 과정이 필요합니다. 교육이란 긴 과정을 통해서 실현되는 것이거든요.

교사는 형식을 제공할 뿐, 내용을 채워가는 건 아이들의 몫

올리비에 네, 프레네 교육이 지금 질문하신 '수동적인 모습'의 해결책이 될 수 있습니다. 프레네 학급을 살펴보면 아침에 일찍 등교하는 학생들이 많습니다. 하루 일과가 끝난 후 자발적으로 집으로 과제를 가져가기도 합니다. 모두들 능동적으로, 자발적으로 활동을 합니다. 문제는 수동성이 아니라 관심이 있느냐 없느냐 하는 것입니다.

제가 중요하게 생각하는 것은 스스로가 '자신의 인생에서 되고 싶은 것이 무엇인지를 아는 것'입니다. 교육이라는 것은 사회적인 지위와 조건을 위한 것이 아닙니다. 진정한 행복이란 자신이 진정으로 하고 싶은 것을 찾아갈 때 느끼는 것이지, 지위나 자격으로 포장한다고 얻을 수 있는 것이 아닙니다. 다양한 사람들의 다양한 행복이 존재한다는 것을 알아야 합니다.

어떤 아이가 정말 공부를 하고 싶어 할 때, 우리는 그 아이가 행복할 수 있도록 그 아이에게 도구나 형식을 주는 것뿐입니다. 이렇게 우리는 형식을 제공하는 것이고 내용을 채워가는 것은 아이들의 몫입니다.

장 노엘 지금은 질의응답을 하는 종합정리시간입니다. 제가 한국에서 체류하는 동안 아이들의 수동성에 대한 이야기를 하시는 교사들을 종종 만났습니다. 그런데 한국에서 제가 만났던 아이들은 전혀 수동적이지 않아 보였습니다. 오히려 적극적이고 친절하고 자유로워 보였습니다. 지금 제게 드는 의문은 왜 '소리 아뜰리에'를 하면 아이들이 반응을 보이지 않을 것이라고 걱정하시는 하는 것입니다.

소리 아뜰리에는 하나의 예일 뿐입니다. 연극에 관심이 있으면 연극 아뜰리에를 만들면 되고 철학이 좋으면 철학 아뜰리에를 하면 됩니다.

질문 아마 반응을 하지 않는 것은 나이가 좀 있는 청소년들일 것 같습니다. 무엇에든 시큰둥하고 좋은 것이 있어도 좋다고 내색하지 않는 시기이니까요. 저는 초등학교 교사인데요, 우리 아이들과 '소리 만들기'를 주제로 정기적인 수업을 한다면 아이들의 숨은 재능과 흥미를 함께 끌어낼 수 있는 시간이 될 것 같다고 생각했습니다. 어른인 저희가 했던 것보다 오히려 더 훌륭히 잘할 것 같은데요.

청중 저는 대학에서 교육학을 가르치고 있습니다. 한국 사회에서 보면 우리 대학에 다니는 아이들은 뛰어난 학생들이라고 평가되고 있습니다. 그러나 현실적으로는 모두들 대단한 수동성에 뿌리를 박고 있습니다. 성적에 굉장히 집착할 뿐만 아니라 그것에 치여서 스스로를 낙오자로 만드는 학생들도 있습니다. 이렇게 성적에 맹목적으로 에너지를 쏟아붓고 있는 학생들에게 다른 차원의 새로운 에너지로의 변환을 요구하면, 초기단계에는 심하게 저항하는 것을 볼 수 있습니다. 수동적인 아이가 능동적으로 바뀌기 위한 저항과도 같은 것입니다.

개인적으로 어제 프레네의 아뜰리에를 경험하고 느낀 것은 프레네의 활동교육을 통해 이러한 전환을 이루어낼 수 있지 않을까 하는 가능성입니다. 이것이 프레네 교육의 매력이라고 생각합니다. 다양한 활동의 기회를 제공하면서 동시에 새로운 에너지로 전환할 기회를 마련해주는 것입니다. 어떻게 그리고 어떤 수준의 구체적인 교육 활동들을 만들어 내는지가 중요하겠지요. 이론적인 것에 치우치지 않고 음악, 연극, 미술 등 다양한 교수 방법론을 통해 학습활동을 제공하면 교육을 받는 학생들의 체질이 변할 것입니다. 체질 변화는 가능하다고 생각합니다.

모든 교구는 교사와 학생의 협동작업물

 사회 현직 교사들의 협동작업을 통해 교구가 제작된다는 사실이 우리에게는 좀 생소합니다. 간단하게 설명해 드리겠습니다. 예를 들어, 어떤 교사가 '어떻게 하면 이 주제를 효율적으로 가르칠 것인가'라는 글을 사이트에 올립니다. 그러면 같은 고민을 하거나 관심 있는 교사들이 의견을 내고 답을 주고받으면서 자연스럽게 '토론'을 시작합니다. 이런 토론은 곧 오프라인 모임으로 연결되고, 교사들은 활발한 토론을 하면서 다양한 수업기술을 제안하고 도구를 만들기도 합니다. 이때 만들어진 교구들은 각각의 학급에서 아이들과 함께 사용하는 동시에 그것을 원하는 모든 교사들에게도 무상으로 보급됩니다. 단, 이것을 보급받은 교사들은 반드시 피드백을 주어야 합니다. 이런 과정을 거쳐 처음 만들어진 교구는 수정되고 다듬어지며, 여러 교사와 아이들로부터 효과적이라고 판단되었을 때 프레네 협회에서 정식 자료집으로 출간합니다. 즉, 프레네 교구는 교사 대 교사와 교사 대 아이들 간의 협동과정을 거쳐서 만들어지는 것입니다. 과목별, 수준별, 과목 안의 세부 주제에 따라서 이렇게 조직된 교사모임이 수백 여 개에 이르고, 소주제별로 출간된 교재들이 이미 수천 권에 이른다고 합니다. 모든 교재와 교구는 원하는 학교와 학부모들을 대상으로 유상판매 되고 있으며, 수익금은 다음 교구의 인쇄제작비로 사용되고 있습니다.

선생님들께서 몇몇 교구를 가지고 오셨는데 각각의 교재가 어떤 역할을 하는지 설명을 부탁드리겠습니다.

올리비에 초창기부터 셀레스탱 프레네는 아이들에게 필요한 자료와 도구를 수집하고 제작하는데 힘썼습니다. 프레네에게 좋은 교구란 아이들의 협동작업으로 제작되고 또 아이들이 직접 좋다고 평가한 것들이었습니다. 지금까지 프레네 교재들은 항상 교사와 아이들의 협동작업을 거쳐 만들어지고 있으며 아이들을 위한 것과 교사를 위한 것이 따로 있습니다.

지금 보시는 'J 매거진'은 초등학교 1, 2학년 정도의 아이들(만 7세)이 만든 것인데 굉장히 성공한 잡지 중의 하나입니다. 잡지의 모든 내용이나 형식은 아이들이 제안하고 협의를 통해서 결정한 것입니다. 잡지에 삽입된 사진 역시 교사와 학생이 함께 찍고 선별한 것입니다. 여기 실려 있는 내용들이 때로 어른들에게는 좀 난해하게 느껴지기도 하는데, 또래 아이들은 굉장히 잘 이해하고 재미있어합니다. 바로 자신들의 눈높이에서 자신들의 관심분야에 대해 이야기하고 있기 때문입니다. 프레네 잡지는 독자층의 연령대에 따라 다양한 종류가 있습니다. 초등학교 저학년, 고학년용부터 중학생, 고등학생용이 따로 있고, 과학적으로 확증된 내용을 모아서 만든 BT(작업 총서)[13]는 대학생은 물론 성인에게도 풍부한

지식을 전해주고 있습니다. 잡지를 제작하는 연령층이 올라갈수록 학생들이 탐사하는 지역은 더욱 넓어지며, 더욱 폭넓은 협동작업을 보여주고 있습니다.

〈 J 매거진 〉

---
13) Bibliothèque du Travail : 작업총서

〈 아이들의 예술 〉

다음 잡지는 '아이들의 예술'이라는 제목을 가지고 있는 매우 특수한 잡지입니다. 셀레스탱 프레네의 부인이 처음 만든 것으로 세계에서 거의 유일하게 아이들의 예술을 다루고 있는 잡지입니다. 이것은 아이들이 창조한 예술작품을 올바르게 바라보고 그것의 가치를 높이는 역할을 합니다. 아이들의 예술에 실린 여기에 실린 작품들은 모두 아이들에 의해 만들어진 것입니다. 더욱 많은 아이들과 공유하고자 하는 목적으로 잡지가 판매되고 판매수익금은 다음 잡지를 만들기 위하여 투자됩니다. 설명 드린 것 외에도 다른 종류의 잡지가 많이 있습니다.

질문 잡지들은 월간인가요? 아님 격월간인가요?

올리비에 처음에 설명 드린 잡지(J 매거진)는 한 달에 한 번씩 출간되며 방학 동안에는 쉽니다. 그러니까 일 년에 9~10회 정도 나오는 셈이지요. '아이들의 예술'은 일 년에 평균 4~5회 정도 나오고, 또 다른 잡지 중에는 일 년에 2~3번 나오는 것도 있으며 불규칙적으로 나오는 것도 있습니다. 잡지마다 나오는 시기와 출간횟수가 다릅니다.

장 노엘 작업총서라고 불리는 BT는 초등학교부터 고등학교는 물론 대학생까지 백과사전처럼 사용할 수 있는 매우 수준 높은 자료입니다. 각 분야와 수준에 맞추어 설명과 사진, 도표 등이 자세히 갖추어져 있습니다. 이 작업총서는 프레네 교육을 하지 않는 교사들도 많이 사용하고 있으며, 심지어 이 잡지가 프레네 교육을 위한 잡지라는 것을 모르고 사용하는 경우도 있습니다.

〈 BT - 작업총서 〉

올리비에 '새로운 교육자'라는 월간지는 프레네 교사들이 만든, 프레네 교사들을 위한 잡지입니다. 표지그림도 프레네 교사나 프레네 교육운동을 지지하는 사람들이 그립니다. 지금 보시는 호는 지난 8월 여름 총회를 기념으로 발간된 것입니다. 이 호는 '교육자로서의 복잡성'을 특집으로 다루었습니다.

〈 새로운 교육자 - Le nouvel Educateur 〉

장 노엘 '새로운 교육자'는 교육에 대한 성찰, 학급사례, 사회문제에 대한 교사의 의견, 수업에 대한 여러 가지 자료 등 다양한 내용을 포괄하고 있습니다. 프레네 교사들 간의 의견교류의 장이라고 할 수 있겠습니다.

올리비에 프랑스에서 프레네 교육활동이 어떻게 조직되고 운영되는지 말씀드리겠습니다. 지리적으로 볼 때 프레네 교사들은 프랑스 전역에 골고루 분포되어 있습니다. 이들은 주로 한 달에 한 번씩 주제를 정해서 모임을 갖는데, 지역별로 돌아가면서 개최를 합니다. 그 달 모임의 개최지에서 그 달의 주제를 제안할 권리를 가지고 있습니다. 반면, 지리적으로 너무 떨어져 있는 교사들은 평소에는 인터넷으로 자료와 의견을 공유하고 방학을 이용해서 일 년에 한두 번 정도의 모임을 갖습니다.

장 노엘 교사들이 화합하고 협동할 수 있는 모임은 중요합니다. 또한, 모임을 시작하면서 프레네 교육을 실천하고자 하는 교사는 '무엇부터 시작할까'를 결정하는 것이 매우 중요합니다. 그것이 바로 각각의 교사가 프레네 교육운동에 들어오게 된 계기가 되기도 합니다. 학생들과 학급위원회를 시작할 수도 있고, 개별화 수업을 실천해보든지, 자가수정카드를 도입하는 등 시작은 각각 다를 수 있습니다. 그렇지만 이 한 가지는 교사 간의 대화와 논의, 즉 협동과 소통을 통하여 매우 풍성하게 변화될 수 있습니다.

학생들과 함께 하는 학급위원회가 잘 되고 익숙해졌다면, 그다음 단계 즉 자유 글쓰기라든지, 아뜰리에 수업 중 하나를 도입할 수 있습니다. 다음 단계를 준비하면서 그러한 학습방법을 이미 실천하고 있는 교사들과 회합을 통하여 여러 조언을 얻을 수도 있습니다. 이러한 과정은 학생들과의 협동뿐만 아니라 교사들 사이의 협동도 전제해야만 가능한 것입니다.

한 번에 모든 것을 다 하려고 하면 안 된다는 점을 명심해야 합니다. 자유, 자주, 독립, 자가수정 등을 동시에 다 하다 보면 근본적인 변화가 너무나 심하게 오기 때문에 결국에는 한 가지도 제대로 실행되지 않을 것이고, 자신이 알고 있던 원래 방법으로 돌아가게 될 것입니다. 그러므로 하나씩 시작해서 시간을 두고 관찰하는 것이 중요하며, 교사가 혼자서 하는 것이 아니라 주변 교사 및 학생들과 함께 협력해서 하는 것이 중요합니다.

지금 이 순간이 바로 프레네 교사양성과정

질문 프레네 교육의 교사양성과정은 어떻게 되어있는지 궁금합니다. 프레네 교육을 실천하는 교사의 수를 프랑스 전체 학교 수와 비교해서 설명해주십시오.

올리비에 프레네 교사양성은 바로 이 자리처럼 이루어집니다. 프랑스에는 프레네 교사를 양성하는 공식적인 기관이 있지 않습니다. 다시 말하면 프레네 교사양성을 위한 국가의 지원도 없다는 뜻입니다. 연수든 교육이든 프레네 교육을 배우고 실천하고 싶다면 모두 자비를 들여야 합니다.

질문 예를 들어 독일에는 슈타이너 교육을 위한 교사양성과정이 있습니다. 만약 어떤 교사가 프레네 교육에 관심이 많아서 본격적으로 배우고자 할 때 어떻게 해야 합니까? 국가지원이 없다고 해도 연수나 세미나 같은 것이 있지 않나요?

올리비에 프레네 교사들이 만날 수 있는 모든 회합을 바로 양성의 기회라고 말할 수 있습니다. 아까 설명 드렸듯이, 지역마다 프레네 교육에 관심 있는 사람들의 정기적으로 열리고 있습니다. 대부분의 모임들은 개방적이라서 원하는 사람의 참여가 가능합니다. 연수의 형태로 이루어지는 집중적인 모임은 대개 방학을 이용해서 개최됩니다. 지금 말씀드린 것은 프랑스 내의 일반적 프레네 교사모임이고, 그 밖에도 2년에 한 번씩 전 세계 프레네 교사들이 모이는 국제회의가 있습니다.

장 노엘 다양한 소단위 모임이 존재하기도 합니다. 이런 모임은 참가자들이 원하는 대로 한 달에 한 번 이루어질 수도 있고 격주마다 모일 수도 있습니다. 모임에서는 교육에 관련된 모든 것을 건의하고 토의할 수 있습니다.

올리비에 프레네 교사의 수에 대해서 물어보셨는데요, 여러분도 아시다시피 프레네 교육은 공교육 속에서 이루어지고 있습니다. 다시 말해서 프레네 교구를 활용하지만 프레네 교사라고 하지 않는 교사들도 있고, 일부러 프레네 교사라고 밝히지 않는 교사들도 있습니다. 자신이 프레네 교사라고 밝히고 모임에 참석하고 있는 교사들은 프랑스 전체교사 중 약 10%에 해당합니다.

즐겁게 '일'하기

질문 저는 초등학교 교사인데, 놀이를 통해 무언가를 해보려고 많이 고민하고 있습니다. 그런데 프레네 교육에서 말하는 작업과 놀이에 관한 내용을 보면, '작업'에 대해서는 높이 평가하면서 '놀이'는 현실에서 도피하는 것처럼 취급한다는 느낌이 들었습니다. 현실적으로 프레네 교육 안에서 작업과 놀이는 어떻게 다르며 어떤 식으로 이루어지고 있는지 궁금합니다. 또한, 프레네 교육을 실천하면서 가장 어려웠던 점은 무엇이며 현재 어려운 점은 무엇인지도 궁금합니다. 그리고 프레네 교사들은 그것을 해결하기 위해 어떤 노력을 하고 있는지도 말씀해 주십시오

올리비에 작업과 놀이에 관해서 먼저 말씀드리겠습니다. 근본적으로 저는 '놀이'보다 '작업'이 더 중요하다고 생각합니다. 프랑스에서만 그럴지도 모르겠는데, 프랑스에서는 '논다'라고 하면 하고 있는 일에 대해 평가절하의 의미가 있습니다. 그래서 저는 아이들에게 '피아노 치면서 놀아라', '컴퓨터 하면서 놀아라'라고 말하지 않습니다. 대신 '컴퓨터로 작업을 해봐라' 혹은 '피아노로 소리 작업을 해봐라'라고 말합니다. 근본적으로 아이들은 진지한 일을 하고 싶어 합니다. 물론 이때 일이라고 하는 것은 성인들의 작업이 아닌 아이들에게 해당되는 일을 말합니다. 아이들은 노는 것보다는 일하고자 하는 욕구를 더욱 강하게 가지고 있다고 생각합니다. 다시 말하면 일을 하면서 즐거움을 느낀다는 것이지요.

장 노엘 일반적으로 우리는 '작업'이라는 용어 자체에 대해 그릇된 개념을 가지고 있는 것 같습니다. 일 혹은 작업은 원하지 않는 것을 하는 것이고 그러므로 굉장히 고통스러운 것으로 생각하는 경우가 많습니다. 개인적으로 생-나제르 학교에서 제가 하고 있는 '일'은 굉장히 많지만, 전 '즐겁게' '일'을 하고 있습니다. 즐겁게 하는 것이 중요하다고 생각합니다.

오늘 자자학교를 방문해서 아이들과 함께 윷놀이를 했는데요, 아이들은 전략도 짜고 작전도 세우면서 굉장히 진지하게 게임에 임했습니다. 꽤 오랜 시간 동안 지속되었지만, 우리는 너무나 진지하게 윷놀이에 몰두했기 때문에 시간이 어떻게 흐르는지 몰랐습니다. 이때 우리는 과연 그 아이들이 단순히 '놀고 있다'라고 할 수 있을까요?

그 다음 질문에 대해 답변 드리겠습니다. 프레네 교사로서 지금 겪고 있는 가장 큰 어려움은 정당성을 입증하는 것입니다. 아이들을 위해서 그리고 교육을 위해서 올바른 일을 하고 있지만, 소수집단이라는 이유로 그 정당성을 입증하는데 종종 어려움을 느낍니다. 옳다는 것을 증명하는 것이 때로는 피곤할 수 있는 것이지요.

질문 프레네 학교와 지역사회와의 연계는 어떻게 이루어지고 있습니까? 또 자원교사활동은 있습니까?

장 노엘 질문하신 것에 대한 대답은 큰 토론회 때 보여 드렸던 영상 내용을 환기시켜 드리는 것으로 대신할 수 있을 것 같습니다. 무싸크에 있는 프레네 학교의 학생들이 우체국에 가서 우편물에 관해 직원과 직접 대화를 하는 것, 체스 두는 아주머니와 나누었던 대화들이 바로 프레네 학교와 지역사회의 관계를 설명해 줍니다. 굳이 덧붙이자면 이분들 모두가 학교를 위한 자원봉사자들입니다. 또 다른 예로는 생-나제르 학교 앞에는 양로원이 있는데, 임종을 앞두고 계신 분들부터 거동이 불편한 노인들, 침대 생활만 하시는 분 등 다양한 노인들이 계십니다. 우리 학생들은 자주 그곳에 찾아가서 그분들께 신문의 소식을 전해드리고 사회적 이슈에 대해 토론을 하거나 설문조사를 하기도 합니다. 또한, 그분들과 함께 나눈 이야기를 바탕으로 아뜰리에를 조직하기도 합니다. 반대로 그분들께서 학교에 찾아오셔서 현장에 대한 이야기를 들려주시기도 합니다. 역시 학교와 지역주민과의 연계이지요. 이 밖에도 학교와 지역사회와의 관계는 다양한 형태로 펼쳐집니다. 동네 카페테리아와 학교에서 운영하는 카페테리아도 서로 도움을 주고받는 관계이며, 지역사회 내 소외된 계층의 사람들이나 예술가들도 자주 학교를 방문해서 작품이나 책에 대한 이야기를 함께 나누기도 합니다. 학교에서 주관하고 운영하는 연극, 음악 등의 축제에는 늘 지역 주민들의 참여도가 높게 나타나고 있습니다. 프레네 교육은 언제나 일상생활 속의 실천을 중요시 여깁니다.

질문 프레네 교사는 공교육 내에서 소수집단으로 활동한다고 말씀하셨습니다. 혹시 한국 교육계의 소수 중에서도 소수이면서 비인가 대안학교인 별의친구들에서 초청을 받았을 때 어떤 기분이었는지, 그리고 어떤 절차로 오시게 되었는지 궁금합니다.

올리비에 별학교 교사들이 지난 6월 프랑스로 교사연수를 왔었고 그 때 프레네 교육의 국제부를 담당하는 티드와 크리스티안 선생님을 알게 되었습니다. 이후 별학교 교장 선생님께서 한국에서 국제연대세미나를 열고 싶다는 의사를 보내셨고, 이에 ICEM14)에서는 어떤 교사를 파견해야 할지 토론을 했습니다. 현대학교협회에서는 프레네 교육을 위한 교사를 파견할 때는 항상 두 명을 한 팀으로 구성합니다. 프레네 교육의 구성도에서 보셨겠지만, 교육적인 측면과 정책적인 측면이 모두 논의되어야 하기 때문입니다. 즉 여기 있는 우리 둘은 서로 상충적인 존재이며 협동적인 존재입니다.

일단 파견이 결정되고 난 후에는 서신을 통해 모든 일정에 대한 자세한 사항을 서로 논의하면서 준비 했습니다. 별학교 측으로부터 토론이나 연수에 대해 상당히 구체적이고 분명한 요구들을 많이 받았었습니다. 한국 사람들이 프레네 교육에 대해 정말 관심이 많다는 것을 느낄 수 있

---

14) Institut Coopératif de l'Ecole Moderne : 현대학교협회

었고, 꼭 와서 만나고 싶었습니다.

장 노엘 생-나제르 고교의 교육팀과 학생들은 저의 한국파견에 대한 안건을 학교위원회에 상정했습니다. 그리고 회의를 통해 허락이 되었기 때문에 제가 여기에 올 수 있었습니다. 단, 학생들은 저의 부재동안 교사 없이 할 수 있는 아뜰리에로 시간표를 바꾸어달라고 요구했고 저는 그 요구에 따라 혼자서 혹은 작은 그룹으로 진행할 수 있는 작업을 권해주고 왔습니다.

질문 학생들이 직접 학교재정을 관리한다는 사실이 굉장히 충격적입니다. 학교운영과 재정관리가 실제로 어떻게 진행되고 있는지 궁금합니다. 또한, 아이들의 허락이 중요하다고 했는데 그럼 행정적인 허락은 별로 중요하지 않은 것인가요?

장 노엘 프랑스에 있는 모든 학교는 국가로부터 지원을 받는 구좌를 가지고 있고, 국가 예산을 사용하는 데 따라야 하는 일정한 법칙을 가지고 있습니다. 국가 예산에 대해서는 이 법칙에 따라 집행을 하면 됩니다. 생-나제르에서 학생들은 재정과 관련된 모든 면에 관여할 수 있습니다. 예산집행을 책임지는 그룹이 있고, 학생들은 이 주나 한 달 간격으로 돌아가면서 이 역할을 수행합니다. 책임을 맡은 기간 동안 그 그룹은 아뜰리에를 진행할 의무에서 자유로워지며 학교 활동만을 집중적으로 도맡아 합니다. 모두가 학교의 주인이며 학교의 일에 책임을 맡고 있으므로 강한 소속감을 느낍니다.

행정적인 허락이 중요하지 않느냐고 질문하셨는데 교사팀과 학생들로 구성된 학교위원회의 결정이 곧 행정적인 허가입니다. 저희 학교는 교장이 없습니다. 재정과 마찬가지로 각 분야마다 책임자가 있을 뿐입니다.

프레네가 바로 여러분의 이야기가 되었으면

사회 별학교 교사들이 프랑스 프레네 학교를 방문했을 때 국제부 담당자가 좋은 인상을 받았던 것 같습니다. 한국의 현실 속에서 대안교육 운동을 하는 용기에 많은 감동을 받았다고 합니다. 한국은 현재 프레네가 확산되지 않은 지역입니다. 일본만 해도 프레네 지부가 있는데 한국에는 아직 없다는 사실이 ICEM에서 프레네 교사의 한국파견을 결정했던 또 하나의 요인이었다고 생각합니다.

본질적으로 교육은 국제적 활동이라는 원칙 아래 별의친구들은 다양한 국제교류를 지향하고 있습니다. 이미 아이텍이나 알바니, 일본과 교류를 하고 있으며 그런 이유로 프랑스까지 교사연수를 다녀왔던 것입니다. 별학교는 여기 모이신 선생님들께 앞으로도 계속해서 프레네 교육운동 소식을 전해드리며 프레네 수업을 실천하면서 새롭게 제기되는 문제와 고민을 함께 나눌 수 있는 소통의 장을 마련해 드리도록 노력하겠습니다. 그래서 한국 대안교육이 진정한 교육문화교류를 통하여 세계를 향해 열려있는 교육이 되도록 일조하겠습니다.

여기 계신 두 분 선생님께서는 한국에 체류하시는 동안 서대문청소년수련관의 '도시 속 작은학교', '자자학교'에서 아이들을 만났고, 교육위원회, 청소년위원회, 청소년상담센터를 방문했으며 별학교 학생들과 국립중앙박물관을 방문했고 임진각에도 다녀오셨습니다. 한국에 도착한 일요일 밤 한겨레신문사와의 인터뷰를 시작으로 지금까지 강행군을 하셨는데요, 연수를 끝내면서 마지막으로 느낀 점이나 하고 싶은 말씀이 있으신지 들어보겠습니다. 또한, 프레네에서는 연수를 끝내는 특별한 방식이 있는지 말씀해 주세요.

장 노엘 / 올리비에 프레네와 한국의 교류가 계속되기를 희망합니다. 프레네가 바로 여러분들의 이야기가 되었으면 합니다. 저는 학교생활이나 수업 등에 문제가 있을 때 프레네 모임의 교사 리스트를 참고하여 다른 교사들의 조언을 듣습니다. 이렇게 할 때는 혼자서 고민하는 것과는 비교도 안 될 정도로 아주 많은 도움을 받을 수 있습니다.

교사의 협동은 우리가 상상하는 것보다 훨씬 더 크고 알찬 결과를 낳으며 우리의 교육을 풍성하게 만듭니다. 여기 모이신 선생님들께서 한국의 이런 교육을 위한 협동의 도화선이 되리라 믿습니다.

여러분들의 용기에 박수를 보내드리며 끝까지 성심껏 참여해주신 여러분들께 진심으로 감사드립니다.

제2부 프레네교육세미나

제4장 협동이 없는 교실은 살아있는 교실이 아니다
제5장 학교는 어디로 가야하는가

제 4 장 _ 협동이 없는 교실은 살아있는 교실이 아니다

| 학생의 실패란 없습니다,
다만 교사의 실패가 있을 뿐입니다 |

올리비에 프랑콤

학교신화 혹은 프랑스 교육의 작은 역사

프레네 교육은 공교육 안의 민중교육입니다. 프레네를 이해하기 위해 잠깐 프랑스의 공교육 창시 역사를 살펴보겠습니다. 먼저, 현대적 개념의 학교에 대한 창설신화는 샤를마뉴(Charlemagne)에서 유래됩니다. 이 창설신화에는 현대적 개념의 학교가 등장하는데, 아이들이 배움을 위해 모여 있는 장소(교실), 가르침을 전수하는 사람(교사) 그리고 정해진 시간(수업시간) 등에 관해 이야기하고 있습니다. 이것은 이상화된 과거, 즉 중세시대에 학교형태의 기원이 어디에 있는지 알려주고 있기 때문에 매우 중요한 창시자의 신화로 여겨지고 있습니다. 이것은 학교형태의 기원이 되고 있는 신화이며 프랑스에서 노래로 전수되고 있습니다.

다음은 1789년의 프랑스 대혁명입니다. 이 대혁명은 주권을 민중에게 돌려줌으로써 과거의 이상과 단절을 가져온 민중혁명으로, 군주의 특권을 폐지하고 민중의 주권제를 확립하며 인권의 보편적인 선언을 정초했습니다. 이제 국가의 운명은 민중에게 달려있기 때문에 민중의 계몽을 위한 교육의 중요성이 점차 부각되기 시작했습니다. 이 혁명은 결국 프랑스 민중 전체를 대상으로 하는 보편교육의 확장과 교육으로의 자유로운 접근을 가능하게 한 계기가 되었다고 할 수 있습니다.

마지막으로 줄 페리(Jules Ferry)의 교육개혁입니다. 줄 페리는 19세기 말 교육개혁을 통해 정교분리(laïcité)이며, 의무(obligation)이고, 무상(gratuité) 의무교육 학교제도를 확립했습니다. 정교분리란, 그간에 종교 안에서 행해졌던 교육이 신앙이나 종교적 영향으로부터 벗어남을 의미합니다. 줄 페리의 교육개혁을 계기로 프랑스의 모든 아동들은 일정한 연령이 되면 종교나 가정환경의 영향에서 벗어나 모두가 동일한 교육을 받을 수 있게 되었으며 이때부터 프랑스에서 무상교육, 의무교육, 비종교적 민중교육의 역사가 시작되었습니다.

이 밖에도 프랑스 교육역사의 작은 페이지를 차지하고 있는 것으로 루소와 볼테르의 논쟁을 빼놓을 수 없습니다. '인간은 선하게 태어나는가, 악하게 태어나는가?', '인간은 교육이나 훈육을 받아야 할 필요가 있는가, 아닌가?', '선천적인 것과 후천적인 것 중 무엇이 우선인가?' 등에 대해 이들 사이에서 일어났던 논쟁은 프랑스에서 아직도 미해결로 남아있습니다.

프랑스 사회의 발전은 우리를 이런 신화로부터 멀어지게 하고 있는 것이 사실입니다. 인종의 혼합은 먼 곳에서부터 다른 신화들을 불러왔고 문화의 세계화는 교육의 영역 안에서 그리고 학교의 영역 안에서도 생겨나고 있습니다. 학교에 의한 신분상승은 힘들어졌고, 기회의 균등은 더 이상 존재하지 않으며, 학교가 인준시켜주기도 하는 사회적인 균열이 생겨났습니다.

인간이 야만으로 회귀하는 것은 항상 가능한 일입니다. 전쟁이 그러했습니다. 프레네 역시 이를 겪었고 그 흔적을 지니고 있습니다. 그래서 프레네는 평화주의자였습니다. 학교와 교육은 인간과 사회의 건설에 특권적인 위치를 차지하고 있으며 그것은 강력한 정치적 기획을 필요로 합니다. 프레네는 어떤 도그마에도, 어떤 정치정당에도 충성을 바치지 않는 대신 아이들에게 봉사하면서 이런 구상을 하였습니다. 교사들에게 자유를 주어야만 공적인 제도 내에서 혁신적인 실천을 가능하게 할 수 있다고 주장하였습니다. 이 점에서 그는 혁명적이었습니다.

이제 시간을 거슬러 셀레스탱 프레네가 살았던 시대로 한번 올라가 보겠습니다.

셀레스탱 프레네의 민중교육

셀레스탱 프레네는 1896년 프랑스 남부 지방에서 태어나 항상 남부에서만 살았던 사람입니다. 공부에 관심을 보이며 평범한 청소년기를 보냈고, 교사가 되기 위해 사범대학에 들어가지만, 학교를 다 마치기 전에 징병을 당합니다. 이 참전경험은 그의 인생에 뚜렷한 흔적을 남깁니다. 하나는 폐에 입은 부상이며, 다른 하나는 교육의 본질에 대한 깊이 있는 성찰입니다. 전쟁의 참상을 겪으면서 오직 교육을 통한 의식개혁만이 그와 같은 야만적인 행위를 방지할 수 있다고 생각했기 때문입니다.

프레네의 교육에 대한 성찰은 여행과 독서로 이어집니다. 프레네는 프랑스의 다른 지방 및 독일, 이탈리아, 러시아 등 외국을 다니면서 각 지역의 특색 있는 교육기술을 관찰하고 배우면서 자신만의 교육적 틀을 확립합니다. 바로 '협동'의 원칙입니다. 프레네가 말하는 협동이란 관계의 방식이며 사회에서 삶을 운영하는 방식을 의미합니다. 프레네는 또한, '교사가 가지고 있는 이데올로기적 관점이 학교 울타리 안에서만 끝나는 것이 아니다'라고 강조하며, 교육자로서의 영향력은 학교 밖에서도 지속되어야 한다는 정치적 입장을 공고히 합니다.

1920년, 지방의 자그마한 초등학교에서 다시 교편을 잡은 프레네는 이러한 교육원칙을 바탕으로 실천적인 교육을 추진합니다. 우선 기존 교육하고는 전혀 다른 혁신적인 기술의 하나인 '학교인쇄소'를 도입합니다. 인쇄소를 통하여 프레네는 학생들의 작업을 활자화해주었고 아이들의 높은 학습 동기와 참여도를 끌어냈습니다. 학습결과물의 인쇄는 점점 활성화를 띠었고 결국 학교신문을 발간할 정도로 프레네 학교는 인쇄에 주력하게 됩니다. 또 다른 하나는 다른 학교와의 서신 교환입니다. 서신 교환을 통하여 프레네는 학급과 학급뿐만이 아니라 지역과 국경을 뛰어넘는 활동을 권장하며 사람들 사이의 소통을 중요시했습니다.

프레네는 1927년 공공교육협동체(C.E.L.)[15]를 조직하고 노조회의에도 관심을 보입니다. 프레네의 혁신적 교수법과 사회주의적 성향은 그것에 반대하는 사람들과 부딪치고 문제를 일으키게 됩니다. 결국, 1933년 공교육에서 퇴출당하게 된 프레네는 이듬해 벵스(Vence)지역에 새로운 학교를 세우고 사회적으로 어려움에 처해있는 아이들, 전쟁고아나 이민자 자녀를 받아들입니다. 이 프레네 학교는 국가에 의해 인가를 받기는 하지만 공립학교로 전환하지 않고 사립학교로 남습니다.

1940년에 되풀이되었던 구속, 감금 그리고 집행유예의 시간 동안 프레네는 성찰과 집필에 주력합니다. 또한, 감옥에서도 자신의 사상과 교육기술에 대한 서신 왕래를 계속하면서 교사로서의 역할을 수행합니다.

감옥에서 나온 프레네는 1946년 교사를 위한 교육잡지인 '교육자'를 발간합니다. 그리고 1950년에는 현대학교협회(I.C.E.M.)를 설립하고 프레네 교육의 철학적, 실천적 기반이 되는 「현대학교헌장」을 만듭니다. 이러한 일련의 작업들은 프레네 자신과 동료들이 실천하던 것들을 널리 전파하기 위한 구조화의 과정이라고 볼 수 있겠습니다. 우리는 이런 모든 실천을 프레네 교육운동이라고 일컫습니다. 프레네는 1959년 자신의

---

15) Coopérative de l'Enseignement Laïc

교육적·철학적 기본원리를 담고 있는 잡지 '삶의 기술16)'을 창간하고 1966년 사망합니다.

현재 프레네 교육운동은 굉장히 복합적입니다. 프레네 시대의 것이 그대로 계승되어 있는 부분과 시대의 흐름에 맞추어 변화된 부분들이 혼합되어 있기 때문입니다. 과거에는 기술적 한계 때문에 제한을 받았던 것들이 현대에는 누구나 할 수 있는 것으로 변하기도 했고, 환경과 의식의 발달이 이러한 변화를 가중시키기도 했습니다. 예를 들어, 과거에는 인쇄소에서 문서를 만드는 것이 주목적이었다면 현대에는 인쇄소의 역할이 컴퓨터로 대체되었고 그 목적 또한, 소통으로 전환되었습니다. 프린터가 일상적으로 사용되고 있는 요즘 아이들에게 학습결과물을 인쇄하는 것은 더 이상 동기부여를 일으키지 않습니다. 인쇄의 기술과 내용을 개선할 수 있는 현대사회에 적합한 대책을 논의하는 것이 프레네 교육이 지금 하고 있는 일입니다.

협동은 관계를 형성하고 배움에 참여하도록 하는 것

프레네 교육의 가장 중요한 점은 아동의 본성에 대한 인식입니다. 프레네는 '아동은 성인과 동일한 본성을 가지고 있다'고 했습니다. 이 사실을 인지해야 합니다. 프레네 학교는 아동을 시스템의 중심에 두고 아이들에 대한 이해를 시작합니다. 이러한 사상을 바탕으로 프레네 교육은 '민주주의'를 강조합니다. 아동은 교사가 권위를 행사하는 대상이 되어

---

16) Techniques de vie

서는 안 되며 권위를 중시하는 학습공간은 프레네 교육에서 적합하지 않습니다. 따라서 학교는 민주주의를 실천하는 가장 민주적인 공간이 되어야 합니다.

프레네 교육에서 두 번째로 중요한 요소는 '협동'입니다. 협동이란 관계의 방식을 의미합니다. 아이들끼리의 협동, 교사와 아이들의 협동, 교사들의 협동을 통해서 우리는 진정한 프레네 교육을 체험하고 실천할 수 있습니다.

모든 운동이 그러하듯 프레네 교육을 한다는 것은 말로 되는 것이 아닙니다. 그것은 교실 안과 밖에서 실천하고 그곳에서 무엇인가를 이룬다는 것을 의미합니다. 협동은 이러한 실천을 위한 하나의 형식이 될 수 있습니다. 분명히 말씀드리지만, 협동은 내용이 아니라 형식입니다. 교사가 협동이라는 형식을 정한 것이고 내용은 모두가 함께 채워가는 것입니다. 이것을 잊어서는 안 됩니다.

프레네 운동은 1920년부터 국제적 원칙을 지향해왔고 이 원칙은 지금도 계속되고 있습니다. 저는 처음으로 아시아에 왔지만, 프랑스뿐만 아니라 유럽의 다른 국가들과 한국 사이에서 많은 공통점을 발견할 수 있었습니다. 또한, 저는 여러분께 프레네에 대한 저의 작은 경험을 나누지만 여러분들의 이야기와 고민을 통해 정말 큰 것을 여러분들로부터 배울 수 있다고 확신합니다. 이런 것이 바로 국제적 협동에 입각하여 배움을 풍요롭게 하는 프레네 정신이라고 생각합니다.

교육에 대한 세계적인 시각을 갖추기

프레네 교육운동은 협회의 형태로 운영됩니다. 지역단위(우리나라의 도에 해당하는)마다 협회가 하나씩 배정되어 있고, 구성원의 요구나 모임의 색깔에 따라 다양한 방식으로 운영되고 있습니다. 주로 하나의 주제를 중심으로 해서 정기적으로 만나 토론을 합니다. 이런 지역단위의 협회들은 일 년에 한 번씩 열리는 총회를 통해 모두 모이며 이때 각 지역모임에 대해 종합정리를 하는 시간을 갖습니다. 지금 말씀드린 것이 프레네 협회의 프랑스 국내모임이라면, 매 2년마다 전 세계의 프레네 운동을 집결시키는 리데프(RIDEF)[17]라는 국제적인 대회가 있습니다. 2005년 이 대회에는 15개국에서 약 600명의 교사들이 모여 '교육의 복합성'이라는 주제로 토론을 하였습니다. 우리가 하나의 교육현상을 이해하기 위해서는 여러 가지 요소들을 복합적으로 이해해야 하는데, 이러한 복합성을 이해할 수 있는 세계적 시각을 갖추기 위해 어떻게 해야 하는지를 논의했습니다. 이처럼 리데프는 전 세계적으로 실천되고 있는 프레네 운동의 다양성을 엿볼 수 있는 기회입니다. 똑같은 원칙과 철학에서 출발하더라도 모두가 획일화된 교육을 하는 것은 불가능합니다. 각 현장의 상황과 대상에 따라 교육은 변화되고 응용되어야 하기 때문입니다. 그래서 세계 곳곳에서 일하고 있는 교사들의 만남과 협동은 우리 모두에게 성장할 수 있는 소중한 기회를 제공하고 있습니다. 이번 여름 총회에서는 또한, 교직에 처음 발을 디딘 교사들을 어떻게 도울 수 있을지, 어떤 교육과 연수가 그들에게 필요한지에 대한 회의를 하기도 하였습니

---

17) Rencontre Internationale Des Educateurs Freinet : 국제프레네교사회의, 국제회의의 특성상 매번 회의를 개최하는 국가가 바뀐다.

다. 이 모임 역시 연령이나 경력에 상관없이 원하는 교사들은 모두 참여할 수 있습니다.

다음으로 여러분께 짧은 동영상을 한편 보여 드리겠습니다. 무싸크(Moussac)라는 프랑스 서부 지역에 있는 프레네 학교입니다. 원래 프레네 학교에서는 학교소개와 안내를 아이들이 직접 하고 있습니다. 사실 제가 아니라 우리 학생들이 이 자리에 와서 설명을 했으면 좋았을 텐데 그럴 수 없어서 안타깝습니다.

나이를 중심으로 학년이 구분되어 있는 기존교육제도와 비교해서 보시면 좋을 듯합니다.

**(영상) "학생의 실패란 없습니다.
다만 교사의 실패가 있을 뿐입니다."**

학교의 실패와 교사의 실패는 있지만 아동의 실패는 없습니다. 교사의 권위는 중요하지 않습니다. 아이들과 똑같은 위상을 가지고 있을 뿐입니다. 이곳은 500여명의 주민이 사는 작은 동네입니다. 무싸크 마을의 종이 울리고 있습니다. 학교종이 울리지만 아이들은 개의치 않습니다. 학교에 가는 시간은 아이들이 결정합니다. 이곳이 프레네학교입니다. 7세에서 13세까지의 아이들이 다니는 초등학교입니다. 아이들의 학교설명이 이어집니다.

학생 "여기가 우리 교실이에요. 여긴 컴퓨터 방인데요, 컴퓨터를 사용해서 공부를 합니다. 여기는 인터넷이 연결되어 있어요. 다른 학교 친구들한테 편지를 쓸 수 있습니다."

"여기 이게 우리 계획표입니다. 우리가 해야 할 것들이 쓰여 있습니다."

"여기는 소리 작업장이에요. 음악을 들을 수도 있고 녹음을 할 수도 있습니다. 또 토론을 할 수도 있습니다."

"여기는 저학년을 위한 방이에요. 그들을 위한 계획표가 여기 있고..."

교사1 "학교의 전반적인 활동을 계획하고 주도해가는 것은 바로 학생들입니다. 학생들은 크고, 작은 그룹에 속해서 학습활동 및 학교생활에 참여하고 있습니다."

교사2 "약 백여 명의 학생들이 있지만 교사의 통제가 거의 필요하지 않습니다. 아이들을 통제할 필요가 없는 자유로운 분위기가 형성되어 있습니다. 오히려 제가 뭔가를 건드리려고 하면 그 분위기가 흐트러지는 것 같습니다."

교사3 "저는 공식적으로 학생들에게 읽기와 쓰기를 가르쳐야 합니다. 그런데 예외 없이 모든 아이들이 학교생활을 통해 자연스럽게 읽기를 습득한다는 사실을 발견했습니다. 그 다음 필요에 의해 쓰기에 대한 욕구를 표현하고 자연스럽게 이름을 쓰고 편지를 쓰기 시작합니다. 서로간의 교류를 통해 배웁니다. 저는 가끔 아이들 간에 충돌이 있거나 적절한 해결책을 찾지 못할 때 도와주는 역할 외에는 큰 할 일이 없습니다."

> 교사5 "아이들의 실패란 없습니다. 아동이 실패하는 것이 아니라 교사가 자신이 목표한 것에 대해서 실패한 것입니다."
>
> 교사6 "제가 이 학교에서 하는 교육이라는 것은 많은 사람들이 똑같이 하고 있는 교육이 아니라 경험하면서 배우고 교정해 나가는 어떤 것이라고 할 수 있겠습니다."

시간, 공간, 학습을 운영하는 프레네 학생들

프레네 학교의 전형적인 교실을 보셨습니다. 기존교육과 세 가지 다른 점이 있는데 혹시 찾아보셨나요?

첫 번째는 시간운영의 자율성입니다. 학교 종이 울리지만, 학생들이 전혀 서두르지 않습니다. 프레네 학교에서 등교할 시간을 결정하는 것은 바로 학생 자신이기 때문입니다.

두 번째는 학습에 대한 학생의 주도권입니다. 학생은 어떤 시간에 어떤 일을 해야 하는지 알고 있으며 그것을 결정하는 것도 바로 학생입니다. 개별학습도 있지만, 그룹으로 함께하는 경우가 많습니다. 배움의 시간과 내용에 대해서 학생 자신이 결정해야 하는 것이 프레네 학급의 또 다른 특징입니다.

마지막으로 공간운영 방식의 자율성입니다. 작업장이나 수업, 휴식을 위한 공간을 모두 학생들이 정합니다. 글을 쓰기 위해서 조용한 곳이 필요하면 글쓰기 수업을 정원에서 할 수도 있고 녹음실을 이용해서 토론할 수도 있습니다. 이 모든 것을 결정하는 것은 바로 그 활동을 하는 학생들입니다.

프레네 학교의 문제는 아이들이 학교에 너무 잘 나오고 방학 때도 나오려고 한다는 것입니다. 지루하기만 했던 제 초등학교 시절과 너무 비교되는 것 같습니다. 어쨌든 프레네 교육 안에서 아이들은 이렇게 학교의 핵심적인 주체로 활동합니다.

아까 학생들이 학습에 대한 주도권을 가지고 있다고 했습니다. 이러한 학생주도의 학습은 프레네 교육의 큰 특징인 협동을 통해서 완성됩니다. 협동작업 안에서 모든 아이들의 능력이 서로 보완됩니다. 어려움에 처한 아이는 자기가 그것을 할 수 없다는 의사를 표시하고, 교사의 도움 없이, 다른 학생에게 도움을 청할 수 있습니다. 이러한 상호도움의 모든 과정이 다 학습에 포함됩니다. 학교에 오는 것은 무엇을 어떻게 배우든지 즐거워야 한다고 생각합니다.

여기서 프레네 교육의 소통을 빼놓을 수 없겠습니다. 프레네 학교에서는 교사의 발언권이나 학생들의 발언권이 동일합니다. 회의를 주재하고 결정하는 것도 학생이 합니다. 이것이 시민의식이라는 것입니다. 비록 어린 학생들이지만 그들이 가진 잠재력과 실제 학교 안에서 해내고 있는 일들은 정말 놀라울 때가 많습니다. 그들은 자신들의 권리를 생산해내고 그것에 대해 일관성 있는 성찰을 훌륭하게 해냅니다.

책에 나와 있는 현대교육헌장을 읽는 일은 언제든지 할 수 있는 일입니다. 무엇보다 중요한 것은 그것을 실천해야 한다는 것입니다. 단지 이 상항에 대한 의지를 표현하는 것이 아니라 구체적인 실천을 통해 이것을 우리 삶의 일부분으로 만들어야 합니다. 헌장은 조금 전에 말씀 드렸던 것과 같이 전 세계 프레네 교사들이 함께 읽고, 함께 지키고 있는 프레네 교육의 기본정신입니다. 다시 한 번 말씀드립니다. 우리는 모두 이 헌장을 머리에만 담을 것이 아니라 일상에서 실천해야 할 것입니다.

| 무엇을 배울 것인가
어떻게 배울 것인가
왜 배울 것인가 |

장 노엘 에반

안녕하세요. 저는 생-나제르 자주고교의 회원입니다.

브르따뉴 지방에 있는 생-나제르는 노동자들이 많이 사는 조선소가 있는 항구도시입니다. 바닷가에 위치한 저희 학교에는 180명의 학생이 있고 18명으로 구성된 '교육팀'이 있습니다. 제가 '교육팀'이라고 말씀드리는 이유는 그 구성원들이 꼭 교사만으로 이루어진 것이 아니기 때문입니다. 생-나제르 고교는 1982년 사회당의 집권과 함께 창설된 프랑스 최초의 자주 고교로써 25년의 역사를 가지고 있습니다.

자주학교의 교육은 학생들에게 발언권을 주고, 자신이 맡은 일에 책임을 지는 것이 중요하다는 것을 강조합니다. 학교 내에서 어떤 권한이나 발언권을 행사하기 위해서는 서로가 서로를 알고 존중하고 들어주고 그리고 함께 결정하는 과정을 겪어야만 한다는 뜻입니다.

학교의 의사결정기구는 학교위원회입니다. 학교위원회는 교육팀과 학생들의 민주적인 참여로 이루어지고 있으며, 모든 것을 다 논의할 수 있습니다. 소소한 문제들에서부터 학교운영과 예산에 관련된 모든 것에 대해 학생들은 교사와 똑같은 발언권과 결정권을 가지고 있습니다. 물론 생-나제르 자주고교에서는 무엇을 배울 것이며, 어떻게 배울 것이며, 왜 배울 것인지에 대해서도 모두 함께 결정합니다.

한국에 체류하는 동안 방문했던 학교들도 모두 작은 규모의 학교였는데, 저희 학교도 작은 학교입니다. 모두가 함께 운영해가야 하기 때문에 소규모여야 합니다. 처음에는 일반학교에 적응하지 못하는 탈학교 청소년을 위해서 만들어졌지만, 현재 프랑스 전역에서 다양한 학생들이 오고 있습니다. 16세 이상 중학교 졸업장이 있는 청소년이면 누구든지 입학이 가능합니다. 중학교를 졸업했는데 일반 고등학교에 못 가게 된 경우에 올 수도 있고 자유롭게 학습을 선택할 수 있다는 이유로 오는 학생들도 있습니다. 우리는 현재를 중요하게 생각합니다. 과거를 가지고 판단하지 않습니다. 어떤 이유로 모였든 모인 그 순간부터 우리는 모두 민주주의와 협동이라는 생-나제르의 배를 타고 함께 항해를 시작합니다.

다음에 보시는 도표는 저희 학교의 정책적, 교육적 구조를 설명해주는 도표입니다.

180명의 학생과 18명의 교육팀이 6개의 기본그룹(한 그룹은 3명의 교육 팀원과 30명의 학생으로 구성)으로 나뉘고, 다시 3개의 연속 그룹(한 그룹은 1명의 교육 팀원과 10명의 학생으로 구성)에 소속되어 활동을 합니다. 학교에는 요리사도, 청소부도, 교장도, 교감도, 간호사 그리고 관리인도 없습니다. 모두 각자의 그룹에서 어떤 교육을 할 것인지, 어떻게 운영할 것인지 토론하고 결정합니다. 아주 흥미로운 학교이지요.

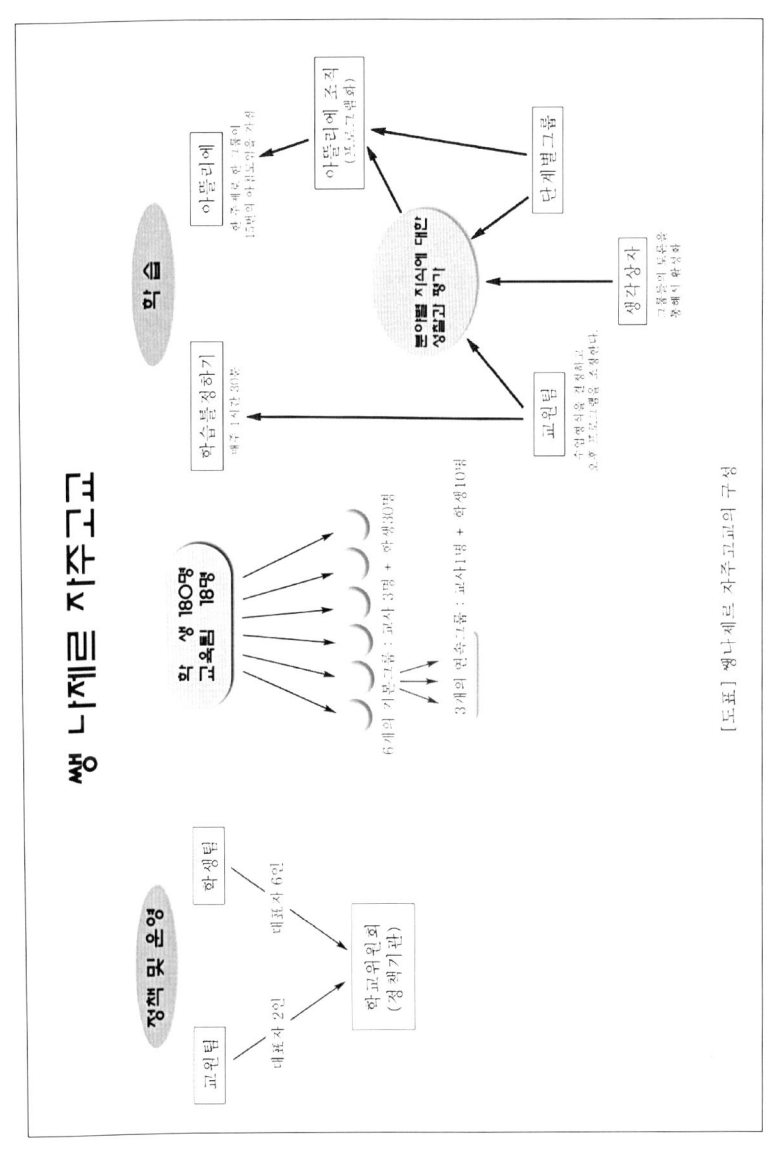

[도표] 생나제르 자주교교의 구성

제4장 협동이 없는 교실은 살아있는 교실이 아니다_121

도표의 왼편이 학교위원회입니다. 여섯 명의 학생과 두 명의 교육원으로 구성됩니다. 결정하기 위해 모든 의견을 규합하는 곳입니다. 어떤 문제나 건의사항이 있을 때 학교의 구성원 누구든지 위원회에 안건을 제출할 수 있습니다. 예를 들어 저의 한국파견에 대해 학생 한명을 동행할 것인지, 말 것인지를 주제로 하는 토의가 있었습니다. 학생팀에서는 함께 가자는 의견이 나왔지만 교육팀에서는 돈이 많이 들고 준비할 시간이 부족하다는 이유로 학생파견에 반대했습니다. 어쨌든 각 팀은 토론을 걸쳐 그 결과를 위원회로 통보하고, 위원회는 두 팀의 의견을 조합하여 하나의 결정사항으로 만들어 법으로 공고합니다. 물론 어느 한 쪽이라도 결정된 사항에 동의하지 않을 경우 학교위원회에 의견 상정을 할 수 있습니다. 그러면 학생팀과 교육팀은 또 다시 토론에 들어갑니다.

가운데 있는 그룹들이 결정된 내용을 실천에 옮기는데 주요한 역할을 합니다. 한 그룹이 돌아가면서 운영팀의 책임을 맡습니다. 15일을 주기로 로테이션합니다. 결정된 일을 수행할 때는 교사와 학생들이 평등하게 업무분담을 합니다. 화장실 청소부터 외부송금, 외부인사 맞이, 대학교나 연구소에 관련 자료 발송, 책과 자료를 정리하는 도서관 업무 등을 그 그룹에 속해있는 교사와 학생들이 나누어 합니다. 이 업무에는 물론 청소를 하고 고장 난 것을 수리하는 일도 포함되는데, 능력이 안될 경우에는 외부에서 전문가를 부르기도 하고 어려운 일이 있을 때는 즉시 안건을 올리고 다른 방법을 논의할 수도 있습니다.

도표의 오른쪽은 지식의 측면을 설명하고 있습니다. 전에는 15회(2주)를 한 주기로 하는 아뜰리에가 있습니다. 오후에는 구체적인 학습, 즉 읽기, 쓰기, 토론하기, 창작하기(연극이나 미술창작 및 수학창작활동 등)와 같은 학습을 합니다. 아뜰리에에서는 모든 과목을 다 다룰 수 있습니다. 역사, 철학, 시사 등 전 영역에 걸쳐 하나의 주제를 정하여 여러 가지로 연구하고 입장을 논의합니다. '인종차별', '공동체의 삶이 중요한가', '세계의 모든 사람을 죽이려면 어떻게 할 것인가', '생-나제르에 자주 고교를 세운 이유는 무엇인가' 등 그동안 여러 가지 문제를 토의해왔습니다. 아뜰리에에 대한 결정은 총회에서 교사와 학생 간의 논의를 거쳐 확정됩니다. 주제가 결정되면 어떻게 실행할 것인지에 대한 논의를 합니다. '외부강사를 초청할 것인가', '현장으로 나갈 것인가'도 함께 결정합니다. 한번은 한겨울 숲 속에서 캠핑을 하면서 아뜰리에를 진행한 적도 있습니다. 한 그룹이 제안했고 모두 동의했기 때문에 실행되었습니다. 눈 속에서 캠핑하며 글쓰기를 했습니다. 문학에 관련된 색다른 아뜰리에였습니다.

이런 식으로 진행된 프로그램은 한 해를 마무리하면서 종합적 논의에 붙여집니다. 학생들과 교육팀은 좋았던 것과 실패한 것을 구분하고 그 원인에 대해 의견을 주고받습니다. 이 의견에 따라 다음 해 프로그램은 교체되기도 하고 그대로 유지되기도 합니다.

자신의 학습과 관련해서 학생은 교육받고 싶은 것을 선택할 권한을 가지고 있습니다. 오전에는 아뜰리에를 하고 오후에는 원하는 다른 것을 선택할 수도 있습니다. 두 개를 동시에 할 수 없을 때, 예를 들어 수학도 좋아하고 연극도 좋아하는 학생이 한 가지를 선택해야 할 때 어떤 것을 우선시해야 하는지 고민하고 선택하는 것도 역시 학생의 몫입니다.

수학시험을 준비 중에 있는데 연극을 선택한다고 해서 나쁜 선택이라고 할 수는 없습니다. 반면 선택의 결과는 반드시 검토되어야 합니다. 정책이나 운영 중 아무것에도 참여하지 않으면서 아뜰리에에도 참석하지 않는 학생은 기본그룹으로부터 소집을 당하고 해명을 요구받습니다. 학생의 프로젝트가 무엇이었고 참석하지 않은 이유는 무엇이었는지에 대해 이야기하면서 문제의 원인과 해결을 찾기 위해 함께 노력합니다. 이 과정에서 그룹은 이 학생에게 무엇을 해야 하고 언제까지 타당한 작업결과를 보여 달라고 요구할 수도 있습니다. 왜냐하면, 학생들의 자유란 '선택'하고 그리고 '선택에 책임을 지는 것'이기 때문입니다. 아무거나 할 수 있는 자유가 진정한 자유는 아니니까요.

한국에서처럼 프랑스에도 학교폭력문제가 많이 제기되고 있습니다. 반면 생-나제르 학교에는 인터넷게임을 좋아한다든지, 마약을 한다든지 하는 문제는 있지만, 학교폭력은 없습니다. 생-나제르 학교는 모두가 함께 해 나가는 학교입니다.

감사합니다.

제 5 장 _ 학교는 어디로 가야하는가, 학습은 어떻게 이루어져야 하는가

| 모든 배우는 사람을 위한 프레네 교육학 |

올리비에 프랑콤

몇 달 전 한 잡지에서 셀레스탱 프레네가 벨기에사람이라는 글을 본 적이 있습니다. 그 글을 접했을 때 저는 오히려 기뻤습니다. 왜냐하면, 그것은 이제 프레네가 여러 곳에서 보편적으로 받아들여지고 있다는 뜻이기 때문입니다. 프레네 운동이 이렇게 확산되다가는 혹시 미래에는 프레네가 한국 사람이었다고 할지도 모르겠습니다.

프레네에 대한 간단한 설명으로 시작하겠습니다. 셀레스탱 프레네는 두 번의 세계대전을 겪으면서 평화적 개혁주의 노선을 선택하고, 오직 교육만이 야만적인 전쟁을 방지하고 인간사회의 따뜻함을 되찾아줄 수 있을 것이라고 생각합니다. 이에 프레네는 기존의 전통교육과 단절되는 새로운 교육을 추구하며, 인성을 존중하고 키워주는 교육은 초등학교부터 시행되어야 한다고 믿고 추진합니다.

프레네는 다양한 학습활동기술을 소개합니다. '협동'에 의한 민주적 교실 운영과 서로간의 '소통'을 중시하는 것이 프레네 교육의 기본원칙이라면, 학교 인쇄소와 서신 교환 그리고 자유표현 등은 이런 원칙을 받쳐주는 프레네의 교육 기술들입니다. 학교 인쇄소는 학생들이 만든 것을 가치 있게 하고 아이들에게 학습과 학교활동에 적극적으로 참여하도록 동기를 부여하며, 자유표현은 형식과 시선에서 벗어나 학습에 대한 즐거운 참여를 유도합니다. 여기에 학생들로 구성된 아동 위원회는 권한과 책임을 갖춘 학교의 구성원이 될 수 있도록 하는 역할을 합니다. 프레네는 학생들의 개성을 존중하여 각자의 요구를 존중함과 동시에 집단을 중요시합니다.

또한, 프레네 교육운동은 실용주의적인 측면도 가지고 있습니다. 예를 들어 연수하는 동안 선생님들과 함께 수학과목에 관련된 '자가수정카드'를 만들었었는데, 이것은 굉장히 체계적이며 실용적인 학습카드입니다. 학생 스스로가 이 카드를 활용해서 자신이 아는 것과 모르는 것을 자체적으로 발견하며 자기발전을 이룰 수 있도록 구성된 수업 도구입니다. 프레네 교육 안에는 이처럼 자신을 직접 제어하고 통제해 나가도록 하는 여러 교육 도구들이 있습니다.

현대학교헌장

전 세계적으로 약 50개국에서 프레네 교육을 실천하고 있습니다. 프레네 교육을 실천한다는 것은 다시 말해 프레네가 생존에 만든 '현대학교헌장'을 삶 속에서 실현하고 있다는 것입니다[18]. 물론 이 헌장은 프레네 교육의 사용법이 쓰여 있는 것이 아니라 프레네 교육을 잘 실천하도록 도와주는 하나의 도구일 뿐입니다. 다시 말하면 현대학교헌장은 내가 하고 있는 것이 프레네 교육과 닮았는지 점검하고 판단할 수 있는 기준이며 현장에서 실천될 때에만 의미를 지니는 것입니다. 헌장은 첫 번째 조항에서 '교육이라는 것은 지식의 축적이 아니라 발달이자 향상이다'라고 말하고 있습니다. 또한, '프레네 교육은 어떤 예외도 없이 모든 배우는 사람을 위한 교육학이다.' 라고 쓰여 있는 일곱 번째 조항도 굉장히 중요합니다. 프레네 교육은 그 누구도 제외하지 않습니다. 이것은 모든 학습자에게 해당하는 것이며 교사들에게도 해당합다. 안심하세요. 프레네 교육은 굉장히 보편적입니다. 즉 국제적으로 접근할 수 있습니다. 여기 있는 우리 모두에게 해당되는 것입니다.

---

[18] 이 헌장은 1950년 처음 작성된 후 1968년 일부 수정된다. 현대학교헌장전문은 338쪽에 있다.

프레네교사의 소통과 협동 : ICEM, FIMEM

지금부터 프랑스 프레네 교육운동의 구심점인 현대학교협회에 대해서 말씀드리겠습니다. 현대학교협회, 즉 ICEM은 약 50년 전에 설립되어 지금도 활발하게 운영되고 있습니다. 이미 여러 번 들으셨겠지만, 프레네 교육은 공교육 내에서 실행되고 있는 대안교육운동입니다. 대부분의 프레네 교사들은 공교육학교의 교사이며 초등학교에 재직하고 있는 교사의 비율이 아주 높습니다. 그러나 프레네 교육모임의 특이점 중 하나는 초·중등 및 고등교육의 교사들이 특별히 구분되지 않고 회의에 참여할 수 있다는 것입니다. 프레네 교사들은 많이 있지만 자신을 드러내지 않는 사람들도 있기 때문에 정확한 수를 파악하기는 어렵습니다. 대략 파악된 학교 수는 약 100여 개로 대부분 초등학교입니다. 이 100여 개의 학교는 학교 전체가 프레네의 교육원칙과 철학, 기술에 따라 운영되는 곳을 의미하고, 독자적으로 자신의 학급에서 프레네 교육을 실천하고 있는 교사는 약 5000~6000명 정도에 이릅니다.

프레네 교육에 대해 잘 모르는 교사들은 때때로 학생들에게 자유를 주는 것이 학생들에게 아무렇게나 할 수 있는 방종을 허락한 것이라고 생각하기도 합니다. 그러나 협동이 이루어질 때의 자유는 말씀드렸다시피 책임을 동반합니다. 이것이 중요합니다. 프레네 교실에서는 학생들이 교실공간과 시간을 나름대로 운영하기 때문에 기존의 것을 엎어버립니다. 파격적인 것이지요. 그래서 프레네 교육이 전반적으로 이루어지지 않는 교실에서 프레네 교육기술의 일부를 도입했을 때 이러한 파급으로 어려움을 겪을 수 있는 것도 사실입니다.

프레네 교사들은 모임을 통해 지속적인 협동을 추구합니다. 협동해서 일을 하면 보다 합리적이고 속도감 있게 해볼 수 있다는 것은 프레네 교실의 아이들을 보면서 이미 확인한 일이기도 합니다. 마찬가지로 성인들 간의 협동이 프레네 교육에서는 중요한 의미를 지니고 있습니다. 필요하다면 지역적 모임뿐만 아니라 과목별, 주제별 모임을 갖기도 하고, 학급에서 사용되는 여러 가지 자료, 교재, 도구를 만드는 모임도 갖습니다. 또한, 아동의 권리와 시민권에 관한 모임도 있고 그 외에 장애우 통합 등에 대해 논의하는 모임도 있습니다. 프레네 교육에 사용되는 모든 의미의 잡지는 학생과 교사들의 협동작업을 통해 만들어지며 그것이 제작되는 장소는 교실입니다. 학습 도구와 자료를 생산해 내는 모임 외에도 '프레네의 친구들'이라는 조직은 이렇게 만들어진 자료들을 보관하고 배포하는 일을 담당하고 있습니다.

지금 설명해 드린 것이 프랑스 내의 국지적 모임이라면 국제적 소통을 가능하게 하는 모임도 있습니다. 실제로 프레네는 생존 시 외국교사들과 만나는 시간을 자주 가졌고 프레네 교육운동은 초반기부터 국제적 성격을 띠고 있었습니다. 프레네 교육운동의 국제단체는 피멤(FIMEM)[19]이라고 합니다. 이것은 국제모임을 주도하고 국제적으로 프레네 교육모임을 조직하는 6명의 행정자문위원에 의해 운영되고 있습니다. 현재 많은 나라가 FIMEM에 가입되어 있는데 아시아에서는 일본이 유일하게 참여하고 있습니다. 이 단체를 통해 다른 국가의 교사들과 소통이 가능합니다. FIMEM의 활동을 통해 교육은 한 국가에 한정된 것이 아니라

---

19) Fédération Internationale des Mouvements d'Ecole Moderne : 현대학교운동국제연맹

전 세계적인 차원에서 이루어진다는 것을 깨닫습니다. 세계화로 인해 발생하는 문제에 대해 논의하고 교류하면 좀 더 효율적인 해결책을 찾을 수 있으며 깊이 있는 성찰을 할 수 있습니다. FIMEM의 조약을 보면 한 국가가 어떻게 가입할 수 있는지 알 수 있습니다. 한국의 교사들은 이미 조건을 충족시키고 있다고 생각합니다. 여러분이 원하신다면 한국이 FIMEM에 가입하는 것은 전혀 문제가 없을 것으로 보입니다. 이러한 연수와 세미나가 계속 이어져 여러분께서 희망하시는 교육의 열매를 꼭 수확하시길 바랍니다.

훌륭한 인내심으로 들어주신 여러분 감사합니다.

| 평범한 교사와 평범한 학생이 만나
탁월한 시스템을 운영해가는 곳 |

장 노엘 에반

  제가 일상을 보내는 이야기를 할 수 있는 자리를 마련해주셔서 감사드립니다. 일상이라는 것은 젊은이들을 변화시킬 수 있는 매우 중요한 것이라고 생각합니다. 저는 아주 단순한 교사일 뿐인데, 아주 훌륭한 시스템을 만났습니다.

  제가 재직하고 있는 생-나제르 학교는, 평범한 교사와 평범한 학생이 만나서 탁월한 시스템을 운영해 나가고 있는 곳입니다. 우리가 만들어낸 조직은 간단하게 말씀드리면, 수학을 싫어했던 학생이 수학을 좋아하게 만드는 그런 곳입니다. 제가 드리고 싶은 말씀은 일상에서의 교육을 통해서 그리고 선택을 통해서 이러한 것이 가능하다는 것입니다. 문화적인 차이는 있겠지만, 프랑스 아이들과 한국 아이들이 과연 많이 다를까요? 근본적으로는 자본주의가 만들어낸 사회에서 프랑스나 한국이나 별반 차이가 없을 것입니다. 프랑스 청소년도, 한국의 청소년도 다 같이 디지털에 관심이 많습니다. 디지털 자체가 하나의 악이라고 생각하지는 않지만, 그것을 중심으로 세계가 소비로만 흘러가게 될 때 진정한 가치들은 무너질 거라고 생각합니다. 이러한 상황에 대해 제가 재직하고 있는 학교이야기가 하나의 해결책을 제시해 줄 수 있을지도 모르겠습니다. 일단 영상을 보면서 설명해 드리겠습니다.

> **(영상 하나) 생-나제르 자주고교**
>
> 이 건물이 생-나제르 학교입니다. 조선소가 있는 작은 항구도시입니다. 저희가 학교로 쓰고 있는 이 건물은 이전에 호텔로 쓰였던 것인데 두 번의 전쟁에도 살아남은 튼튼한 건물입니다. 학교는 모두 180명의 학생과 18명의 교사로 구성되어 있습니다. 정확히 말하면 교사가 아니라 교육팀이라고 부릅니다. 가르치는 교사뿐만 아니라 여러 분야에서 일하는 사람들이 모여 있기 때문입니다.
>
> 지금 보시는 이 학교 사진은 학교 건너편 양로원에서 찍은 것입니다. 지금 거리에 사람이 한 명도 없는 것은 모두 수업 중이기 때문입니다. 평소에는 굉장히 활발합니다. 문 옆의 하얀 조각은 초현실주의 작가 뒤샹의 작품입니다.

　여기는 카페테리아입니다. 커피를 마시거나 간식, 크레페 따위를 먹는 곳으로 학생들이 운영합니다. 학교의 모든 운영은 학생들이 운영팀에 참여함으로써 실행됩니다.

　생-나제르에는 바칼로레아를 포기한 학생들만 있는 것이 아닙니다. 일반학교와 마찬가지로 학생들의 의사에 따라 시험을 치루는 학생들도 있습니다.

이것은 일반적인 교실의 모습입니다. 지금 학생들은 아뜰리에를 진행 중입니다. 학생 한 명이 자신이 찍은 사진을 보여주고 있습니다. 준비해온 이것은 일반적인 교실의 모습입니다. 지금 학생들은 아뜰리에를 진행중입니다. 학생 한 명이 자신이 찍은 사진을 보여주고 있습니다. 여러 자료들을 꺼내놓고 발표하는 동안 나머지 학생들은 자유롭게 지켜보고 질문을 하곤 합니다. 전형적인 프레네 교실의 수업장면입니다.

(영상 둘) 연극 아뜰리에

이것은 지난 봄 실험연극제에서 공연했던 학생들의 작품입니다. 제목은 '상황이 좀 제대로 굴러가야하지 않나?' 입니다. 1시간 반 정도의 분량이라서 연극을 다 볼 수 없을 것 같습니다. 이 연극은 학생들이 직접 연극제에서 공연을 한 것이며 지금 보시는 화면은 공연 전 리허설을 하는 장면입니다. 이들 중 한 명은 우리 학교에 오기 전에 마약에 중독되어

생활하던 학생이었고 또 다른 한 명은 굉장히 똑똑한 학생인데 중학교를 거치지 않고 바로 우리 학교로 왔습니다. 또 다른 한명은 청각장애인입니다. 보호관찰 중인 학생도 있었습니다. 이렇게 서로 다른 악조건에 있던 학생들이 함께 이 공연을 했습니다. 공연은 굉장한 호응을 불러일으켰습니다.

   공연의 희곡은 자유 글쓰기를 통해서 창작되었습니다. 초반의 자유 글쓰기는 상황과 인물을 창조했고 즉흥 연기를 통해 대사를 설정하고 구체적인 윤곽을 잡아갔습니다. 그 후 연습을 위한 공간을 따로 구했고 일주일 만에 완성된 대본이 나왔습니다. 연습실에서 대본을 만들어 내는 과정도 바로 협동의 과정이었습니다. 필요하지 않은 것은 버리고 의견 충돌이 있을 때에는 싸우기도 하면서 결국 완성된 무엇인가를 만들었던 것입니다. 이 연극은 성황리에 끝나고 후에 책으로 출판되기도 하였습니다. 프레네 교육의 아뜰리에와 협동학습에 대한 단순한 하나의 예입니다.

교사도 잘못된 결정을 내릴 수 있다!

사실은 음악 아뜰리에를 보여 드리려했는데 가지고 온 자료에 흠이 있어서 보여 드릴 수가 없게 되었습니다. 그렇지만 다른 아뜰리에도 지금 보신 연극 아뜰리에와 마찬가지로 운영된다고 보시면 됩니다. 아주 뛰어난 학생도 있고 보통학생도 있고 탈선학생도 있고 장애학생도 있는데 중요한 것은 모두들 협동한다는 것입니다. 이러한 프로젝트에는 역사, 정치, 철학 등 다양한 것들이 가능합니다. 사실 저는 이것을 해나가는 동안 학생들의 머릿속에 어떤 생각들이 오가는지 잘 모릅니다. 단지 제 머릿속과 비슷하지 않을까 하고 짐작할 뿐입니다.

이 학교에서 일을 하면서 저는 문제를 느끼지 못합니다. 학교에 나가는 것이 즐겁고 교사로서의 평가도 제대로 이루어지고 있다고 생각합니다. 비논리적인 것을 강요하는 사람도 없고 의사결정을 모두 함께하기 때문에 즐겁습니다. 물론 저희 학교도 대학입학을 원하는 학생들이 있고, 때문에 국가에서 요구하는 학습기준을 준수해야 하는 것이 있습니다. 일반학교에 비해서 많은 활동이 있지만 재정이 많이 들지는 않습니다. 학교에는 교재가 없습니다. 프레네 교육을 하면서 오히려 교재를 만들어냅니다. 그리고 저희학교는 그 자료를 파는 대신 다른 프레네 교사들과 교환을 합니다.

의사결정과정에서 학생과 교사는 완전히 동일한 권한을 가지고 있습니다. 다행이라고 생각합니다. 교사인 제가 잘못된 결정을 내릴 수도 있기 때문입니다.

자유라는 것은 무엇이든 하고 싶은 것을 마음대로 하는 것이 아닙니다. 운영이나 결정사항은 결정기구의 결정에 따라야 합니다. 학교에는 6명의 학생과 2명의 교육 팀원으로 구성된 자문위원회가 있습니다. 학교 내에서 주어지는 모든 질문이나 제안들은 수거함이라는 곳에 넣어지고 이곳에 들어온 질문들은 다시 학교운영회로 넘어옵니다. 예를 들어, '장 노엘이 과연 한국에 가야 하는가', 아니면 '새 컴퓨터를 두 대 사야 하는가, 한 대만 사도 되는가?', 또는 '언어학습 시간이 불충분한데 늘려야 하지 않을까?' 등등이다. 학교위원회는 이러한 안건을 문서로 정리하면서 제기된 문제를 제대로 파악하는 시간을 갖습니다. 곧 문서화 된 안건은 전체 학생과 교육팀에게 전달됩니다. 학생들은 각각 그룹을 조직하여 안건에 대한 논의를 하고 논의결과를 학교위원회에 통보합니다. 18명의 교육팀도 마찬가지 과정을 거칩니다. 예를 들어 '장 노엘은 한국에 가되 한 학생을 데려가는 것을 전제로 떠날 수 있다'는 것이 학생들의 결정이었습니다. 반면 '학생이 갈 필요는 없다'라는 게 교육팀의 의견이었습니다. 학교위원회는 학생팀과 교육팀의 의견을 조합해서 가장 좋은 것을 선택하도록 노력합니다. 일단 학교위원회에서 결정된 것은 하나의 법이 되기 때문에 따라야 합니다. 격렬한 논의 끝에, 위원회는 '장 노엘이 학생 한 명을 동행해서 한국에 갈 수 있다'라고 결정이 되었지만, 미성년이 국가를 떠날 때 받아야 하는 서류를 준비하는데 드는 시간적 여유가 없었기 때문에 결국 저 혼자 오게 되었습니다. 이런 과정을 거쳐 제가 지금 여기 혼자 있는 것입니다. 만약 누군가 위원회가 결정한 법에 동의하지 않는다면 다시 안건을 상정할 수 있습니다. 의사결정과정은 이런 식으로 이루어지고 있습니다.

질문 그럼 의사결정과정은 다수결 원칙에 따릅니까? 그리고 안건 상정이 다시 되면 어떤 식으로 의견 조율을 합니까?

장 노엘 다수결 원칙으로 결정을 내리지 않고 합의가 이루어질 때까지 계속 토의를 하는 방식으로 합니다. 과반수 원칙에 따라 투표를 하면 어떤 문제에 대해서 깊이 생각하지 못할 수도 있기 때문입니다. 사실 어떤 결정을 위해서 각 팀은 이미 내부적으로 활발한 토론을 벌이기 때문에 다시 문제 제기가 되는 경우는 거의 없습니다. 합의의 원칙을 따릅니다. 반면 어떤 법이[20] 결정되어 시행을 해보았는데 '좋지 않았다'라는 의견이 계속 제기될 경우 법으로 결정된 것도 다시 토론의 대상이 될 수 있습니다. 만약 어떤 결정사항이나 법이 계속해서 잘 운영이 되지 않으면 결국 타격을 입는 것은 우리 자신이고 또 우리 학교입니다. 우리 학생들은 학교에 대한 소속감이 매우 강합니다. 자신이 의사결정에 대한 실질적인 권한이 있다는 것을 알고 있습니다. 처음에는 의심을 품다가도 시간이 흐르면서 자신이 권한을 가지고 있다는 사실을 체험하게 되고 그렇게 학교에 소속감을 느끼게 됩니다.

학교가 민주적이고 자유롭다고 해서 항상 원하는 것을 다 할 수 있는 것은 아닙니다. 하나의 예로, 만약 대학에서 수학을 전공하기 위해 수학공부를 개인목표로 설정하고 수학에 대한 학습계획을 잡았는데 약속한 수학작업을 제대로 하지 않았을 때, 그 학생은 점검팀에 의해 제재를 당하게 됩니다. 개별적인 자유를 존중하기는 하지만 그에 따르는 책임을

---

[20] 이때 법이라는 것은 무엇을 배우며, 규칙은 어떤 것이며, 어떻게 생활할 것인가 등등을 모두 포함하는 것이다.

지는 것이 또한, 중요하기 때문에 학교에서는 위원회의 권한과 개인의 공공성이 동시에 평등하게 인정되고 있습니다. 무엇보다도 생-나제르 자주 고교와 같은 시스템은 공동체성 때문에 가능하다고 생각합니다.

민주시민이 된다는 것은 민주주의에 발을 들여 놓는다고 바로 실행되는 것은 아닙니다. 마찬가지로 실험학교에 왔다고 해서 바로 공동체성을 함양할 수 있는 것은 아닙니다. 무엇이든 진정한 가치란, 오랜 시간과 노력의 결실로만 얻어낼 수 있는 것이기 때문입니다.

생-나제르 자주고교, 자신 안에 있는 꿈을 믿도록 해주는 곳

마지막으로 우리 학교 학생이었던 소피에 대한 짧은 기사를 한편 읽어드리겠습니다.

「소피가 자주 학교를 방문한 이유는 순전히 엄마의 권유 때문이었다. 학교 자체에 관심이 있었던 것은 아니지만. 학교생활을 하면서 하고 싶은 일을 할 수 있는 곳이라는 말에 귀가 솔깃했다. 소피가 기존학교에서 불행하다고 느꼈던 이유는 하고 싶지 않은 공부를 강요해서였고 그래서 어디에도 속하고 싶지 않은 것이 솔직한 심정이었다. 엄마의 소개로 찾아가 본 생-나제르 자주 고교는 너무나도 새롭기는 했지만 그래도 소피는 다시 학교에 적을 두지는 않겠다고 생각했다.

그러나 며칠 뒤 소피의 결정을 뒤바꾼 만남이 있었다. 연극부였던 그 학교의 졸업생이었다. 소피는 연극을 정말 좋아했고 학교생활을 하면서도 연극을 할 수 있다는 말에 결국 입학을 결정했다. 3개월간의 실험기간을 거치는 동안 소피는 학교에 완전히 매료되었다. 자신도 모르게 소피는 이 학교를 사랑하게 되고 학교의 모든 시스템 속에 집중적으로 자신을 투신하게 되었다. 소피의 목적은 대학입학이 아니었지만, 연극을 전문적으로 공부하고 싶었기 때문에 몇몇 바칼로레아에 응시를 했고 통과했다. 그리고 연극전문학교로 가기 위해 생-나제르를 떠나기로 결심했다.

"나는 목표에 도달했다. 그 목표는 내가 하고 싶은 것을 할 수 있는 수준에 이르는 것이었고, 그것에 도달했을 때 '이제 떠나야 할 시간'이라고 생각했다."

그러나 얼마간의 학교생활을 하면서 소피는 연극학교의 실체가 자신이 생각했던 것과는 너무도 다르다는 것을 깨달았다. 연극학교의 교육은 압박과 강요에 의한 교육이었고 다른 학생들과도 좁힐 수 없는 관점의 차이를 느꼈다. 결국, 소피는 6개월 만에 연극학교를 떠나게 된다.

하지만 학교를 떠났다고 해서 그녀의 꿈이 사라진 것은 아니다. 소피는 레크레이션 강사로 일하면서 연극무대를 조직하기도 하고 얼마 전에는 실험공연을 위해 아프리카로 여행을 떠났다. 돌아오면 바로 전문레크레이션 강사로서 연극을 할 수 있도록 국가자격시험을 치를 것이라고 한다.

소피는 생-나제르 자주 고교에 대해 다음과 같이 회상한다.

「학교는 나의 개성을 억누르지 않는 곳, 그래서 내 자신과 내가 하고 있는 일을 믿을 수 있게 해주었던 곳입니다. 어떤 큰일을 결정할 때와 마찬가지로 청소, 요리, 비서 등의 학교 일상에 참여하는 것이 내 자신이 학교의 구성원이라는 특별한 감정을 느끼게 해주었던 순간이었습니다. 다만 생-나제르 학교는 때때로 우리들에게 너무나도 안전한 곳이어서 혹시라도 그곳에서 나오게 되었을 때 우리는 고치 없는 번데기와 같은 신세가 될 수도 있을 것 같습니다.

모두가 거기에 도달하는 것은 아니지만, 어쨌든 자신 안에 있는 꿈을 믿도록 해주고, 자신을 표현하게 해주고, '나'를 자유롭게 말할 수 있게 해주는 곳, 그곳이 바로 생-나제르 자주 고교입니다.」

감사합니다.

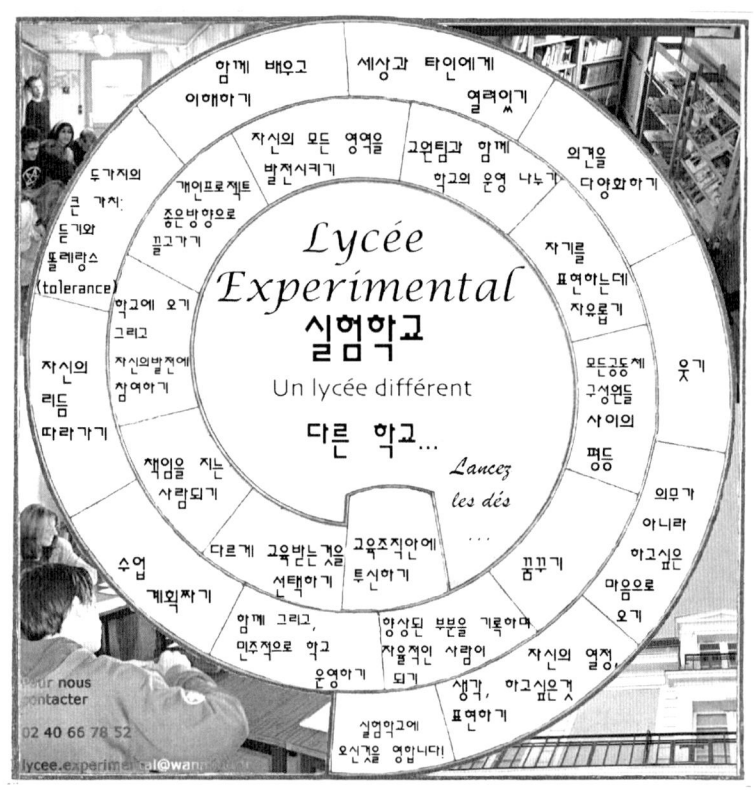

/ 생-나제르 자주고교 학생작품

Lycée expérimental
(실 험 학 교)

Lycée pas expérimental
(일 반 학 교)

/ 생-나제르 자주고교 학생작품

제3부 마침 그리고 새로운 시작

제6장 나의 교육일기

| 나의 교육일기 |

올리비에 프랑콤

 전통노동자와 소상인의 가정에서 태어난 나는 애초부터 교육자적 배경과 관계가 없었다. 뿐만 아니라 전공으로 교육과는 아주 거리가 먼 건축공학분야를 선택했었다. 2년간의 예비과정을 마친 후 나는 국립건축학교(그랑제꼴)에 합격했다. 그러나 건축기사 양성교육 첫해가 끝나갈 즈음 공부를 중단했고 앙세(Ensais)를 떠나 교육의 공적 기능을 습득하기 위해 보베(Beauvais)에 있는 우아즈(Oise) 고등사범학교에 입학했다. 프레네 운동과의 만남은 기다렸던 것만큼 갑자기 이루어졌다. 지금 보았을 때 내 학업은 성공적이라고 할 수 있지만, 그것이 학창시절 동안 내가 학교공부를 좋아해서라고 말할 수는 없다. 이 때문에 나는 기존의 학교와는 '다른' 학교가 가능하다는 특별한 확신을 가질 수 있었다.

나는 17세부터 방학이 되면 여름학교의 교사로 일했다. 이 덕분에 나는 젊은이들 곁에서 일할 수 있었으며, 방학을 지혜롭게 보낼 수 있었다. 이후에 나는 여름학교의 책임자가 되었고, 얼마 뒤에는 여름학교의 교사 교육자, 이후에는 여름학교 책임자의 교육자가 되었다.

고등사범학교에 입학한지 얼마 되지 않은 10월 어느 저녁, 동료 한명이 우리를 이레네라는 친구 집에서 열린 프레네 모임에 데리고 갔다. 그녀는 보베 근처에 있는 작은 시골 마을에서 초등학교 1학년을 맡고 있었다. 전직 농부였던 그녀는 아주 부드러우면서도 커다란 두 손을 가지고 있었으며, 아이들 문제에 대해서 내가 보기에는 순진하면서도 예민한 접근을 하고 있었다. 그녀는 사물을 어떻게 보는지 우리에게 물었다. 그리고는 다양한 인종이 섞여 있고 삶이 고단했던 한 작은 마을, 사는 기쁨을 발산하고 있는 그녀의 교실에서 실천하고 있었던 '자연스러운' 방식을 우리에게 제시할 뿐이었다. 나는 곧 아이들에게 던지는 시선의 보편성에 설득되었다. 얼마 후, 이 시선이 '아이들을 교육 시스템의 중심에 놓기 위한' 것임을 알았을 때, 나는 이제야 학교, 즉 공교육이 중세의 암흑에서 벗어나 교육의 현대적 상(像)에 접근하고 있다고 생각했다.

고등사범학교를 졸업하고 2년이 지나서 내가 속해있었던 우아즈 지역 프레네 모임은 남부 이탈리아로 연수를 떠날 수 있는 행정적인 승인을 받았다. 주로 방학 동안에 이루어졌던 이 연수는 "학습부진"에 대한 우리들의 접근방식을 국제적 차원에서 대조해 보기 위한 것이었다. 나에게는 이것이 프레네 이념을 실천하는 외국의 지역단체들과 연계한 최초의 만남이었다. 나는 이 첫 번째 여행 덕분에 아주 다른 지역 현실들을 대면함으로써 (기존의) 교육적인 담론을 면밀하게 검토할 수 있다는 것을 알았고, 국가를 넘어선 교육적 교류들이 이득이 될 수 있다는 것을 납득하게 되었다.

그 후 나는 이 세계를 떠나본 적이 없으며 내가 막연하게 했던 선택, 즉 전통적인 학교와 다른 학교에 대한 선택, 사회에 대한 또 다른 구상에 대한 선택을 더욱 확고히 했다. 그것은 자유, 평등, 박애라는 사회 고유의 가치들과 더욱더 조화를 이루는 것이다.

프레네 교육에 입문한다는 것은 질문과 연구를 그치지 않는다는 것이며, 아마도 이 때문에 나는 2000년 1월에 인류학 박사학위 논문을 마칠 수 있었을 것이다. 고등사범학교를 졸업한 후 내가 처음으로 부임한 첫 학급이 이 논문의 주요 연구영역이었다.

현재 나는 프레네 운동과 관련된 다양한 활동과 분야에 관여하고 있다.

- 지역교육회보 '쉬르 라 브레쉬(Sur la brèche)'의 발행인이며, 전국 규모의 프레네 운동 잡지 '새로운 교육자(Le nouvel Educateur)'의 몇몇 란에 참여하고 있는데, 내가 속해 있는 피카르드(Picarde) 지역팀이 2년간 이 잡지의 편찬을 맡고 있다.

- 나는 10년도 넘게 ICEM 국제부에서 일하고 있는데, 특히 콜롬비아와의 국제관계에 책임을 맡고 있다. (2004년 발표한 논문은 라틴아메

리카의 프레네 네트워크 형성에 대한 것이었다.) 최근에 나는 유럽지역 국제부 책임자로 일하고 있고, 티드 호젤(Thyde Rosell)은 나머지 지역을 맡고 있다.

- 나는 학교에서 실험적 모색과 과학적 실천과 관련된 교사교육 프로그램에 정규적으로 참여하고 있다. (이를 위해 글을 모르는 아이들이 사용할 수 있는 각성 카드와 과학실험카드를 구상해 만들기도 했다.)

내 생각으로 프레네 운동은 교육계에서 교사를 위한, 교사에 의한 교사교육이 가능한 유일한 대안적 제도다. 즉 교사가 한 걸음 더 나아가기 위하여 다른 교사들과 교류하고 싶을 때, 자신이 무엇을 하고 있는지 이해하고 싶을 때, 자신의 실천에 대해 성찰하고 자신의 직관을 강화하고자 할 때, 오직 프레네 운동만이 위계질서의 테두리 밖에서 모두가 접근할 수 있는 실제로 열린 공간을 제공해준다. 이것은 대화와 새로운 착상들을 환영하는 공간이며 개혁적인 실천들과 시도들과 모색들을 찾는 곳이다. 게다가 이것은 - 교육자에게 - 최초의 여과기, 실천적이며 철학적인 여과기의 역할을 하는 공간이다. 즉, 폐쇄적인 과목구분, 교조적인 주입식 교육, 기성품식 교육, 꾸민 듯한 인위적 자세, 위계적 명령 등등이 아닌 진정한 교육적 문제를 제기할 가능성을 가지고, 닫혀있기 때문에 스스로에게 문제를 제기할 능력이 없는 제도교육의 틀 밖에서 일하는 것을 받아들이는 것이다.

3년 전부터 나는 교육조정자로서 교사양성대학연구소에서 일하고 있다. 이것은 교사 교육에 참여함으로써 내 직업적인 활동에 스스로 새로운 방향을 부여한 것이다. 유치원교사, 교사, 교수의 위치와 역할은 좀처럼 주목받지 못한다. 다른 곳에서는 보기 힘들게 그들은 항상 복합적인 역할을 수행하고 있다. 즉, 개인교사, 문화의 안내인, 교육자, 육성자, 사회적 동반자, 기준이 되는 어른, 교육적인 개입자, 상담자, 중재인, 견습 지도자 등등. 그리고 이 업무의 복합성은 또한, 이들과 함께 활동해야 하는 사람들의 다양성에 의해 강화된다. 즉, 아이들, 형제자매, 부모들, 보모들, 교육자들, 지방의원들, 행정가들, 여름학교 선생님들, 의사들, 다양한 전문가들, 교육기관의 대표자들, 법조계의 사람들, 심지어는 상인들(물건구입, 과외 활동)이나 행정관계자, 각종 사회단체 사람들이 다 포함된다.

프레네 운동 내에서 교사들 사이의 협동구조는 다양한 교사교육 활동으로 이루어지는데, 이는 다른 곳에서는 아예 존재하지 않거나 혹은 존재한다고 해도 이 정도의 질을 갖춘 교육이 교사들에게 제공되지는 않는다. 게다가, 이렇게 제공되는 교육은 개개인에게 맞춰서 항상 새롭게 제시되며, 이런 양상은 - 뒤에는 알게 되겠지만 - 좋은 효과를 발휘한다.

프레네 교육을 실천한다는 것은 또한, 정치적인 참여를 뜻하며, 지역사회와 지역공동체의 운영에 가담한다는 것이다. 나의 사회생활 내내 이 참여는 다양한 형태를 취했다. 아이들의 여름학교와 여가지도, 그리고 젊은이들과 청소년 및 어려움이 있는 대중들의 사회화에 개입한 것이 그것이다. 이처럼 나는 그레타(GRETA)라는 교육단체의 방중 교사로 일했는데, 여기서 나는 차이가 많은 특별한 대중들, 즉 비행청소년, 여성

수형자, 젊은 신체장애인 등을 담당하는 그룹 내부에서 일했다. 이때 우리의 소명은 우리에게 맡겨진 사람들이 사회적으로 직업적으로 적응할 수 있도록 도와주는 것이었다.

이 시기에는 나는 많은 프레네 운동 단체들의 열성적인 회원이었다. 즉 내가 그만둘 당시 16명의 상근직원이 있었던 한 환경단체에서, 그리고 지역적인 그리고 전국적인 가족단체들에서, 나는 처음에는 총무로 나중에는 회장으로 활동했다. 내가 아직도 회장을 맡고 있는 휴머니즘적이며 상부상조 목적의 단체, '입문과 교육'은 개개인들과 단체들이 프로젝트를 만들고 이를 실현시킬 수 있도록 도와주는 곳이다.

일 년 전부터 나는 ICEM 이사회의 임원이 되었고, 이 때문에 '프랑스에서 벌어지는' 프레네 운동의 전국적인 상태를 보다 잘 이해하며, 여기에 참여할 수 있게 되었다. 이런 모든 활동들은 나로 하여금 활동가로서 그리고 단체의 회원으로서 프레네 정신을 실현할 수 있도록 나를 끌어주고 있으며, 사회참여활동에 새로운 단계를 제시해 주고 있다.

2006년 3월 아미앙(Amiens)에서
올리비에 프랑콤

두 번째

프레네학교 이야기

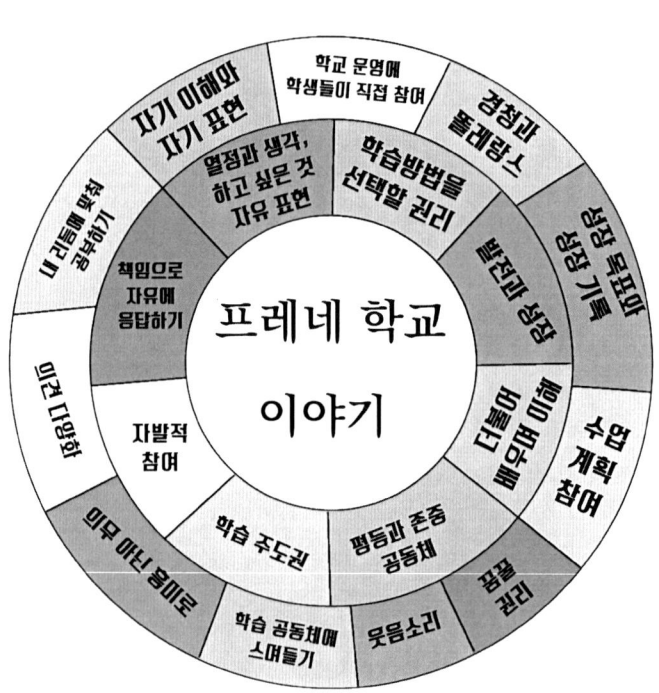

「두 번째 프레네 학교 이야기」를 발행하며

민주주의가 가장 큰 치유제

「두 번째 프레네 학교 이야기」를 재발행 할 수 있다는 사실이 감격스럽습니다. 첫 번째 이야기에 이어 두 번째 이야기도 새로 인쇄를 할 수 있다는 사실이 놀랍습니다. 프레네 교육에 대한 관심과 연수가 점차 확대되어 가면서 많은 분들이 이 조그만 책을 찾아주시는 것에 대해 깊이 감사를 드리는 바입니다.

대안학교를 운영하고 상처받은 아이들을 치유하는 작업을 하면서 무엇이 가장 큰 변화를 일으키는 요소인가를 끊임없이 고민하면서 그 답을 찾고자 노력하고 있습니다. 그러는 와중에 제가 깨달은 것은 가장 큰 치유제는 바로 민주주의라는 사실입니다. 익명의 아이들, 존재감을 잃은 아이들, 또래 관계에서 상처를 받은 아이들, 교사에게 상처받은 아이들, 교육제도에 상처받은 아이들 모두에게 우리 교실과 학교 그리고 제도의 민주주의가 가장 좋은 치유제라는 말씀입니다. 참여에 기반하여 소통을 통해 함께 만들어 가고, 평화적이고 민주적인 방식으로 교실과 학교를 운영하고자 노력하는 것이 아이들을 변화시키는 계기가 되는 것을 보면서 깨달은 것입니다.

너무 당연한 이야기이고 다 아는 이야기라 쑥스럽지만 그것은 매우 정직한 진실입니다. 프레네 교육학이 갖고 있는 자발적 민주성과 협동성이 학교의 민주주의를 정착시키는데 큰 역할을 할 수 있는 길이라는 것도 진실입니다. 그렇지만 우리는 이미 다 알고 있는 이 당연한 이야기에 귀 기울이기보다는 무언가 교실을 뒤바꿀, 학교를 변화시킬 마술적 방법이 있지 않을까 하는 생각에 현혹당해 오지 않았나하는 생각이 듭니다.

시간의 흐름과 사람들의 변화에 따라 교실의 변화도 자연스럽게 혹은 인위적으로 크든 작든 일어나고 있습니다. 외부의 환경과 정책의 변화가 함께 일어나고 있는 이 시점에서 그래도 변치 않아야 할 출발점이 있다면 그것은 바로 민주적 운영이 아닐까 생각합니다. 그런 점에서 먼저 발행한 「첫 번째 프레네 학교 이야기」에 이어 이 책 역시 한국의 교실과 학교에 작은 변화를 가져다주기를 희망합니다. 출발점이 다르면 달리기를 다시 시작해야하듯이, 우리 모두가 시간의 제한이 있다는 사실을 유념해야 할 오늘날 좋은 출발점에서 시작해야 한다는 것은 참 중요한 시사점이 아닌가 생각됩니다.

이 책을 발행하기 위해 함께 노력해 주신 모든 동료들에게 감사의 말씀을 전합니다. 두 번째 책이 나오도록 수고해 주신 김세희 선생님을 비롯한 별의친구들 별 지기들과 출판사 업무를 지속해서 맡아준 고현아, 권경아 선생님께도 감사드립니다. 클럽 프레네의 모든 선생님들께도 감사드립니다. 프랑스의 동료들에게도 감사드립니다. 그리고 시간 앞에 감사드리고 도서출판 별이 있다는 사실에도 감사드립니다.

2010. 12. 20.
별의친구들 교장
김 현 수

발간사

"머리로 하는 대안교육에서
몸으로 실천하는 대안교육으로 나아가기"
- 별의친구들 5주년 기념과 제2회 프레네 교육연수 -

우리가 말로 외치던 대안의 껍질을 열고 깊숙이 들어가 보고자 하는 계기로 별의친구들 5주년 행사를 준비, 개최하고 있습니다. 그리고 그 중 하나로 2005년에 개최하였던 '한국-프랑스 프레네 국제연대 세미나'를 올해 다시 개최하였습니다. "준비된 교사는 어떻게 만들어지는가"라는 주제로 공개 대토론회를 열었고 "학생의 동기를 강화하는 프레네 교육"이라는 주제로 나흘 동안 집중연수를 진행하였습니다. 연수의 성공과 실패를 떠나서 이 과정을 통하여 저는 여러 가지 깨우침을 얻게 되었습니다. 그 중요한 몇 가지 깨우침을 밝히는 것으로 여는 글을 시작하겠습니다.

첫 번째 깨우침 : 대안의 대안은 민주주의이다

　대안적 학교 혹은 대안적 교육공간이 발전해간다고 하는 것은 그 공간에 참여하는 사람들의 관계가 발전해가는 것을 뜻하는데, 그 형식을 다른 말로 하면 민주적 관계의 발전이라고 할 수 있습니다. 대안적 교육공간과 전통적 혹은 전체주의적 교육공간의 가장 큰 차이는 바로 민주주의의 실현 정도에 있지 않을까 생각합니다. 별의친구들의 지난 5년을 곰곰이 생각해봅니다. 우리가 관계 지향적이며, 민주적이며, 더 깊은 소통을 향해 상향이동했는지, 또 그런 관계를 담을 형식의 토대를 구축하며 원활한 소통을 확장했는지에 관해 물었을 때, 지난 2년간의 학생회 프로젝트와 학부모 아카데미, 월요 정기 교사회의 등이 떠오릅니다. 조금 진전이 있는 듯합니다. 하지만 우리는 민주적 관계를 더 확대해야 하며 실질적 권한을 공유해야 합니다. 학생회 혹은 학생의 권한이 확장되는 체계를 개발하기 위하여 더욱 노력을 기울이어야 할 것입니다. 왜냐하면 우리가 대안적 사회의 지향으로 제시할 민주주의를 우리들의 학교에서 경험하지 못한다면, 많은 아이들이 우리와 같이 민주주의를 머리로만 알게 될 것이기 때문입니다. 민주주의를 멋지게 가르치는 일보다 중요한 일은, 현재 우리 자신이 아이들과 민주적으로 지내기 위한 실천을 행동으로 옮기는 것에 있다는 장 노엘 선생님의 말은 참으로 옳은 말입니다.

두 번째 깨우침 : 교사 자신이 아닌 학생의 욕구로부터 출발하기

그 어떤 대안학교의 교사도 스스로를 권력자로 세우려 들지 않을 것이며, 자신의 몸 안에 배어있는 권위적 교사상을 털어내기 위하여 피나는 노력을 할 것입니다. 하지만 우리가 학생들을 가르치려 드는 순간, '나는 너보다 아는 것이 많고 더 올바르게 행동할 수 있다'라는 전제가 몸에 스며들어 순간 권력자가 되어버리고 맙니다. 프레네는 이에 대해 이렇게 말했습니다. "아이와 어른의 차이는 더 오래 살았다는 차이 외에 아무것도 보증할 것이 없다. 지식이 많다는 것이 사실을 더 제대로 아는 것을 말하는 것도 아니고, 어른이 아이보다 항상 더 올바르다는 것을 입증할 수 있는 것도 아니다" 우리 자신뿐 아니라 주변 대안학교의 많은 선생님들과 이야기를 나누면서 받는 느낌은, 우리는 여전히 자신으로부터 배움의 공급원을 찾아내려 하고 자신이 길어오는 샘물을 먹이려 해왔다는 것입니다. 아무리 좋은 것이라 하더라도 받고자 하는 사람이 원치 않으면, 또 받는 사람에게 필요한 것이 아니라면 그것을 좋은 것이라 할 수 없습니다. 우리는 아이들에게 어떻게 새로운 배움이 일어나는지에 대하여 더 새롭게 연구할 필요가 있고, 그 방식만이 대안교육을 살아있게 할 것입니다. 막대한 예산을 거머쥔 국가의 교육개발자들과 교육연구자들이 만들어 낸 교육내용들과 경쟁할 이유도 없지만, 배움의 형식에 대한 새로운 이해 없이 교육의 내용에 대해 집착하는 것은 그들과 경쟁하는 셈이 되어버릴 뿐입니다. 어려운 수학을 쉽고 재미있게 가르치기 위해 교재를 개발하는 일도 중요하겠지만, 우리는 수학이 왜 필요한지에 대해 의문을 갖고 그 의미를 찾아가기 위한 사유를 시작하고 수학적 노동을 경험하는 것에서 더 큰 의의를 찾을 수 있다는 것이 한 예가 될 것 같습니다. 07년도 처음으로 별학교에서는 학기 내 학생 프로젝트 수업을 학생들이 선정한 주제만으로 진행하였습니다. 물론 교사들이 프로젝트 주제를 제안할 수 있었지만, 학생들이 더 자주적으로 될 수 있도록 최대한 학생들의 욕구를 반영하고자 했던 것입니다. 학생들의 욕구에 기초한다는 것에 대한 두려움은 서서히 사라지고 있습니다. 하지만 학생들을 더욱 더 신뢰하고 그들의 학습 열망을 함께 따라가며 의미를 함께 생산하는 일은, 준비한 수업을 그대로 수행하는 것보다 교사에게는 훨씬 더 익숙하지 않은 일이 틀림없습니다.

세 번째 깨우침 : 머리보다 몸이 중요하다

머리가 기억하는 것은 잊기 쉬우며, 또 말만 앞세우기 십상입니다. 하지만 몸에 밴 것은 쉽게 변치 않고 또 앞서나가지 않습니다. 외운 것은 사라지기 쉽지만, 몸에 익힌 것은 좀처럼 잊기 어렵습니다. 마치 자전거 타는 법을 잊지 않는 것과 마찬가지로 말입니다. 프레네 연수를 주도하신 선생님들께서는, 낯선 한국 사람들에게 많은 이론적 강의를 하면서 연수를 진행하실 수도 있었을 것입니다. 하지만 그들이 이론적인 강의를 줄이고 프레네식 수업을 직접 함께 경험하도록 한 것은 우리의 몸을 위한 것이었습니다. 프레네식 수업을 몸소 체험하면서 우리는 프레네 교육을 들어서 안 것이 아니라 참여하여 몸으로 익히게 되었습니다. 아마도 피곤한 그들에게는 이론과 강의를 하는 것이 더 쉬울 수도 있었을 것입니다. 적어도 돌발상황은 생기지 않을 테니까 말입니다. 프레네 교육의 신조처럼 그들은 '각성한 머리보다 숙달된 손이 때로는 더 낫다'라는 방식으로 우리들의 몸과 손을 움직이게 하였습니다. 한편으로 그들 역시 낯선 동양인들과 직접적인 몸 부딪힘을 통해, 다른 문화권의 사람들이 프레네를 배울 때 어떤 방식으로 접근하고 반응이 나오는지에 대하여 익혔을 것입니다.

우리는 오랫동안 경험보다 이론을 중시하는 교육을 받아 왔습니다. 우리들의 영어교육은 그런 점에서 악명이 높습니다. 6년 동안 중고등학교에서 영어를 배우지만 영어에 대하여 여전히 언어장애인이기 때문이지요. 그러다 보니 우리는 경험하지 않고도 많은 것을 알 수 있다는 인식론적 오류를 여전히 반복하고 있으며, 아이들에게도 '일단 배우고 난 뒤 기회가 되면 경험하자'는 방식을 따르게 합니다. 별학교에는 현재 일주일에 세 번 이상 학생들이 배움을 얻고자 삶의 현장으로 나갑니다. 합기도장, 요가 수련장, 도예 사업장, 제과학원, 천연 염색장, 노인복지관, 청소년 수련관, 대학교 운동장, 각종 인턴십 현장과 다양한 현장학습장 등으로 나가서 체험하고 각종 공예 시간을 통해 생활에 필요한 물품들을 직접 만들어 보기도 합니다. 그리고 그 의미들을 새기며 이런 교육을 몸으로 익히는 배움의 기회가 되기를 바라고 있습니다.

네 번째 깨우침 : 전제 없는 배움의 장이 갖는 위력

프레네 교육의 특징 중 하나는 전제 없는 배움의 시간입니다. 어른의 전제 없이, 아이들만의 질문을 고조시켜 배움으로 나가도록 운영하는 시간을 통하여 무에서 유를 만들어 내는 학습법을 지향하고, 또 그 전제 없는 시작을 통해 각자의 작업을 새로운 전제로 갖게 하는 접근을 통하여 학생들 자신의 지식이 스스로의 힘으로 쌓여가게 합니다. 이번 연수도 마찬가지였는데 생전 처음 보는 사람들끼리 모여서 연수를 시작한 첫날의 질문은 "이렇게 모였는데 무엇을 할까요?"라는 것이었습니다. 저희가 기획한 시간표를 무시하고(?) 그들은 모인 사람들과 함께 수업을 조직해 가기로 하고 "전제 없이 이야기를 나누며 함께 새로운 시간표를 만들어 보자"라고 하였습니다. 첫날 한 것이라고는 이렇게 시간표를 만들고 역할 정하기를 한 것 외에는 없었습니다. 아마 전통적인 한국식 연수 (강의-질문-분임토의 아니면 순전히 강의)에 익숙하신 분들은 당황스러울 뿐 아니라 화도 나고 돈이 아깝다고 생각하셨을 수도 있습니다. 그렇지만 그렇게 함께 토의하고 작업해서 결국에는 신문을 발행하고 이렇게 책자도 발간하게 되었으며, 참여하신 분들은 각자의 경험을 통해 목표를 달성하고 헤어지게 되었습니다.

프레네는 '시도하는 모색'이라는 접근법을 통하여 배움이 일어나는 방식과 협동에 기초하여 공동의 작업을 해나가는 방식에 대한 성공적 경험이 많았던 것으로 생각됩니다. 다시 말해 그는 사람들이 특별한 전제 없이 함께 모여서도 협동이라는 방식을 통해 각자가 배우고 집단이 함께 성취하는 배움의 과정을 만들어 낼 수 있다는 것에 확신이 있었고, 그 방식이 특정한 전제를 통하여 배제되는 관계를 만들어 내지 않을 수 있다고 생각했던 것입니다. 이것은 특정한 전제에 익숙해 있고 일방적으로 이끌어지는 수동적인 모임이 편한 사람들에게는 고역이 될 수도 있습니다. 우리는 무에서 유를 만드는 것에 익숙하지 않습니다. 우리는 오랫동안 사대주의적, 식민주의적 속성에 찌들어서 우리 자신으로부터의 생산되는 지혜나 지식에 대하여 움츠려 있었습니다. 학문적 권위와 당위적 전제들로 인하여 스스로의 질문으로부터 출발하고 자신의 경험을 통하여 진실을 헤쳐 가는 과정이 결핍되어 있었습니다. 이것은 아이들도 마찬가지입니다. 개인 없는 다수의 아이가 정답이라는 획일적 지식에 얽매여서 참고서에 따라 정해진 대로 하는 법외에는 익숙하지 않습니다. 별학교에서 시도하는 모색들이 교사나 학생에게 어렵긴 마찬가지입니다. 하지만 이런 모색들은 꾸준히 시도되어야만 하는 시간입니다. 우리는 스스로 살아가야 하니까 말입니다.

이번 연수는 이런 점에서 저와 별의친구들, 참여자들, 또한 관심을 기울여 준 많은 분께 새로운 깨우침과 도전, 시도를 낳았을 것이라고 생각이 됩니다.

세월이 지나면서 대안교육의 공간들도 진화·진보하고, 다양화되고 분화하며 또 후퇴하고, 다른 길로 가고 목표를 수정하기도 합니다. 5주년을 맞이한 별의친구들 별이 어떤 길로 가고 있는지 안에 있는 우리가 제대로 알기란 쉽지 않습니다. 하지만 우리는 쉬운 단 하나의 길을 택하지 않을 것이고, 쉬운 유행의 물결을 따라가지도 않을 것이며, 쉽게 목표를 수정하지도 않을 것이고, 또 쉽게 대형화를 추구하지도 않을 것이며, 쉽게 정해진 길이 있다고 믿지 않을 것입니다. 프레네의 친구들이 말한 것처럼, 또 아르바이트니 학교의 크리스가 말한 것처럼, 또 매년 너무 많은 아이가 각자의 목소리를 내는 것처럼, 또 우리를 둘러싼 많은 시도적 모색을 하는 동료, 동지들이 그랬던 것처럼, 우리는 함께 만들어 가고 만들어지고 전제 없는 공동의 길을 협동에 기초해 나아갈 것입니다. 아직 멀고 멀었지만, 우리가 지금까지 경험한 것만이라도 우리 몸에 익숙해져 있기를 바랍니다.

 이 행사와 연수가 진행되기까지 함께한 많은 분께 감사의 말씀을 전합니다. 프랑스에서 오신 올리비에 프랑콤과 장 노엘에게 깊이 감사드리고 송순재, 안승문 선생님과 더불어 대토론회에 참석해 주신 홍세화, 서길원, 유승준, 이철국, 차용복, 김정은영 선생님께도 감사드립니다. 대안교육센터와 대안교육연대, 교육사랑방 선생님들께도 감사드리며, 바쁘신 일정에도 멋진 통역을 해주신 이수원 선생님께도 진심으로 감사드립니다. 관심을 갖고 참여해 주신 전교조 선생님들과 국어교사모임 선생님들께도 감사드리고, 현장방문을 허락해 주신 서울시립 정보문화센터 미디어 스쿨 스스로넷과 신림초등학교 이헌 선생님, 마리학교 선생님들께도 감사드립니다. 삼성고른기회장학재단과 인천 사랑병원의 협찬과 한겨레신문사의 후원에도 감사드립니다.

 그리고 무엇보다도 이런 국제행사를 두 번이나 훌륭하게 치러 내주신 별학교 식구들 모두에게 감사드리고 특히 주춧돌 역할을 해주신 이슬기 선생님과 김세희 선생님께 감사드립니다. 연수 중 뒤늦은 귀가를 인내해 준 제 아내와 자녀들에게도 감사드립니다.

2007년 8월 5일
별의친구들 교장
김 현 수

제1부 프레네 교육연수

제1장 들리지 않는 목소리를 듣는 교사
제2장 성공한 것을 빛나게 하는 교사
제3장 결정하지 않는 교사
제4장 통념을 뒤흔드는 교사

제 1 장 _ 들리지 않는 목소리를 듣는 교사

| 들리지 않는 목소리를 듣는 교사 |

김현수 환영합니다. 두 번째 프레네 교육연수를 시작하겠습니다. 2005년에 이어 이번 교육연수는 별의친구들 개교 5주년을 기념하는 행사의 일원으로 준비하게 되었습니다. 참석요청이 많아서 정원을 선착순 삼십 명까지 제한했다가 사십 명으로 늘렸습니다. 불편을 드려서 죄송합니다. 연수일정표가 나와 있긴 하지만, 이대로 진행이 되는지 여부에 대해서는 여기에 계신 선생님들께서 여러분과 함께 결정하실 겁니다. 이번 행사는 나흘 동안의 집중연수와 하루의 대토론회로 구성되어 있습니다. 부디 여러분 모두에게 새로운 경험과 좋은 배움의 시간이 되길 바랍니다. 연수기간 동안 열리는 활동과 작업에 적극적으로 참여해야만 살아있는 연수가 될 수 있습니다. 듣는 연수가 아니라 참여하는 연수가 되도록 함께 해 주세요. 철학을 배우든 기술을 배우든 교사의 역할을 배우든 이 시간에는 분명 많은 일들이 일어날 것이라고 기대합니다. 꾸준히 잘 참여하셔서 좋은 결과를 얻으시길 바랍니다.

그럼 제 임무는 이것으로 마치고 이제부터 모든 진행을 올리비에와 장 노엘 선생님 두 분께 넘기도록 하겠습니다.

올리비에 안녕하세요, 많은 분이 모이셨는데 잠깐 각자를 소개하는 시간을 갖도록 하겠습니다. 성함과 소속 학교, 담당 학년 등에 대해 간략하게 소개해 주십시오.

- 참여자 소개 -

장 노엘 안녕하세요, 장 노엘 에반입니다. 저는 프랑스의 한 특수한 학교에서 일하고 있습니다. 저희 학교를 특수하다고 말씀드린 이유는 학교정책, 조직, 운영, 예산, 그리고 학습활동의 내용과 형식 등 모든 것을 학생들과 교육팀 구성원들이 함께 의논해서 결정하는 학교이기 때문입니다.

올리비에 올리비에 프랑콤입니다. 약 20년 동안 초등학교와 유치원에서 5세부터 12세까지의 아동들과 함께 생활했고 특수교육을 담당하기도 했습니다. 현재는 아미앙(Amiens)에 있는 교사양성대학에서 일하고 있습니다. 이곳은 미래의 교사가 될 사람들을 양성하는 공교육 기관입니다. 더불어 저는 현대학교협회(ICEM)에서 국제부를 담당하고 있습니다. 프레네 운동은, '본질적으로 국제적'이라는 헌장에 따라 국제관계에 큰 비중을 두고 전 세계로 프레네 운동을 전파하기 위해 노력하고 있습니다. 이런 인연이 저를 이 자리에 오게 해 주었습니다. 올여름에도 현대학교협회에서 조직하는 국제 총회가 파리에서 열릴 예정입니다.

장 노엘 지금부터 우리가 하는 연수는 프레네 학급에서 하는 것과 똑같은 방식으로 진행될 것입니다. 우선 두 분의 기자가 필요합니다. 연수 동안 매일 각각의 활동이나 모임을 할 때마다 기자를 정할 것입니다. 기자의 역할이란, 그곳에서 어떤 일이 일어났는지, 어떻게 진행되었는지 그리고 누가 무슨 말을 하였는지 취재하고 기록하는 것입니다. 기자의 역할은 매우 중요합니다. 기록된 기사는 참가하지 않은 사람들에게는 정보를 주고 동시에 그룹 안의 협동 작업을 유도하는 도구가 될 것입니다. 모든 기사는 발표를 원칙으로 하는데, 여러분이 쓰신 기사를 취합하여 우리는 프레네 학급에서처럼 신문을 발행할 것입니다. 즉, '프레네 연수 신문 1호'가 되는 것입니다.

처음이라서 혼자서 하시기는 힘이 들 것으로 생각합니다. 그래서 이번 시간에는 두 분의 기자가 기록해 주셨으면 좋겠습니다. 누가 기자 역할을 해 주시겠습니까?

(기자선정)

신문을 만들기 위해서는 또한 작성된 기사를 모아서 편집하고 인쇄하는 코디네이션의 역할을 해 주실 분도 필요합니다. 연수를 주최하는 별의친구들에서 두 분의 교사가 코디네이터를 해 주시기로 하셨습니다. 저는 연수를 받으시는 분 중 한 분께서 여기에 함께 해 주셨으면 합니다. 누가 해 주시겠습니까?

원하는 분이 안 계시는데요, 전혀 어려운 것이 아니니 부담스러워 하지 않으셔도 됩니다. 간단하게 코디네이터의 역할에 대해 설명해 드리겠습니다. 활동마다 정해진 기자를 기억하고 기자에게 마감 날짜까지 기사를 보낼 수 있도록 알려 드리면 됩니다. 물론 모든 기사를 취합해서 신문을 만드는 일도 코디네이터의 역할입니다.

참여자 기자가 글을 쓰지 않고 태만한 모습을 보일 때 글을 쓰라고 하는 역할입니까?

장 노엘 보통은 잘 되기 때문에 그렇게까지 안 하셔도 되지만 가끔 잊어버리는 경우가 생길 때 상기시켜 드리면 됩니다. 시작하기 전에 먼저 기자를 정하는 이유는, 지금부터 진행되는 모든 것이 놓치지 않고 기자의 눈으로 보고 취재되어야 하기 때문입니다.

(코디네이터 선정)

하나. 무엇을 할 것인가

장 노엘 지금부터 우리는 함께 연수를 조직할 것입니다. 우리가 진행하는 것은 '협동학급'이며 '무엇을 할 것인가'가 가장 중요한 질문입니다. 여러분께서 사전설문지를 통해서 배우고 싶은 주제를 적어서 제출해 주셨고 주최 측에서 그것을 토대로 만든 일정표도 받아보았습니다. 이제부터 이것을 어떻게 조직할 것인가에 대해 논의하겠습니다.

여기에 계신 모든 분은 교육에 관심을 두고 있다는 공통점을 가지고 있습니다. 그러면 우리가 어떻게 교육을 조직할 것인가를 생각해야 합니다. 먼저 우리가 어떻게 배치되어 앉아있는지 살펴봅시다. 이것은 정확하게 일반학급에서 이루어지고 있는 형태입니다. 한 사람이 앞에서 이야기하고 다른 사람들은 입을 다문 채 열심히 받아쓰고 있습니다. 결론부터 말씀드리자면 프레네 학급에서는 절대 이렇게 앉지 않습니다.

배치와 관련해서는 잠시 후 다시 말씀드릴 기회가 있을 것으로 생각합니다. 어쨌든 오늘 우리는 프레네 학급을 이루고 있는 것이니 모든 것을 프레네 학급처럼 진행할 수 있도록 시도해 보겠습니다.

프레네 학급에서는 모든 사람이 함께 토론해서 조직합니다. 보통은 교사가 있고 이 교사는 가르쳐야 할 내용과 프로그램을 알고 있습니다. 그리고 학생들은 그것을 모르고 있습니다. 다만 학생들은, 우리가 함께 조직하고 배워야 한다는 것을 알고 있을 뿐입니다. 어떻게 배울지를 함께 정해가는 것입니다. 모든 활동에는 기자, 시간 관리자 그리고 회의주재자가 필요하다는 사실을 숙지하고 정해갑니다. 기자는 우리가 하는 활동을 외부의 비판적인 시각으로 바라볼 수 있게 해주기 때문에 필요하고, 시간 관리 역시 모든 활동은 정해진 시간을 초월해서는 안 되기 때문에 중요합니다.

일정표를 보면 여러분은 자유표현, 소통, 조직과 협동 그리고 자유협력학급에 대해 배우고 싶다는 관심을 표명해 주셨습니다. 하지만 우리는 이 테마만을 가지고 있을 뿐입니다. 이것을 모두 조직해야 합니다. 무엇을 할까요? 어떻게 할까요? 소통이란 기자를 선정하는 과정에서 이미 시작되었습니다. 조직과 협동도 마찬가지입니다. 왜냐하면, 우리는 결정을 위한 회의를 시작했기 때문입니다. 그러면 자유표현이 남았는데요, 무엇을 어떻게 하면 좋을까요? 자유표현에 대해서 어떤 것을 다루고 싶은지 말씀해 주시면 좋겠습니다. 이해를 돕기 위해서 자유로운 표현이라는 것을 학급에서 적용해 보신 경험이 있으신지, 자유표현이라고 했을 때 어떤 것이 떠오르는지 말씀해 주시면 도움이 될 것 같습니다.

참여자 저는 별학교에서 일하고 있는데요, 프레네를 알고부터 자유표현을 학급에 적용할 수 있는 여러 가지 실천을 해 보았습니다. 가장 많이 했던 것이 자유 글쓰기였고, 학생들이 몸으로 표현하는 것을 좋아해서 춤이나 뮤지컬 등을 할 때 자유로운 표현활동을 통해서 할 수 있도록 했었습니다. 다른 대안학교나 공교육 현장에서도 아이들의 자유로운 영혼을 표현하도록 유도하기 위한 다양한 방법을 실천하고 계실 것 같은데요, 그것을 말씀해 주시면 좋을 것 같습니다.

참여자 저는 미술 활동 시간에 재료나 색깔을 가지고 자유롭게 표현하도록 시도해 본 적이 있습니다.

장 노엘 여러분께서 자유표현을 배우고 싶다고 하셨을 때, 그것이 자유표현의 테크닉에 대한 것을 알고 싶어 하는 것인지 아니면 자유표현의 의미에 대한 것인지 궁금합니다.

참여자 이곳에는 프레네 연수에 이미 참여했던 분도 계시고 프레네 교육에 대해 사전 지식을 가지고 있는 분들도 계시지만 저는 연수 홍보를 보고 처음 '프레네'라는 것을 알았습니다. 그래서 지금 말씀하시는 자유표현이나 프레네 기술이라는 것이 매우 생소합니다. 그것이 무엇을 의미하는 것이며 그 종류에는 어떤 것이 있는지도 알지 못합니다. 좀 더 자세하게 설명해 주셨으면 좋겠습니다.

장 노엘 제가 잠깐 혼동을 했습니다. 여러분께서 작성하신 설문지를 보면 '교실에서 활용하고 싶은 프레네의 테크닉에는 어떤 것이 있는가?' 라는 질문이 있습니다. 그래서 저는 여러분께서 이미 자유표현이나 테크닉에 대해서 알고 계신다고 생각했습니다.

자유표현이란 무엇인가?

올리비에 그럼 처음부터 다시 시작하도록 하겠습니다. 처음 자기소개를 했던 이유는 단지 예의상의 문제만은 아니었습니다. 여기에 모이신 분들은 서로 모르는 분들이 많기 때문에 서로에 대해 아는 과정이 필요하고, 여러 사람 앞에서 자신을 표현하는 것이 필요했기 때문입니다. 또 저에게도 어떤 분들이 모이셨는지 알 필요가 있었기 때문입니다.

저와 장 노엘이 이번 연수에 대해 함께 준비했습니다. 준비했다고는 하지만 사실 진실은 아닙니다. 왜냐하면, 여러분을 모르는 상태에서 준비한다는 것이 불가능한 일이기 때문입니다. 저와 장 노엘이 다르듯이 강의와 연수도 차이가 있습니다. 강의는 미리 자료를 준비하고 연설을 통해 그것을 전달하면 되지만, 연수란 것은 구성원들의 적극적인 참여가 필요한 것이기 때문입니다. 그래서 그 구성원들의 요구를 제대로 알지 못하면 연수를 준비할 수 없는 것입니다. 별학교에서 한국의 여러 사정을 감안해서 중요한 주제를 몇 가지 뽑으셨는데, 이것만 보더라도 '자유표현'이 프레네 교육의 얼마나 큰 주제이며 중요한 비중을 차지하고 있는지 짐작하셨으리라고 생각합니다.

자유표현은 프레네 교육 안에서도 중요하지만 다른 학술자료나 연구 자료에서도 중요하게 다루어집니다. 그들은 모두 '표현'이라는 것은 결코 강요될 수 없고 자유롭게만 이루어질 수 있다는 것을 이야기하고 있습니다. 예를 들어 한 아이가 말을 하는 것은 결코 강요한다고 해서 배울 수 있는 것이 아닌 것과 마찬가지입니다. 자유표현은 학습에서도 중요할 뿐만 아니라 삶 자체에서도 매우 중요한 요소입니다. 자유표현은 삶의 테크닉이기도 하기 때문입니다. 자유표현으로 입문하는 과정은 여러 가지가 존재하며, 이것과 관련된 다양한 문제 제기도 가능합니다. 지금부터 이러한 다양한 입문 과정과 여러 문제를 가지고 오늘 연수를 조직하는 하나의 기제로 사용하도록 하겠습니다. 여러분은 모두 교육에 종사하고 계신 분들이며 다양한 기관에서 오셨기 때문에 풍부한 경험을 공유할 수 있을 것 같습니다. 자유표현에 관해서 어떤 식으로 연수를 진행했으면 하는지 원하는 사항을 나누어 주시기 바랍니다.

참여자 우선 프레네 학급에서는 자유표현을 어떻게 사용하는지 알고 싶습니다.

장 노엘 그 질문은 테크닉에 대해서 알고 싶다는 것인가요?

참여자 전체적입니다. 자유표현의 요점은 무엇이며, 실제 교실에 적용할 때는 어떤 방법을 사용하는지 등 자유표현에 대해 전체적으로 배울 수 있었으면 좋겠습니다.

장 노엘 질문을 둘로 나눌 수 있습니다. 하나는 자유표현을 어떻게 실천하는가의 문제인데 이것은 직접 해보면서 배울 수 있을 것 같습니다. 그리고 다른 하나는 자유표현은 왜 하는가 즉, 자유표현의 의의에 대한 성찰이라고 할 수 있겠습니다. 그럼 이렇게 두 가지로 나누어서 하는 것에 모두 동의하십니까?

참여자 시작하기에 앞서 우선 자유표현이란 것이 무엇인지 정확하게 알고 싶습니다. 억압된 표현의 반대로 자유표현을 의미하는 것인지도 모른다는 생각이 듭니다. 그런데 자유 글쓰기를 생각해 보면, 글을 자유롭게 쓸 수 있도록 하면서 실제로 내용에 대한 자유를 의미하고 있는 것 같습니다. 제가 알고 싶은 것은 활동에 대한 자유보다는 어떻게 일상에서 표현이 자유롭게 되는 것인가 하는 것입니다. 예를 들어서, 프레네 학급에서는 학생과 교사가 학습계획서나 수업시간표를 짤 때 어떻게 자유롭게 소통하는지 알고 싶습니다.

장 노엘 말씀하신, 학생이 교사와 자유롭게 소통하는 부분은 제가 드린 질문과는 차이가 있는 것입니다. 예를 들어서 교사가 학생과 소통을 하려면 – 자리에서 일어나 참여자 옆으로 가서 앉는다 – 이렇게 학생과 가까이 앉아야 하겠지요. 물론 이게 답이라는 것이 아니라 소통의 문제를 해결할 수 있는 답 중 하나라는 것입니다.

실제로 없애고, 머릿속에서도 지우기

참여자 이게 다인가요? 학생 옆에 앉는 것이 전부인가요?

장 노엘 이게 전부라면 너무 쉬운 답이겠죠? 프레네 교사가 학급을 운영할 때는 우선 단상을 치우고 마이크와 같이 교사의 전유물이 될 수 있는 모든 것들을 없앱니다. 이것을 실제로 없앨 뿐만 아니라 머릿속에서도 지워버립니다. 이것도 물론 시작에 불과합니다. 예를 들어서, 지금 저쪽에 앉으신 선생님께서는 저를 보고 계시지 않지요? 두 번째 단계는 모두가 모두를 볼 수 있도록 배치하는 것입니다. 선생님께서 제기하신 문제로 돌아가서 즉, 소통하기 위해서 중요한 것은 모두가 동등한 위치로 시작한다는 것입니다. 직접 몸으로 소통을 시작하는 것이지요. 이 단계가 선행되어야 토론으로 들어갈 수 있습니다.

지금 말씀하신 것은 프레네 교육에서 제기하고 있는 모든 문제를 함축한 것입니다. 왜냐하면, 프레네 교육에서는 나이가 어리다고 해서 그 학생의 정신이 성인과 다르다고 생각하지 않기 때문입니다. 즉 어린 학생들도 자기 삶에 대해서는 권한이 있고 힘이 있다는 것을 인정합니다. 따라서 성인, 즉 교사는 학생들이 자신의 삶에 있어 권한을 행사하도록 도와주는 역할을 하는 것입니다. 자유로운 표현, 소통, 자치회의, 공동작업, 조직화와 같은 모든 것들이 결국은 학생으로 하여금 자신의 삶을 조직하도록 도와주는 테크닉에 불과한 것입니다.

일단 학생이 교사에게 신뢰를 하게 되면 공동으로 하는 작업에 모두 참여하게 됩니다. 하지만 그 과정이 쉽지만은 않습니다. 교사들이 교사의 상징인 교탁을 없애기가 쉽지 않은 일이기 때문입니다. 마찬가지로 학생들로서는 또한 교사가 주는 강의를 그대로 받아적는 대신 적극적으로 배움의 내용을 만들어 가야만 한다는 사실이 쉽지 않은 일입니다. 그리고 타인의 말을 경청하고 나와 다름을 인정하고 서로 간의 차이를 좁혀나가면서 조직을 해야 하기도 쉽지 않습니다. 모두 시간이 필요한 작업들입니다. 단숨에 되지 않는 것이 당연합니다. 그래서 지금 하신 질문이 프레네 교육의 본질적인 문제를 건드리는 것입니다. 학생이 어떻게 자신의 삶을 관장하는 힘을 가질 수 있게 되는가, 어떻게 주도권을 가질 수 있는가? 라는 질문의 답은, '자유롭게 자신을 표현하고 자유롭게 소통을 하면서 이루어진다'라는 것입니다.

이런 틀 안에서 생각해 봅시다. 지금 여러분께서는 이 과정을 알아보기 위해서 이 자리에 참여하신 것으로 생각합니다. 그럼 여러분께서는 교사의 상징인 이 책상과 마이크를 없애기 위해서 어떻게 하실 건가요? 지금 여러분께서 맡고 계신 '경청하고 있는 학생의 역할'에서 어떻게 벗어나실 건가요? 오늘의 연수를 조직하기 위해 우리는 모두 어떤 작업을 어떻게 하길 원하시는가요?

참여자 모두 얼굴을 보고 이야기할 수 있도록 원으로 둘러앉으면 어떨까요?

장 노엘 아주 좋은 생각입니다. 그럼 그렇게 해볼까요?

(의자를 옮겨 모두 원으로 둘러앉는다. 장 노엘과 올리비에도 참여자들 사이사이에 앉는다.)

〈 소통은 몸으로 시작하는 것 〉

장 노엘 모든 게 해결된 것은 아니지만 일단 서로서로 볼 수 있게 되었습니다. 이제 자유표현에 대한 소통을 시작하겠습니다.

우리가 항상 고민하는 문제는 바로 '아동이 자유롭게 된다는 것은 어떻게 하면 가능한 것인가'라는 것입니다. 학습에서의 자유로움, 타인과의 관계 그리고 교사와 관계에서의 자유로움은 어떻게 획득할 수 있는 것인가에 관심이 많습니다. 이번 연수에서도 이 본질적인 문제를 항상 염두에 두고 접근하도록 하겠습니다.

프레네 교실의 일상

장 노엘 우선 프레네 테크닉에 대해 간략하게 설명해 드린 다음, 이번 연수에서 자유표현에 대해 무엇을 할지 결정하겠습니다. 그리고 나서 연수 나머지 날에는 또 무엇을 할 것인지 논의하는 시간을 갖겠습니다. 우리가 하고 싶어 하는 것들을 어떤 시간에, 어떤 방법으로 할지 조직하는 시간표를 짜는 작업입니다. 우리가 원하는 모든 것을 한꺼번에 할 수는 없기 때문입니다.

바로 이렇게 하는 것이 프레네 교육에서의 일상입니다. 함께 무엇을 할 것인가를 토론하고, 그것이 결정되면 어떻게 할 것인가를 논의합니다. 보통 주초에 동그랗게 모여 앉아 결정하고 다른 의견이 있는지, 희망 사항이 있는지, 추가하고 배분하고 조직하는 과정을 거칩니다. 학생들이 매주 시간표를 새로 짜는 것은 무리이기 때문에, 프레네 교육에서는 우리가 해야 할 것들을 어떻게 시간표에 맞추어 완수할 것인가에 중점을 맞춥니다. 하지만 시간표상에 문제가 있어서 잘 진행이 되지 않을 때에는 물론 시간표를 변경하게 됩니다.

프레네 교육의 테크닉에 대해서 간략하게 설명해 드리겠습니다. 우선 자유표현입니다. 자유표현이란, 학생이 자신을 자유롭게 표현하도록 하는 데 중점을 두는 것으로 일종의 카타르시스를 경험하도록 하는 것입니다. 즉 내부에 있는 모든 것을 다 밖으로 쏟아낼 수 있도록 함으로써 자기 정화를 유도합니다. 그것의 수단으로는 미술, 영화, 연극, 춤, 글쓰기 등 다양한 방식들이 존재합니다. 여기에서 우리는 다음과 같은 문제를 제기하게 됩니다. 자유표현은 어디에 소용이 되는가, 그리고 우리는 그것을 왜 하는가 하는 것입니다.

자유표현 외에 프레네 교육의 중요한 테크닉 중의 하나는 자치 회의입니다. 학급 회의나 학교 전체회의가 될 수도 있습니다. 회의의 시기는 합의에 따라 일주일에 1회, 2주에 1회 등으로 주기를 정할 수 있습니다. 이 회의에서는 그 주 동안에 있었던 모든 문제, 잘된 일은 물론 설명해 드린 일도 공유하고, 그다음 주에 무엇을 할 설명해 드린 합니다. 회의는 여러 가지 형태로 존재할 수 있으며 명칭 역시 다양하게 정할 수 있습니다. 어떤 회의가 되었든 중요한 것은, 교사의 발언권이 학생의 발언권보다 힘을 가지면 안 된다는 원칙을 지키는 것입니다. 그리고 매번 회의에는 꼭 완수해야 할 임무가 주어집니다. 바로 오늘 저녁 우리가 '연수시간표를 짜야' 하는 것처럼 말입니다.

프레네 교육의 또 다른 중요한 테크닉은 소통인데 신문제작, 서신 왕래 등을 통해 이루어집니다. 프레네는 '인간은 소통하는 동물'이라고 말했습니다. 인간의 특징은 말하는 것이고 표현하는 것이라고 할 수 있습니다. 표현을 '하는 것'과 표현을 '어떻게 하는가'는 매우 중요한 문제입니다. 프레네 학급에서는 다양한 수단을 써서 소통이 이루어지도록 하고 이 소통이 수업의 토대가 되도록 하고 있습니다.

참여자 저는 초등학교 2, 3, 4학년들을 담당하고 있습니다. 아이들에게 자유롭게 표현하고 소통할 수 있는 시간을 마련해주면, 아이들은 자신을 발산하는 것이 아니라 대개 멈춰있습니다. 이때 교사로서 어떻게 해야 하는지 의문이 듭니다. 아이들이 시작할 수 있도록 흥미로운 무언가를 던져줘야 하는 건지, 시간을 주고 조금 더 지켜봐야만 하는 건지 갈등을 겪게 됩니다. 이럴 경우 프레네 학급에서는 아이들이 자유롭게 표현하도록 하기 위해 어떻게 하는지 알고 싶습니다.

장 노엘 이것은 중요한 문제이며 지금 이 순간 우리가 겪고 있는 문제이기도 합니다. 자치 회의와 관련이 있는 부분인데요, 질문하신 선생님께서는 자치 회의에 대한 토론을 연수시간표에 넣어서 이 부분에 대해 본격적으로 이야기하길 원하십니까?

참여자 나쁘지 않다고 생각합니다. 여기 모인 우리는 이미 동기가 충만한 상태에서 왔음에도 모두 말하는 것을 두려워할 뿐만 아니라 대다수 침묵으로 일관하고 있습니다. 하물며 학급에는 동기부여조차 되지 않은 학생들이 있습니다. 이런 친구들의 참여를 유도하는 법을 알고 싶습니다.

장 노엘 그러면 지금 말씀하신 문제를 시간표에 넣도록 하겠습니다. 이런 종류의 난감한 상황을 경험해 보셨거나 여기에 대한 의견이 있으신 분은 이런 상황을 어떻게 타개할 수 있는지에 대해 미리 성찰을 해주셨으면 좋겠습니다.

지금까지 세 가지 테크닉에 대해 말씀드렸는데 프레네 교육에는 이것 외에도 굉장히 다양한 테크닉이 사용되고 있습니다. 시간제한 때문에 오늘 다 할 수 있을지 모르겠지만, 우선 또 다른 두 개의 테크닉에 대해서 올리비에가 설명을 해 드리겠습니다.

참여자 제안이 있습니다. 테크닉에 대해 일방적으로 설명하기보다는 실제 상황극을 해 보면 어떨까 싶습니다. 상황을 가정해 놓고 토론을 했으면 좋겠습니다.

장 노엘 벌써 그런 상황이 된 것 같습니다. 지금 우리는 회의를 하고 있고 오늘의 임무는 시간표를 제작하는 것입니다. 그런데 다른 제안이 나오고 있습니다. 그것이 좋은 사항이라고 했을 때 이것을 언제 다룰 것인가를 결정하는 것 등 지금 우리가 조직하고 있는 것이 바로 실제상황입니다.

올리비에 일요일 대토론회에서 제가 발표할 주제는 '프레네 교육에의 입문'입니다. 프레네 교육으로 입문하는 것은 다양한 길을 통해 가능합니다. 프랑스에서 똑같은 모습과 방식으로 운영되고 있는 프레네 학급은 하나도 없습니다. 그 이유는 교사를 비롯하여 아이들 각자의 감수성이 다 다르기 때문입니다.

지금 우리가 관심이 있는 부분은 어떻게 하면 프레네 교육을 제도적으로 실천할까 하는 겁니다. 물론 자유로운 표현을 통해 프레네 교육에 입문할 수 있습니다. 이것은 실천적이고 테크닉과 관련된 문제이며 그 테크닉이라는 것은 늘 그렇듯이 단순하고 간단한 것입니다. 테크닉을 알면 모든 것을 다 알 수 있다고 생각할 수가 있겠습니다.

프레네 교육으로 입문하는 또 다른 방식은 감수성이 있는 심리학이라고 할 수 있는데 아이들의 심리를 이해하면서 시작하는 것입니다. 이렇게 여러 가지 들어갈 수 있는 문이 존재하는데 어떻게 프레네 교육으로 입문할지는 각자가 정해야 합니다. 지금 말씀드린 여러 가지 테크닉 중에서 교사로서 나와 맞는 것 같다고 생각하는 것이 있으면 그것을 선택해서 들어가면 됩니다. 저는 모색적 시도를 통해서 프레네 교육을 실천하게 되었습니다. 거기에 대해서 말씀을 드리겠습니다.

모색적 시도는 아동의 감수성을 발달시키는 것을 목표로 하고 있습니다. 몬테소리는 '아동은 감각적인 인간이다'라고 말했습니다. 모색적 시도란, 아동에게 중요한 것은 자기 자신이 직접 경험을 하는 것이며 그것은 누구도 대신해 줄 수 없는 것임을 전제로 합니다. 그것은 아동이 개인적 여정 안에서 장애물을 만났을 때 스스로 극복해 내려고 다양한 실험을 하는 것을 의미합니다. 종종 우리는 학생이 동기부여가 되어있지 않다고 말하는데, 그것은 그 학생이 학교를 체험할 수 있도록 하는 경험과 기회가 부족하기 때문입니다.

또 다른 프레네의 테크닉 중 중요한 것은 개별화 작업입니다. 개별화 작업이란, 모든 아동이 같은 속도로, 동일한 순간에, 같은 수준의 학습을 할 수 없음을 인정하고 각각 아동의 상황에 맞게 학습하도록 도와주는 테크닉을 의미합니다. 프레네 학급에서는 이런 개별화 작업을 매우 중요시하며 많은 개별화 교구를 계발하고 있습니다. 이것은 또한 아이들의 자율성을 성장시키는 것이기도 합니다. 더욱 흥미로운 것은 아동이 자신에게 필요한 교구를 직접 만들 수도 있다는 것입니다.

장 노엘 시간이 되었습니다. 잠깐 휴식을 가진 후 8시 55분에 모여서 시간표에 대한 이야기를 계속하도록 하겠습니다.

둘. 어떻게 할 것인가?

장 노엘 지금 우리는 시간표를 짜는 과정에 있습니다. 지금까지 나온 이야기를 두 가지로 요약하면 '자유표현은 무엇인가'하는 것과 그것을 '어떻게 할 것이며 왜 하는 것인가'에 대한 문제가 제기되었습니다. 무엇을 할 것인가에 대한 부분은 아직 결정하지 않았습니다. 두 번째로는 우리가 지금 회의방식으로 둥그렇게 앉아있는데, 이것이 의미하는 것은 무엇이며, 왜 이렇게 했는지에 대해서 이야기를 나누었습니다. 덧붙여 말씀하실 것이 있으십니까?

참여자 교사로서 가르쳐주고 싶은 것과 아이들의 욕구가 충돌할 경우 프레네 학급에서는 아이들의 의견과 교사의 의견이 동등하게 취급되고 있습니까?

장 노엘 두 가지로 해석할 수 있습니다. 프레네 교육에서 성인과 아동의 관계가 전체적으로 어떻게 이루어지느냐는 해석할 수 있고, 또 다른 하나는 교사로서 수업을 조직하는 데 있어서 내가 하고 싶은 대로 할 수 있는가에 대한 질문으로 해석됩니다. 맞습니까?

참여자 이 질문은 사실 제 자신을 많이 부담스럽게 하는 것이기 때문에 아마 제가 분명하게 표현하지 않았던 것 같습니다. 예를 들어서 교사로서 저는 전달하고 싶은 것을 가지고 있는데 아이들은 원하지 않을 때가 있습니다. 이런 순간에 제 욕심을 버리고 아이들을 존중해야 하는지 아니면 제 것을 밀고 나가야 하는지, 그렇다면 그것을 어떻게 진행해야 하는지에 관련된 질문이었습니다.

장 노엘 다시 한 번 확인해 보겠습니다. 말씀하신 것이 교사로서의 불안감에 관련된 문제인가요 아니면 프로그램의 조직과 그것의 수행에 관련된 문제인가요?

참여자 후자인 것 같습니다. 만약 제가 한 질문이 프레네 학급에서 제기되지 않는다면, 그것은 교사가 학생을 동등하게 대하기 때문에 그런 것인가요? 그렇다면 이런 문제가 발생하는 것은 제가 학생들보다 우월하다는 교사로서의 의식이 있기 때문인가요? 어쨌든 프레네 학급에서는 이런 일이 일어나지 않는지, 교사가 이런 갈등을 하지 않는지 알고 싶습니다.

장 노엘 프레네 학급에서도 당연히 교사가 이런 종류의 갈등을 겪고 있습니다. 지금 제기하신 문제는 교사로서의 위상과 역할에 관련된 것 같습니다. 학교에서 저는 학생들과 똑같은 위상을 가지고 있는 것은 아닙니다. 교사로서의 위상이 분명히 있습니다. 저는 46세이고 경험도 많은 데 비해 학교에서 나이가 가장 많은 학생은 불과 20세 정도이고 학교생활에 대한 경험도 저보다 짧은 것이 사실입니다. 교사와 학생 간의 차이를 없앨 수는 없습니다. 그리고 그 차이를 더욱 분명하게 하는 것은 교사에게는 수행할 임무가 있다는 것입니다. 따라서 교사와 학생의 차이는 분명히 존재하는 것이라고 말씀드리고 싶습니다.

시간표 내용을 조직하기

장 노엘 칠판을 보시면 연수 시간표가 작성되고 있습니다. 앞서 말씀드렸던 것처럼 우리는 매일 꾸아 드 네프를 할 것입니다. 날마다 모여서 그날 할 일을 새롭게 이야기하는 것입니다. 이 테크닉은 외부에서 내부로 들어오기 위한 가장 용이한 수단이기 때문에 사용하고 있습니다. 다음 연수인 5월 13일에는 '자유표현'을 제안하고 싶습니다. 자유표현이 어떤 것인지에 대해서는 설명이 되었는데 무엇을 가지고 할지에 대해서는 아직 정하지 않았습니다.

참여자 무엇을 할지 우리가 정해야 하는 것인가요?

장 노엘 그렇습니다. 우리는 자유표현을 하자고 했습니다. 그런데 무엇을 통해 할 것인가요? 글쓰기? 미술? 과학? 수학? 아니면 조금 부족한 면이 있겠지만, 연극으로 할까요? 무엇을 통해서 할지 정해야 합니다.

참여자 주최 측에서 말씀드리겠습니다. 지난번 연수에서 자유 글쓰기를 배우고 난 후 많은 선생님께서 학급에 적용한 경험을 말씀해 주셨습니다. 그때 나왔던 이야기 중에는, 장 노엘 선생님과 했던 세 가지 자유 글쓰기를 모두 하고 나니까 더 이상 할 것이 없더라는 말씀도 있었습니다. 그래서 저는 자유표현의 어떤 예를 배우기보다는 자유표현을 어떻게 조직할 수 있는지를 배웠으면 좋겠습니다. 고기 세 마리를 받는 것이 아니라 고기 낚는 법을 배우고 싶은 것과 같습니다. 그 방법을 배우기 위해서 어떤 소재를 사용하고 싶은지 나누어 주시면 됩니다.

참여자 지금 어떤 것을 제안하면 모두가 그걸 하는 건가요?

장 노엘 네, 제안하신 것이 바로 시간표에 들어가고 그 시간표에 따라 연수 내용이 결정됩니다.

참여자 그럼 자유 글쓰기를 실제로 해 보았으면 좋겠습니다. 그런데 지금 우리가 40명이 넘는데 너무 많지는 않은지 모르겠습니다. 혹시 자유 글쓰기를 진행하기에 적당하다고 정해진 인원이 있나요?

장 노엘 자유로운 글쓰기는 큰 그룹보다는 소그룹으로 나눠서 하는 것이 소통의 효과를 높일 수 있습니다. 하지만 큰 그룹으로 하는 것도 가능합니다.

올리비에 아프리카 같은 경우에는 한 학급에 보통 80명 정도가 있는데 이들과 함께 자유 글쓰기를 하기도 합니다. 작년에 세네갈 프레네 학급을 방문했었는데 문제없이 잘 진행되고 있었습니다.

장 노엘 지금 자유 글쓰기를 하자는 의견이 나왔습니다. 다른 선생님들도 다 동의하십니까?

참여자 저는 지난 연수에서 자유 글쓰기에 참여했습니다. 그래서 이번에는 자유 글쓰기와 함께 연극도 해보았으면 좋겠습니다.

장 노엘 지금은 연수 기간의 시간표를 짜는 것입니다. 지금 자유표현을 글쓰기나 연극을 통해 하고 싶다는 욕구를 말씀해 주시고 계십니다. 그렇다면 자유표현을 어떤 필요 때문에 하는 것인지에 대해서는 아직 이야기되지 않고 있습니다. 또 하나 유념해야 할 것은 우리에게 주어진 시간이 한정되어 있다는 것입니다. 정해진 시간 내에 우리가 해야 할 임무를 완수해야 합니다.

무엇을 통해서 자유표현을 하는가에 대한 질문에 글쓰기와 연극을 하자는 의견이 나왔습니다. 모두 동의하십니까?

참여자 저는 수학교사입니다. 개인적으로 관심이 가는 것은 자유표현의 '수'하고 '컴퓨터'입니다. 수학이란 교과는 형식적인 틀을 갖추고 있는 과목이기 때문에 자유표현과 수학은 정말 안 어울리는 것이라고 생각했습니다. 그런데 어떻게 이 교과를 자유표현으로 학습할 수 있는지 알고 싶습니다. 그래서 저는 수학 자유표현을 해보는 것을 제안하고 싶습니다.

장 노엘 그러면 제안이 모두 세 가지입니다. 손을 들어서 각자 어느 분야를 좋아하는지 보도록 하겠습니다.

참여자 한 가지만 선택할 수 있나요?

장 노엘 아니요, 원하는 것을 모두 선택하세요. 만약 세 가지를 모두 하고 싶다는 의견이 나오면 그렇게 할 수 있도록 시간표를 조직하는 것이 우리의 과제가 되는 것입니다.

참여자 꾸아 드 네프를 하면 각자의 고민과 질문들이 나올 것이고 그것을 토대로 그날의 프로그램을 진행할 수도 있는데 왜 지금 선택하라고 하시는지 알고 싶습니다. 준비할 것이 필요해서 그러신가요?

장 노엘 여기 계신 선생님들께서 자유표현을 안 해보신 분들이 많아서 저희가 틀이나 도구를 준비해야 하는 이유도 실제로 있습니다. 그러나 지금 이 자리에서 이야기들이 많이 안 나온다면 과연 꾸아 드 네프를 할 때 더 자유롭게 의견교환을 할 수 있다고 가정할 수 있을까요? 세 가지 제안이 나왔기 때문에 손을 들어보라고 했습니다. 만약 여기 계신 분들께서 세 가지를 모두 다 해보고 싶다고 하신다면 그것을 다 할 수 있도록 시간표를 조직해야 합니다. 만약 어떤 한 가지는 사십 명 중 두 분만 하고 싶다고 한다면, 효율성의 측면에서 조정을 해야 할 필요가 있기 때문에 손을 들어보라고 했던 것입니다.

참여자 충분한 논의 없이 숫자로만 결정하려는 줄 알고 당황했습니다. 저는 연극을 하고 싶지만, 시나리오를 제작하고 연출을 하는데 시간도 많이 들기 때문에 여건이 충분하지 않을 것 같습니다. 그래서 연극의 축소판인 몸을 이용한 신체자유표현을 하면 어떨까 싶습니다.

장 노엘 예를 들어 '몸과 목소리'로 하는 것이 어떨까요? 사실 2시간 안에 연극 한 편을 만들거나 소설 한 편을 완성한다는 것은 어려운 일입니다. 가장 중요한 것은 글쓰기나 연극으로 입문하는 과정에서 통제된 상황에서 벗어나서 자유롭게 한다는 것입니다.

어쨌든 여러분께서 세 가지를 모두 하고 싶어 하시는 것 같은데 그럼 세 가지를 다 하도록 조직해 볼까요? 거수를 해 주시기 바랍니다.

과목	글쓰기	수학	몸과 목소리
인원수	26명	22명	26명

들리지 않는 목소리를 듣는 교사

장 노엘 세 가지 모두 한 활동을 할 수 있는 충분한 인원이 됩니다. 그럼 세 가지 작업을 모두 하는 것으로 시간표를 조직해 보겠습니다. 세 그룹으로 나누어서 하는 것은 어떨까요?

참여자 저는 몸을 사용하는 것을 정말 싫어합니다. 남들 앞에서 연극을 한다든지 춤을 춘다는 것이 저에게는 너무 힘든 일입니다. 그래서 몸과 목소리를 하는 것이 부담됩니다. 혹시 하고 싶은 것만 선택해서 하는 것이 가능한가요?

참여자 그러면 하루에 한 가지씩 하는 것은 어떨까요?

장 노엘 그건 불가능합니다. 하루에 하나씩 하게 되면 지금 말씀하신 분(몸과 목소리를 원하지 않는 분)은 연수 하루 동안은 아무것도 못 하게 되기 때문입니다.

참여자 세 가지를 날마다 사흘 동안 해주시면 안 될까요? 같은 것을 듣기를 원하는 사람은 사흘 동안 같은 것을 들을 수도 있고 날마다 다른 것을 듣고 싶은 사람을 그렇게 하도록 하면 좋을 것 같은데요. 물론 날마다 다른 내용으로 해서요.

참여자 한 사람이 하나의 활동을 하고 마지막에 모여서 토론하는 것은 어떨까요?

참여자 한 아뜰리에는 대략 얼마의 시간이 드나요?

장 노엘 약 1시간 반 정도입니다. 따라서 쉬는 시간을 사이에 두고 앞뒤로 두 개의 아뜰리에가 가능합니다.

참여자 그럼 쉬는 시간 앞뒤로 두 개를 진행하되, 자유 글쓰기는 다 같이 부담 없이 할 수 있으므로 첫 번째 시간에 모두 하는 것으로 하고, 두 번째 시간에 〈수학 / 몸과 목소리〉를 배치해서 두 아뜰리에 중 원하는 것을 선택해서 하는 것으로 하면 어떨까요?

장 노엘 좋은 제안인 것 같습니다. 그런데 지금 제안에는 모두가 자유 글쓰기를 하고 싶다는 전제가 있습니다. 혹시 자유 글쓰기를 원하지 않는 분이 계십니까? 사실 몸과 목소리는 자기 자신을 많이 개입시키기 때문에 주저 될 수 있습니다. 하지만 자유 글쓰기는 그런 부담이 덜하기 때문에 모두들 원하시는 것 같습니다. 그러면 자유 글쓰기를 1교시에 넣겠습니다. 그런데 자유 글쓰기를 넣는 방법에 있어서 또 한 가지를 생각해야 하는데, 쉬는 시간 전에 〈자유 글쓰기 / 몸과 목소리〉를 넣고 쉬는 시간 후에 〈자유 글쓰기 / 수학〉 이렇게 넣을 수 있겠지요.

참여자 지금 여기에는 없지만, 만약 프레네 학급에서는 이런 상황에서 아무것도 하지 않겠다는 학생이 있으면 어떻게 하십니까?

장 노엘 지금 제기하신 질문은 자유표현 아뜰리에를 왜 하는가? 라는 질문과 직결됩니다. 여기에 대해서는 자유표현을 한 후 종합정리를 할 때 나누면 좋을 듯합니다. 왜냐하면, 지금은 시간표를 짜는 시간이기 때문입니다. 적어놓겠습니다.

참여자 만약 자유 글쓰기가 쉬는 시간 전후에 두 번씩 들어간다면, 두 번째는 자유 글쓰기의 심화 과정인가요, 그냥 방법만 다른 것이 되는 것인가요?

장 노엘 칠판에 써서 자세히 설명해 드리겠습니다.

1교시	자유글쓰기	수학
쉬는 시간		
2교시	자유글쓰기	몸과 목소리

〈 시간표 제안1 〉

1교시	자유글쓰기	
쉬는 시간		
2교시	수학	몸과 목소리

〈 시간표 제안 2 〉

글쓰기를 두 번을 하게 되면 심화는 없을 것입니다. 왜냐하면, 새로운 것을 가지고 하는 것이기 때문입니다. 그렇다고 해서 심화가 일어나지 않는 것은 아닙니다. 각자의 내부에서 일어나게 될 것이기 때문입니다. 마치 자전거 타는 것을 배우는 것은 자전거를 타면서 배우는 것과 같은 것이고, 페달을 잘 밟을수록 자전거를 잘 타게 되는 것과도 같습니다. 그렇지만 페달을 잘 밟는다고 해서 심화하는 것은 아닙니다. 이런 원리와 비슷합니다.

참여자 소수자에 대한 배려도 물론 중요하지만 다양한 참여의 방법도 존재합니다. 예를 들어서 몸과 목소리든 글쓰기든 소극적으로 참여하는 방법이 존재합니다. 참여의 방법은 개인이 알아서 선택하면 된다고 생각합니다. 모둠학습을 할 때 경험의 교류에서 배우는 것도 있을 것입니다. 그래서 연수생 전체가 세 가지 아뜰리에를 모두 했으면 좋겠습니다.

장 노엘 답은 '네', '아니오' 모두가 가능합니다. 세 개를 다 하고 싶은 분이 많으면 다 할 수 있습니다. 이 경우에는 하루와 반이 필요합니다. 아니면 세 개를 하고 싶지 않은데도 소극적인 참여를 해서라도 모두 해야 하는 경우라면 그 과정에서 심적인 부담과 억압을 가질 수 있기 때문에 아니라고 대답하겠습니다. 답은 역시 선생님들께서 정하셔야 합니다.

이 아뜰리에의 이름은 '자유표현'입니다

참여자 저는 정말 몸과 목소리에는 참여하고 싶지 않습니다. 혹시 세 가지를 모두 하겠다고 결정하시면 저는 아뜰리에에 참여하지 않고 혼자 할 수 있는 일을 찾아보고 싶습니다. 그렇게 해도 될까요?

장 노엘 저 같은 경우에 학교에서 한 명이라도 안 하겠다는 상황이 발생하면 그 의견을 수용합니다. 이 아뜰리에의 이름은 자유표현입니다. 그런데 강요를 한다면 그 취지에 어긋나는 것입니다. 지금은 거부하는 학생이라도 세월이 지나면서 할 수도 있고 안 할 수도 있는데 그것 역시 자유입니다. 자유표현이기에 수용해야 합니다. 그래서 저는 두 개의 아뜰리에를 할 것을 제안합니다. 동의하십니까?

참여자 네.

장 노엘 따라서 월요일에는 두 개의 아뜰리에가 준비될 것입니다.

마치기 전에 연수 시간표를 위해서 우리가 여태까지 논의했던 것을 정리해 보겠습니다. 우선 다음번 연수에서 자유표현 아뜰리에를 한 후,

하루는 '자유표현의 의의와 효용성'에 대해서 토론을 할 것입니다. 그리고 또 '프레네의 자치회의'에 대해 논의하는 시간이 있을 것입니다. 오늘 여러분께서 하신 토론이 우리가 진행할 자치 회의에 대해 성찰할 기회를 줄 것이라고 생각합니다. 그리고 '교사의 역할'에 대해 토론할 것인데 이것은 또한 매 순간마다 제기되는 주제가 될 것입니다. 또한, 신문을 만들기 위해 기자를 선정했는데 기자의 역할과 소통의 효용성에 관해서도 이야기할 수 있는 시점이 있을 것입니다.

마지막으로 여러분은 프레네식의 연수계획을 훌륭하게 조직하는 멋진 그룹이라는 것을 아셨을 것입니다. 다시 말하면 여기 계신 모든 분은 각자에게 신뢰하실 수 있다는 것입니다. 질문 있으신가요?

참여자 그런데 오늘 기자가 쓴 글은 어떻게 되는 건가요?

장 노엘 오늘 선정되신 두 분의 기자는 오늘 연수의 내용을 정리해서 월요일까지 제출해 주시면 됩니다. 월요일에는 또 다른 분들이 기자가 되어 자유표현 아뜰리에를 취재하실 것입니다. 꾸아 드 네프를 포함해서 총 네 분의 기자가 필요합니다.

참여자 기사의 분량은 어떻게 해야 하나요?

장 노엘 논문이 아닙니다. 원하는 대로 쓰시면 되고 글이 힘드시면 그림으로 표현하셔도 됩니다. 문장을 자유롭게 하시고 소감을 덧붙이셔도 됩니다. 단, 쓰신 글은 모두 인쇄된다는 것을 생각하셔야 합니다. 그리고 기자가 아니더라도 신문에 글을 기고하길 원하시는 분은 언제든지 글을 써서 주실 수 있습니다. 연수 과정에 대한 것도 좋고 사랑에 대한 시도 좋습니다. 자유롭게 쓰시기 바랍니다. 감사합니다.

제 2 장 _ 성공한 것을 빛나게 하는 교사

| 성공한 것을 빛나게 하는 교사 |

꾸아 드 네프

장 노엘 꾸아 드 네프를 시작하겠습니다. 기록해 주실 기자와 시간 관리자가 필요합니다. 누가 해주시겠습니까? (기자와 시간 관리자 선정)

장 노엘 꾸아 드 네프는 7시 안에 꼭 끝나야 합니다. 열띤 이야기가 오갈 것이기 때문에 시간이 넘지 않도록 잘 체크해 주셨으면 합니다. 이런 식으로 매번 활동할 때마다 기자와 시간 체크하는 분을 정하게 될 것입니다. 프레네 학급에서 학습시간을 체크하는 사람은 이렇게 교사가 아니라 학생입니다.

그럼 지금부터 꾸아 드 네프를 시작하도록 하겠습니다. 어제부터 오늘 있었던 이야기 중 새롭거나 꼭 나누고 싶은 이야기가 있으신 분은 말씀해 주시기 바랍니다.

참여자 어제 숙명여대에서 '프레네 교육 대토론회'가 있었습니다. 여기 계신 몇몇 선생님들을 뵌 것 같습니다. 저는 개인적으로 금요일에 있었던 첫째 날 연수가 좀 힘들었습니다. 긴장을 많이 했는지 그날 밤 꾸아 드 네프를 하는 꿈을 꾸기도 했습니다. 오늘은 침묵보다는 활발한 대화가 많이 나와서 즐거운 시간이 되었으면 좋겠습니다. 그리고 선생님들을 기쁘게 해드리기 위해서 헤어스타일을 바꿨습니다.

참여자 일요일 대토론회에 참석했다가 이재훈 선생님의 바뀐 머리를 봤는데 너무 강렬해서인지 꿈에까지 나타났습니다. 토론자분들의 말씀을 듣는 도중 얼마 전 학교를 그만둔 학생이 자꾸 생각나서 하루 동안 그 아이를 생각하면서 보냈습니다.

참여자 사실 지난 금요일 연수가 끝난 후 진해에서 열리는 친구 결혼식에 갔다가 일요일 오전에 서울로 올라와서 대토론회에 참여하였습니다. 너무 무리해서인지 오늘 여기 오는 지하철 속에서 그냥 돌아갈까 하는 생각도 했습니다. 저는 중학교 1학년을 맡고 있습니다. 오늘은 나름대로 재미있는 수업을 진행하려고 퀴즈도 준비하고 이것저것 아이들의 흥밋거리를 가지고 수업을 진행하려고 노력했는데 아이들이 집중하지 않아서 힘들었습니다. 아이들의 집중을 끌어내기 위해 결국 저는 교탁을 '탁' 치게 되었고, 잠시 침묵이 왔지만 이미 제가 생각하는 '재미있는 수업'을 하기에는 모든 상황이 너무 어색하게 되었습니다.

장 노엘 저는 오늘 올리비에와 김세희, 이슬기 선생님과 함께 신림초등학교를 방문해서 6학년 한 학급의 수업을 참관했습니다. 전체 체육 수업이 있어서 잠깐 운동장에서 아이들의 모습을 지켜보기도 하였습니다. 그런데 63개나 되는 전체 학급 수에 비해 운동장이 너무 작다는 생각이 들었습니다. 운동장 가운데 교단이 있는 것을 봤는데 그것이 왜 그 자리에 있는지 의아스러웠습니다. 건물의 형태나 아이들이 줄 지어 이동하는 모습 등이 마치 공장과 비슷하다는 느낌이 들었습니다.

참여자 금요일 집중연수를 받으면서 토론을 통해서 조직과 협력을 한다는 것이 얼마나 힘든 일인지 체험했습니다. 그리고 오늘 학교에서 아이들과 함께 시간표를 짜는 작업을 해보았는데, 우리가 금요일에 겪었던 것과 꼭 같은 상황이 되어버렸습니다. 아이들과의 회의가 의도한 것과 다른 방향으로 진행되는 것이 가장 힘들었던 것 같습니다. 프레네 학급에서는 이런 상황에서 어떻게 의견을 조합하고 아이들의 참여를 끌어내는지 알고 싶었습니다. 오늘 연수에 참여하면서 머리로만 이해하지 말고 마음으로 느끼고 받아들이자는 다짐을 하고 왔습니다.

참여자 어제 토론회에 참석했는데 발제자들의 연설 중에서 '자발적 노예'라는 말이 여러 번 나왔습니다. 장 노엘이 그 말을 인용하면서 "'자발적 노예'는 자유가 주어졌을 때 매우 두렵고 무서운 것이다, 하지만 교사는 그럴 때 덜 무섭게 하는 역할을 하는 것이다"고 이야기했습니다. 저는 교사란 많은 책임과 능력을 갖춘 유능한 사람이어야만 한다고 생각했는데 장 노엘의 말을 듣고 아이들이 그런 상황에 직면했을 때 단지 덜 무섭게 해주는 역할이 바로 교사가 할 일이라고 생각하니 교사로 선다는 것에 용기를 얻게 되었습니다.

참여자 제 아이가 공동육아 어린이집에 다니는데 주말에 모꼬지를 가게 되었습니다. 꽃피는 학교 김희동 선생님께서 아이의 성장과 발달에 관한 이야기를 해주셨습니다. 프레네 교육과 마찬가지로 선생님께서 들려주신 이야기도 '아이는 어른과 같다. 그래서 아이가 선택하고 결정할 수 있도록 해야 한다'는 것이 핵심이었습니다. 즉, 교사는 아이의 각 단계에 맞는 발달을 도와줄 수 있어야만 한다고 했습니다. 실제 학교생활을 통해서 보면 아이들의 발달단계에 대해서 교사들 간의 의견조율이 힘들 때가 있습니다. 저는 프레네에서 말하는 아이와 발도르프에서 말하는 아이가 어떻게 다른지, 교사는 어떻게 아이들을 대해야 하는지 고민하게 되었습니다.

(꾸아드네프 마침시간 알림)

아뜰리에 체험

장 노엘 그럼 지금부터 아뜰리에 그룹을 나누도록 하겠습니다. 금요일에 우리가 정한 대로 1교시에는 〈 자유 글쓰기 / 자유수학 아뜰리에 〉가 그리고 2교시에는 〈 자유 글쓰기 / 몸과 목소리 아뜰리에 〉가 있겠습니다. 이렇게 하면 자유 글쓰기는 모두 하는 것이고 자유수학과 몸과 목소리는 선택하는 활동이 됩니다. 지금 자유수학을 하면 쉬는 시간 후 자유 글쓰기를 하게 되고, 자유 글쓰기를 하시는 분은 몸과 목소리를 하게 됩니다. 자유수학을 선택하신 분은 3층 교실로 가시고 자유 글쓰기를 하실 분은 여기에 그대로 계시면 됩니다.

자유표현 아뜰리에 I : 자유 글쓰기

장 노엘 간략하게 말씀드리겠습니다. 우리는 이제부터 글을 쓸 것인데, 쓰게 되는 내용이 중요한 것이 아니라 '쓰는 것'이 중요합니다. 무엇을 쓰는가도 중요하지 않습니다. 머리에 떠오르는 것은 모두 쓸 수 있습니다. 머리에 떠오르는 것을 어깨, 팔, 손목 그리고 손으로 전달하여 그대로 종이에 적는 것입니다. 무엇을 쓸 것인지 생각하거나 써도 되는지 의심하지 말고 자유롭게 표현하십시오. 머릿속에서 자기 생각을 통제하고 있는 기제를 풀어버리십시오

먼저 우리 사이에 친밀한 분위기를 만들기 위해서 문법과 철자를 문밖으로 보내버리겠습니다. 문학도 보내버립니다. (실제 일어나서 문을 열고 밖으로 쫓아내는 시늉을 한다.) 이제 모두 문밖에 있습니다. 따라서 우리에게는 더 이상 문학을 요구하는 상황도 없고 문법과 철자의 문제도 존재하지 않습니다. 우리끼리만 작업할 수 있습니다.

먼저 기자를 정하겠습니다. 누가 해주시겠습니까? 제가 종이를 준비하는 동안 기자를 한 분 정해주시기 바랍니다.

(기자선정)

내용이 중요한 것이 아니라 '쓰는 것'이 중요합니다.

먼저 '책임을 나누는 글쓰기'부터 시작하겠습니다. 처음에는 종이의 한가운데에 한 문장을 쓰겠습니다. 옆 사람에게 넘기세요. 그리고 내가 받은 종이의 맨 위에 쓰겠습니다. 옆으로 넘깁니다. 이번에는 받은 종이의 맨 아래에 쓰겠습니다. 옆으로 넘기고, 맨 위 문장과 가운데 문장의 사이에 쓰겠습니다. 넘기고... 매번 받을 때마다 문장과 문장의 사이에 쓰는 것입니다. 공간이 얼마나 남았느냐에 따라서 글쓰기를 계속할지 멈출지를 정할 수 있습니다. 책임을 나누는 글쓰기라고 하는 이유는 누가, 어떤 글을 썼는지 모르기 때문에 이 글의 책임은 우리 모두에게 있다는 의미입니다.

시간을 체크해 주십시오. 그럼 시작합니다.

- 작업 -

참여자 문장 사이에 서로 상호 관련이 있어야 하나요?

장 노엘 생각나는 대로 쓰세요. 자유 글쓰기입니다.

참여자 앞의 문장을 읽어보고 써야 하나요, 그냥 써도 되나요?

장 노엘 저는 선생님들께서 쓰신 문장을 하나도 읽을 수가 없습니다. 하지만 쓸 수는 있지요.

장 노엘 자, 중단하겠습니다. 모두 종이를 한 장씩 가지고 계시는지 확인하시기 바랍니다. 종이가 없는 분 계신가요? 일단 우리 자신을 위해서 종이에 쓰인 글을 각자 조용히 읽어보겠습니다.

- 속으로 읽기 -

잘 읽어보셨나요? 그러면 혹시 큰 소리로 읽어보실 분 계신가요?

눈을 고치다
자고 싶다
잦은 기침에 잠을 못 이루고 있나? 아니면 상념 때문인가?
아마 아이들도 스스로를 드러내는 게 힘들겠다
계속 도는 거야?
나는 여름 감기 특히 여름에 걸리는 몸살감기가 정말 싫다
무엇을 생각하든지 행복할 수 있다면…
믿는다고 말하면 사라질 것 같다
조금씩 수업에 동기가 생기고 있다
달콤한 잠을 자고 싶다. 긴장해서 자꾸 새벽에 깨기 때문이다
광명을 찾다

〈 책임을 나누는 글쓰기 - 예 1 〉

삼년 전에 졸업한 제자에게 편지가 왔는데 읽으며 또 읽었다

일 년 전 연락이 끊긴 친구에게 연락을 했는데 너무 반가웠다

이 글을 쓸 때까지 쓰던 방법에 대해 다 동의를 하게 될까?

나에게 필요한 것은 잠이 아니다

장난치고 놀러 다니는 일이지

2003년의 인구가 생각난다

2004년의 수현이가 생각난다

2005년의 내가 생각난다

200년 전의 적이 생각난다

아기 참새를 놓아줄까, 집에서 기를까

친구에게 사랑해라고 말을 할 수 있어서 행복했다. 한번 만나고 싶다

아직 날지도 못하는데 잡아먹히고 말거야

친구와 동료, 이것은 나이와 상관이 없는 것이다

아니, 아기 참새의 집은 숲속인 걸

제자의 편지를 읽으며 내가 정말 행복한 사람이란 생각을 갖게 되었다

〈 책임을 나누는 글쓰기 - 예 2 〉

나는 참외를 기다리는 아이와 같다

바람이 시원하다

선생님은 뭐라고 쓰셨을까

장 노엘 선생님은 정말 알파치노를 닮았다

다음에 오실 때는 우리말 많이 배워오세요

김치는 참 맵다

손이 저려온다

그러나 나는 뭔가를 쓰고 있다

〈 책임을 나누는 글쓰기 - 예 3 〉

장 노엘 지금 들으신 세 글에 대해서 어떻게 생각하십니까? 한국어로 읽어서 저는 전혀 알아듣지 못했지만, 선생님들께서 웃는 순간도 많았고 진지하게 고개를 끄덕이는 분들도 보였습니다. 이 점에 대해서 우리가 이야기할 것이 있지 않을까 생각합니다.

참여자 처음에는 좀 두려웠습니다. 옆에서 받은 종이에 글을 쓰는 게 마치 타인의 글에 손을 댄다는 생각이 들기도 했는데 점점 쓰면서 그런 생각이 없어졌습니다. 그리고 모두 세 분이 읽으셨는데 처음 글은 무슨 말인지 전혀 모르겠더니 그다음 글부터는 마치 한 사람이 쓴 것처럼 느껴졌습니다.

장 노엘 지금 말씀하신, 마치 '한 사람이 쓴 것 같다'는 것은 놀라운 일입니다. 원래 나중에 쓰인 글일수록 이해가 되지 않는 것이 당연합니다. 왜냐하면 종이를 점점 빨리 돌리기 때문에 남의 글을 읽거나 그 글에 대해 생각할 시간이 거의 없기 때문입니다. 그런 조건에도 한 사람이 쓴 것과 같은 느낌이 든다는 것은 매우 중요한 사실입니다. 글은 어찌되었든 하나의 의미가 있는 것이 중요합니다. 이런 일련의 작업들은 내면의 죄의식을 없애준다는 실용적인 측면을 가지기도 합니다. 자유롭게 원하는 대로 쓰고, 또 의미로 쓰는 것도 아닌데 그럼에도 나오는 결과가 어떤 의미가 있다는 사실이 죄의식을 없애줍니다. 또한, 자기가 어떤 글을 썼는지 남들은 모르기 때문에 책임의식이나 의무감을 덜어주기도 합니다.

그리고 우리는 자유입니다! 종이를 구겨서 버리세요!

우리는 이런 식의 글쓰기를 다양하게 응용할 수 있습니다. 예를 들어 맨 위에서부터 순서대로 쓸 수도 있고 굉장히 빨리 돌릴 수도 있고 달팽이처럼 동그랗게 쓰게 할 수도 있고 아무 데나 쓰고 가운데에 버린 후 아무거나 주워서 다시 쓰고 버리고 할 수도 있습니다.

그럼 이제부터 다른 글쓰기를 해 볼 텐데 시작하기 전에 문학과 철자가 아직도 문밖에 있는지 다시 한 번 확인해 보겠습니다. 저 뒤쪽 문을 좀 닫아주시기 바랍니다. 뒷문으로 들어올 수도 있으니까요.

글을 읽어주는 사람은 선물을 주는 것

장 노엘 다음 작업은 '소리 따라 정의하기'라고 합니다. 아무나 아무 음(音)이나 불러보십시오.

- 너 - 아 - 리 -

장 노엘 이제 '너-아-리'란 무엇일까에 대해서 정의를 해볼 것입니다. 얼마 동안 쓸까요? 몇 분을 원하십니까? 3분이요? 2분이요? 그럼 2분 동안 쓰겠습니다. 시간을 체크해 주십시오.

- 작업 -

장 노엘 2분 만에 '너-아-리'의 정의를 찾아보았는데요, 자신이 쓴 것을 다시 한번 잘 읽어보겠습니다. 자유롭게 쓰는 것도 중요하지만, 읽고 싶은 사람만 읽게 하는 것도 매우 중요합니다. 글을 읽어주는 사람은 듣는 사람에게 선물을 주는 것과 같아서, 듣는 사람은 선물을 받는 마음으로 경청해야 합니다. 그리고 글을 듣고 난 후 '글이 형편없다' 라든지 하는 평가를 해서는 안 됩니다. 왜냐하면, 문학과 철자들은 지금 우리와 함께 있지 않기 때문입니다. 물론 글을 쓴 사람에게 글을 듣고 난 좋은 느낌은 전달할 수 있습니다.

'규칙을 어길 수 있다는 것'이 자유 글쓰기의 중요한 규칙입니다. 쓰라고 하는 데 쓰지 않는 사람도 있습니다. 쓰지 않아도 됩니다. 자유 글쓰기에서의 규칙은 '규칙을 위반해도 된다'는 것입니다. 누가 '너-아-리'에 대해서 읽어보시겠습니까?

- 너아리는 너구리를 대신해서 하는 말이다. 이제 막 말을 배우기 시작하는 우리 동네 가겟집 막내아이가 동네 어귀에 나타난 너구리를 보고 '너아리, 너아리'라고 말했던 것이 온 동네에 퍼져 너아리가 되었다.
- 너아리는 고생대부터 출현해서 현재까지 지구를 지키고 있는 곤충이다. 너아리의 역할은 곤충들 사이에서 일어나는 갈등을 원만히 해결해주고 사랑과 평화를 전달하는 역할을 한다. 너아리가 가장 좋아하는 먹이는 이다.
- 너아리는 너 정말 괜찮은 사람인데 정말 아리송하다라는 의미로 약간 정신적으로 걱정되는 사람을 의미하다가 그 말이 나중에 너아리로 발전되고 또라이로 와전된다. 출처를 알 수 없다.

〈 소리따라 정의하기 - 예 1 〉

- 나아(我), 깨달을오(悟), 길도(道), 스승사(師): 나는 도사임을 깨달았다
- 아오도에 사는 뱀
- '야호! 도다' 가 변하여 아오도사가 된 것이다
- 아오도사는 아오교를 창시한 1대 교주로서 그의 스승 어우도사에게 10년의 수련과 내공을 받고 청출어람이 청어람이라는 말이 있듯이 그의 스승 어우도사를 능가하여 아오교를 창시하였다. 이 아오교 사람들의 특징은 사람들을 만났을 때 "아오!"하는 외침을 하는 것과 노란색 가운을 입는 것이다
- 이소룡의 아오를 연상시킨다
- 아, 아! / 오, 오늘도 / 도, 도시락은 / 사, 사발면이야

〈 소리따라 정의하기 - 예 2 〉

장 노엘 지금 하신 작업은 촉매제를 활용하여 글쓰기를 활성화하는 것입니다. 다양한 물건, 단어, 음성, 방안의 사물 혹은 상황 등을 촉매로 응용할 수 있습니다. 중요한 것은 글쓰기의 시간을 반드시 정해놓고 하는 것입니다. 오늘 저는 시간이 짧아서 '너-아-리'의 개념을 다 쓰지 못했습니다. 아마 제 머릿속에 너무 많은 개념이 들어있기 때문인 것 같습니다.

지금부터는 상황설정을 해 놓고 글을 써보겠습니다. 두 사람이 이쪽과 저쪽에서 서로에게 다가올 것입니다. 그것을 바라보면서 두 사람이 만날 때까지 쓰시는 것입니다.

참여자 아무거나 쓰나요?

장 노엘 네, 항상 그렇듯이 원하는 대로 쓰시면 됩니다. 준비되셨나요? 출발합니다!

- 작업 -

장 노엘 우리에게 남은 시간이 많지 않기 때문에 원하는 분의 글을 하나만 들어보도록 하겠습니다.

> 점점 장 노엘과 통역선생님이 가까워진다
> 언니, 아직 글을 쓰지도 못했는데 천천히 가요
> 살금살금 그들의 걸음소리와 숨소리가 들려온다
> 마치 둘이 춤을 추는 것 같다

〈 상황설정 글쓰기 예 〉

중요한 것은 내면의 것을 밖으로 표현하는 것

참여자 저희 반에 진짜 글을 쓰지 않는 학생이 있습니다. 한 줄 쓰고 가만히 앉아서 시간을 흘려보냅니다. 강요하지는 않지만 일 년 내내 그렇게 보내고 있다는 것이 불안합니다.

장 노엘 어쩌면 오늘 한 글쓰기가 그런 학생에게 도움을 줄 수 있지 않을까 생각합니다. 전체 작업이 개방적으로 이루어지기 때문에 남의 이야기를 들을 수도 있고, 분위기를 보면서 여러 가지 생각을 할 수도 있고, 자신의 느낌이 들 수 있는 상황을 찾을 수도 있습니다. 제 경험으로 보면 글을 잘 쓰지 않는 학생은 글쓰기에 대한 콤플렉스를 가지고 있는 학생입니다. 때때로 그런 학생이 이런 작업을 통해서 단어 하나를 쓰게 되면, 그것이 문장 하나로 이어지고, 시간이 지나면서 문단을 쓰는데 이르게 될 수도 있습니다. 글쓰기에 콤플렉스를 가지고 있는 학생들은 대개 자신이 쓴 글을 잘 읽지 않습니다. 자신이 쓴 것을 많이 읽을수록 글을 쓰는 속도나 수준이 향상됩니다. 제가 맡았던 학생 중에도 3~4주 동안 글쓰기 작업에 열심히 참여는 했지만 절대로 글을 쓰지 않는 여학생이 있었습니다. 그러더니 어느 날 그림을 그리기 시작했고 다음에는 그 그림을 우리에게 보여줬고 결국에는 글을 쓰기 시작했습니다.

참여자 아직 글을 잘 쓰지 못하는 어린아이들에게는 어떻게 할 수 있을까요?

장 노엘 글을 쓸 줄 모르는 어린이는 그림이나 색칠하기를 응용할 수 있겠지만 자유 글쓰기는 글을 쓸 줄 아는 아이들과 함께 가능할 것 같습니다. 어린 학생들 같은 경우 그들이 가지고 있는 쓰기장 같은 곳에 쓰인 단어들을 통해 글쓰기를 배우기도 합니다. 물론 아주 어린 아이들 같은 경우에는, 교사에게 문장을 말하고 교사가 칠판이나 종이에 써주는 것을 베껴서 쓴다든지 하는 방법들이 있습니다. 간혹 자기가 쓰고 싶은 문장을 교사에게 말로만 하고 나중에 안 쓰는 학생들도 있긴 하지만 상관없습니다. 중요한 것은 내면의 것을 밖으로 표현하도록 하는 것이기 때문입니다. 표현된 것을 반드시 쓰도록 하는 것만이 의미가 있는 것은 아닙니다. 아이가 원하지 않는데도 불구하고 아이의 이야기를 공개적으로 적는다든지 하는 것은 오히려 좋지 않은 결과를 낳을 수 있습니다. 아이의 자유를 침해하는 것이 되겠지요.

지금 우리에게도 각자의 자유의사를 표현하는 상황이 왔습니다. 여러분 중 쓰신 글을 칠판에 적어놓고 다음 그룹에게 보여주길 원하거나 신문에 싣기를 원하는 분이 있으면 의사를 표현해 주시기 바랍니다. 원하는 분의 글은 기자에게 전달해서 신문에 싣도록 하겠습니다.

참여자 문밖에 내놓은 문법과 철자는 언제 들어옵니까?

장 노엘 프레네 학급에서 문법과 철자는 신문을 만들거나 학교 간 서신 왕래를 하는 편지를 작성할 때 돌아옵니다. 다른 학교나 친구들에게 보내는 글은 그 사람들도 알아볼 수 있도록 적어야 하기 때문에 문법과 철자가 필요합니다.

참여자 그럼 바로 이 순간 교사가 개입하는 것인가요?

장 노엘 교사가 할 수도 있고 안 할 수도 있습니다. 학생들끼리 그룹을 형성해서 할 수도 있고 칠판에 적어놓고 학급의 학생들이 모두 함께 할 수도 있습니다. 프레네 학급에서는 이런 작업이 일상적으로 행해집니다. 따라서 글을 쓴다든지, 발표한다든지 하는 문제에 대해 아이들은 매우 자유롭게 결정합니다. 특히 자신의 글을 공개하고 싶을 때면 그것을 교실 뒤에 마련되어 있는 바구니에 집어넣음으로써 자연스럽게 다음 신문에 실리게 되는 것입니다. 발표하기 위해 따로 시간을 내어 글을 쓴다거나 특별한 준비를 하는 경우는 거의 없습니다.

모두들 수고하셨습니다. 이제 잠시 쉬는 시간을 가진 후 몸과 목소리 아뜰리에를 하겠습니다.

자유표현 아뜰리에 Ⅱ : 자유수학

올리비에 지금부터 자유표현 수학 아뜰리에를 시작하겠습니다. 이 아뜰리에는 무엇보다 아이들이 수학과 화해하는 것을 목적으로 합니다. 수학은 하나의 언어이며 우리는 수학 없이 살 수 없습니다. 예전에는 좋은 학교에 가려면 국어(프랑스어)를 잘 해야 했는데, 요즘에는 수학을 잘 하는 것이 필수조건이 되었습니다. 단지 좋은 학교에 갈 수 있는 하나의 자격 조건에 불과하게 되었지요. 혹시 한국에서도 그런가요?

수학과 화해하기

예전에는 수학 안에 인간미가 있었지만, 지금은 점점 없어지고 있습니다. 이렇게 수학이라는 학문이 점수를 따야만 하는 과목, 중요하니까 무조건 잘해야 하는 과목으로 변질되니까 아이들은 수학에 흥미를 잃고 담을 쌓게 되는 것입니다. 우리가 하게 될 작업은, 자유로운 방법을 통해 수학 속의 인간미를 찾아 살려내고 이야기를 나누는 것입니다. 그리하여 아이들이 이 흥미로운 학문을 가지고 재미있게 지낼 수 있도록 도와주는 것입니다. 작업에 들어가기 전에 우선 기자와 시간 체크하실 분을 정하겠습니다.

(선정)

자유 수학은 굉장히 단순한 것부터 시작할 수 있습니다. 예를 들어서 아이들이 공책 구석에 끼적인 낙서라든지, 칠판에 그려놓은 그림이라든지 하는 것 말입니다. 오늘 아뜰리에에서는 우리가 준비한 특별한 재료를 가지고 진행하도록 하겠습니다. 여러분은 지금부터 제가 나누어 드리는 딱 세 가지만 사용하실 수 있습니다. 종이 한 장과 자 하나 그리고 도화지로 만든 작은 원 하나입니다. 연필을 꺼내서 이 세 가지를 활용하여 자유롭게 작업하세요. 10분을 드리겠습니다.

참여자 자를 이용해서 종이를 찢어도 되나요?

올리비에 네, 원하시면 그렇게 하세요.

참여자 종이를 접어도 되나요? / 자를 사용하지 않아도 되나요?

올리비에 물론입니다. 종이를 접어도 되고 구멍을 내도 됩니다. 무엇이든 다 할 수 있습니다. 어린이가 되어서 하고 싶은 대로 하세요. 여러분은 자유표현 아뜰리에에 있습니다.

- 작업 -

〈 자유표현 수학아뜰리에 〉

올리비에 시간이 되었습니다. 하던 것을 멈추고 의자를 뒤로 빼고 책상을 가운데로 모으겠습니다. 책상 위에 자신의 작품을 올려놓으세요. 모두 일어나서 한쪽으로 돌아가면서 다른 사람이 한 것을 한번 감상해 보겠습니다. 산책하는 기분으로 감상하시기 바랍니다.

올리비에 다 보셨나요? 한 번 더 돌까요? 지금부터 내가 그린 그림에 대해 설명하고 싶은 분 혹은 다른 사람의 그림에 대해 느낌을 나누고 싶은 분 계신가요? 예를 들어서 이렇게 하고 싶었는데 잘 안 돼서 이렇게 나왔다 라든지요.

참여자 제가 그린 것은 비행기인데요, 여기 밑에 물에 떠가는 것만 빼면 제가 요즘 사고 싶어 하는 전동비행기와 비슷합니다. 최종 목표는 이걸 크게 만들어서 타고 다니는 것입니다. 그 꿈을 위해서 돈을 모으고 있는데 꿈속의 비행기를 상상하면서 그려보았습니다.

올리비에 여러분의 작업을 두 종류로 나눌 수 있는데, 하나는 그림과 같은 단순이미지를 나타낸 것이고, 다른 하나는 기하학적인 이미지입니다. 단순이미지는 사실 수학적인 기능을 거의 하지 않는다고 할 수 있지만, 자유표현을 통해 나온 것이므로 중요합니다. 또 설명해 주실 분 계신가요?

참여자 저는 숫자와 저의 일상생활 시간표를 접목해서 그림 안에 넣었습니다. 제가 집에서 출발해서 몇 호선을 타고 누구를 만났는지, 점심에 아는 분과 돼지보쌈을 먹었는데 그 개수가 몇 개였는지, 제가 마신 커피는 몇 잔이었는지 적었습니다. 그리고 오늘 날씨가 좋았는데 날씨에 대한 제 기분을 0부터 100까지로 놓아서 표시했습니다. 맛있는 식사를 해서 포만감이 100이고 기분도 100인데, 너무 많이 먹어서 살찌는 걱정지수 50을 추가했습니다. 마지막으로 여기 오려면 일정을 단축해야 하기 때문에 마음이 촉박해지는데 그런 부분도 숫자로 표시해서 넣었습니다.

올리비에 다이어그램을 만드신 것 같습니다. 한국에서도 수학에서 다이어그램을 쓰고 있나요? 프랑스에서는 그래픽적 표현이라고 해서 수학에서 많이 사용하고 있으며 수를 배우는 좋은 자료로 활용되고 있습니다. 수학을 배우되 수로 표현하지 않고 그림으로 표현하는 것입니다.

참여자 픽토그램을 말씀하시나요?

올리비에 픽토그램과는 좀 다릅니다. 픽토그램은 의미가 있는 것을 표현할 때 사용합니다.

모두들 조금 전에 다른 사람의 작품을 감상할 때, 지금 발표하신 선생님의 작품을 보면서 그 의도를 파악하셨나요?

참여자 네.

원의 중심을 찾는 '기계'

올리비에 이러면 우리는 다이어그램을 그린 친구로부터 설명을 듣고 그 방법을 배운 후 다 함께 다이어그램에 대한 작업을 하는 것으로 연결해 볼 수 있습니다. 지금은 시간이 충분하지 않기 때문에 직접 하지 못하지만, 예를 들어 교실에서 이런 상황이 되었을 때 '나의 하루를 다이어그램'으로 나타내기 등을 전체작업으로 제안할 수 있습니다. 교사는 아이들의 작품을 보면서 단순하게 이미지만을 표현한 것은 조형미술 쪽으로, 다이어그램과 같은 결과물은 수학작업으로 적용하면 됩니다. 또한, 도구를 다양화시킴으로써 얼마든지 다른 작업을 가능하게 할 수 있습니다. 예를 들어 지금 사용하신 도구를 응용하여 색칠한 동그라미 하나와 그냥 동그라미 하나, 이렇게 두 개의 동그라미를 주고 작업을 하도록 할 수도 있고, 원 대신 삼각형을 줄 수도 있습니다. 다른 도구를 주면 당연히 다른 결과물이 나오게 됩니다.

제가 여러분의 작품을 보고 느낀 점은 원의 중심을 찾으려는 시도들이 많이 있었다는 것입니다. 혹시 제가 나눠 드린 도구를 가지고 원의 중심을 찾는 법을 설명하실 수 있는 분 계신가요? 칠판에 나와서 한번 설명해 보시겠어요?

참여자 원을 그리고 그것을 감싸는 사각형을 그린 후 사각형의 맞꼭 지점을 대각선으로 연결합니다. 그 중심점이 바로 원의 중심이 됩니다.

올리비에 어떻게 그게 정확한 원의 중심이라고 할 수 있을까요? 몇 가지 조건을 더 충족해야 하지 않을까요? 원의 중심을 찾는 방법은 약 만 이천여 개가 존재합니다. 지금 우리가 가지고 있는 도구만 사용해서 찾을 수도 있습니다. 예를 들어 종이를 접어서 찾는 것이지요.

프레네 학급에서 아이들은 자신이 발견한 이런 방법을 '기계'라고 명명합니다. 그래서 '원의 중심을 찾는 기계', '사각형을 찾는 기계' 또는 '평행선을 그리는 기계'라고 이름을 정합니다. 아이들은 자유표현을 통해 날마다 새로운 기계를 만들어 내고 이런 실험을 통해서 기하학을 체험하기도 합니다.

학생들이 쉽게 그리고 많이 기계를 만들어 낼 때 교사는 하나씩 제약을 던져주면서 그들의 사고를 성장시킬 수 있습니다. 예를 들어 처음에는 하고 싶은 대로 '그려라'라고 했다가, 다음에는 '종이를 접을 수 없다'라는 조건을 달고, 더 나아가서는 '자를 딱 한 번만 사용할 수 있다'

등과 같은 제약을 제시합니다. 학생들은 자신이 만들어 낸 기계를 작업 후 발표시간을 통해 친구들에게 설명합니다. 이 과정에서 스스로 한 작업에 대해 수정하고 보완하면서 자신이 배운 것을 더 확고하게 습득합니다.

그리고 수학 아뜰리에가 끝나면 학생들은 개별화된 수학카드로 작업합니다. 자유 수학 안에서 기본적인 개념에 대해 이해를 했기 때문에 수학카드를 통해 문제를 풀어보고 스스로 정리할 수 있도록 하는 것입니다. 이런 과정에서 자연스럽게 그룹이 지어지기도 하고 소통이 일어나기도 합니다.

프레네 학급의 수학학습은 연령에 관계없이 거의 모두 이러한 방법으로 이루어지고 있습니다.

성공한 것을 빛나게 해주는 것

참여자 아이들이 그룹으로 모여서 작업을 하기도 한다고 했는데요, 그러면 그 그룹의 아이들은 작업이 끝난 후 같은 수학카드를 푸는 것인가요, 아니면 관심사가 비슷한 아이들끼리 모여서 푸는 것인가요?

올리비에 한 학급의 학생 수가 삼십 명이라면 그 삼십 명이 삼십 개의 다른 수학카드를 풉니다. 학생마다 이해도, 수준, 관심 분야가 다르기 때문입니다. 교사는 학생들이 일 년 동안 배워야 할 항목들을 적어서 리스트로 만들어 놓습니다. 학생들은 수학공책 앞에 이 리스트를 붙여놓습니다. 학급의 학생들이 같은 리스트를 가지고 있지만 같은 시기에 같은 속도로 그것을 완수해야 하는 것은 아닙니다. 한 아이가 자유수학과 카드학습을 통해 한 항목을 습득했을 때, 저의 역할은 거기에 밑줄을 그어 표시를 해주는 것입니다. 아이가 못한 것에 집중하도록 하는 것이 아니라 아이가 잘한 것, 성공한 것을 빛나게 해주는 것입니다. 우리는 아이의 성공에만 관심을 갖습니다. 그리고 '너 참 잘 했다, 다음에는 이걸 한번 해보는 것이 어떨까?'라고 하면서 학생의 주간학습계획표에 다음 작업이 들어갈 수 있도록 유도합니다. 그 아이가 해낸 것과 다음 작업을 연결하는 것도 프레네 학급에서 교사의 역할입니다.

시간이 다 되었습니다. 이것으로 자유표현 수학 아뜰리에를 마치도록 하겠습니다.

자유표현 아뜰리에 III : 몸과 목소리

몸과 목소리 아뜰리에는 프레네 교사들의 직접적인 지도가 없이 진행된 프로그램이다. 대신 별학교 교사들이 각각의 그룹에 참여자이자 진행자로 투입되었다. 아뜰리에 참여자들이 모두 모였을 때, 진행자는 '도', '레', '미' 를 차례로 소리내어 보라고 했고 그렇게 '도', '레', '미' 세 그룹이 조직되었다.

오수진 지금부터 몸과 목소리 아뜰리에를 진행하겠습니다. 먼저 시간을 체크해 주실 분과 기자를 정하겠습니다.

(선정)

　본격적인 활동에 앞서서 잠깐 재미있는 게임을 해보겠습니다. '장님놀이'라는 것인데요, 옆에 계신 분과 둘씩 짝을 지어보세요. 이제부터 한 분은 눈을 감고 장님이 되시는 거고요, 다른 한 분은 그분의 어깨를 잡고 그분의 눈이 되어드리는 것이에요. 자, 시작하겠습니다. 30초 동안 하겠습니다. 교통사고가 나지 않도록 조심하세요.

- 작업 -

　눈을 감고 뒷사람을 온전히 신뢰해서 나를 맡기는 기분이 어떠셨나요? 무섭지는 않으셨나요? 우리가 이 놀이를 한 이유는 자유表현이 더욱 자유롭게 이루어지도록 하기 위해서입니다. 어제 토론을 하는 동안 내 의견을 발표하는 것이 주저되고, 자꾸 타인을 의식하게 되는 것을 느끼셨을 겁니다. 그건 아마도 우리가 함께 한 시간이 얼마 되지 않아서 아직 서로가 어색하기 때문이라고 생각합니다. 자유表현을 하기 전 이런 간단한 몸놀이를 통해 분위기를 바꾸고 서로 간의 친밀감을 향상시킬 수 있습니다. 이제 분위기가 무르익었으니 본격적으로 '몸과 목소리 아뜰리에'를 시작하도록 하겠습니다. 진행은 이슬기 선생님께서 맡아주시겠습니다.

'카사노바와 할머니의 생신'

아슬기 여러분은 모두 도 혹은 레, 미 그룹에 속해 계시는데요, 오늘 끝까지 함께 할 동료입니다.

여기에 바구니 두 개가 있는데 각각 '인물통'과 '상황통'이라고 부르겠습니다. 지금부터 나누어 드리는 종이 두 장에 각자 한 명의 '인물'과 한 가지의 '상황'을 적으십시오. 그냥 머릿속에 떠오르는 인물을 적으시면 됩니다. 예를 들어 '결혼을 반대하는 아버지', '시험에 떨어진 수험생', '바람기 많은 남자 '카사노바' 등입니다. 이때 인물을 적는 것이지 '선생님'이나 '택시 기사'와 같은 직업을 적는 것이 아닙니다. 지금 모두 서른 명이니까 총 서른 개의 인물이 나오게 됩니다. 적은 후 인물통에 넣어주시면 됩니다. 그다음에는 상황을 적으시겠습니다. 상황이란, 예를 들어서 '상견례 상황', '1대 1, 종료 1분 전 한일 축구경기를 보는 긴박한 상황' 혹은 '할머니의 생신' 등을 적으면 됩니다. 역시 서른 개의 상황이 만들어질 것입니다. 서른 개의 인물과 서른 개의 상황이 섞이게 될 것입니다.

그것을 섞은 후 한 명씩 돌아가면서 각자 자신의 인물을 뽑고, 한 그룹이 하나의 상황을 뽑을 겁니다. 무엇과 무엇이 만나게 될지는 아무도 모릅니다. 어쩌면 카사노바와 할머니의 생신이 될지도 모르겠지요. 이 둘을 어떻게 연출할 수 있을까요? 할머니의 생신잔치에 옛날 남자친구였던 카사노바가 나타난다, 바람을 피우며 평생 바깥으로 떠돌던 카사노바가 우연히 할머니의 생신을 기억하고 다시 고향을 찾는다 등등 다양한 시나리오가 가능할 것입니다. 선생님들께서 무한한 상상력을 발휘하시도록 더 이상 예를 드리지 않겠습니다.

대신 시간제한이 있습니다. 정확하게 30분의 연습시간을 드리겠습니다. 3분짜리 작품을 만드는 것이 그룹의 과제입니다. 형식은 아무 상관이 없습니다. 춤, 노래, CF, 캠페인, 구호 혹은 말하지 않고 동작만으로 구성된 '무엇'을 만들어도 됩니다. 함께 토론해서 결정하세요. 다 하신 후 발표가 있습니다. 그러나 발표 역시 원하는 그룹이 할 것입니다. 만약 그룹 안에 절대 발표를 못 하겠다고 하는 분이 계시면 발표를 안 하기로 하는 것도 그룹의 자유입니다.
그럼 받으신 종이에 인물을 적어주세요. 질문 있으신가요?

참여자 혹시 식물을 적어도 되나요?

이슬기 식물이 인물은 아니지만, 꼭 원하신다면 적으세요.

참여자 인물을 적을 때 상황을 함께 적어도 되나요?

이슬기 그렇게 하면 복잡해지겠지만 원하신다면 그렇게 하셔도 됩니다. 자유롭게 적으세요.

이슬기 다 적으셨으면 통에 넣어주시고 지금부터 인물통에서 인물을 하나씩 골라서 각자 그룹연습실로 이동하시겠습니다. 잠시 후 제가 상황통을 들고 각 교실로 찾아가겠습니다. 그럼 한 분이 그룹을 대표해서 상황을 뽑고 그 상황에 맞춰 인물들이 모두 출현할 수 있도록 뭔가를 하시면 됩니다. 자, 이제 시작하겠습니다.

▶ 인물
- 과거의 잘못 때문에 죄책감에 시달리는 남자
- 머리카락을 빡빡 깎인 삼손
- 살 날이 한 달 남은 말기암 환자
- 기쁨에 마구 뛰는 아이
- 병원에 입원한 환자
- 술 한 잔 후 연수에 참여한 교사
- 숙제를 날마다 덜 해가거나 안 해가는 아이
- 처음으로 사랑에 빠진 노처녀

▶ 상황 : 놀이터에서 싸우다

〈 인물과 상황 예 - 그룹 '도' 〉

► 인물

- 초등학교 3학년 장난꾸러기 남자아이

- 욕을 밥 먹듯이 하는 욕쟁이 할머니

- 집을 나간 교사

- 교장과 싸우는 교사

- 쌍둥이를 임신한 며느리

- 매일 울기만 하는 아이

- 재테크를 잘 하는 아줌마

► 상황 : 교장과 교사들 간에 갈등이 있다.

〈 인물과 상황 예 - 그룹 '레' 〉

► 인물

- 어제 애인과 헤어진 여자

- 사랑받는 동생을 질투하는 첫째 언니

- 말하지 않는 아이

- 소풍가는 가족 가운데 엄마

- 바람에 흔들리는 나무

- 대머리 수전노

► 상황 : 우천으로 지리산 정상에서 조난당하다

〈 인물과 상황 예 - 그룹 '미' 〉

- 발표 -

▶ 어르신
저는 살날이 한 달밖에 남지 않은 말기암 환자입니다. 이제 저에게는 주어진 시간이 얼마 남지 않았습니다. 인생이 하나의 놀이터라면 저에게는 놀 시간이 얼마 남아있지 않은 거죠. 그러나 아직 시간이 있는 사람들은 놀이터에 나와 있습니다. 놀이터의 모습을 한번 살펴보도록 하겠습니다.

여자: 꽃다운 나이 스물다섯, 별의친구들을 만나 교육과 아이들에게 희생한 세월이 어언 10년. (팔짱을 낀 남자의 얼굴을 미소 지으며 바라보고 어깨에 기댄다)
남자: 좋아? 나만 믿어
여자: 저희 곧 결혼해요!

아이: 엄마, 우리 퇴원하는 거 맞아?
엄마: 그래, 우리 퇴원하는 거야
아이: 우와! 신난다! 신난다! (폴짝 폴짝 뛰며 좋아한다)

여자: 저기 (모녀 쪽을 가리키며) 가서 사진찍자!
남자: (그쪽을 바라보다가 곧 얼굴을 손으로 가리며) 어! 아니야, 저쪽으로 가자 저쪽으로!
여자: 저기 예쁜 거 많아. 저쪽으로 가자, 저기 꽃도 있어.
남자: 아니야, 저쪽으로 가자. (반대쪽을 가리키며 그쪽으로 가려한다)

아이: (팔짱낀 남여를 가리키며 엄마에게) 어! 저기 누구지? 아빠 아니야?
엄마: 어디?
아이: 아빠 같은데? (남자의 어깨를 치며 큰 소리로) 아빠!

남자와 여자, 모녀 마주친다.

아이: 아빠! 이 아줌마 누구세요?
여자: 아니 아줌마라니?
엄마: (여자를 마주보고) 아니, 당신 어떻게 이럴 수가 있어요? 가정을 버리고! 어떻게 이럴 수가 있어요? 아니 어떻게!
아이: 아줌마 미워! 아줌마 미워!

▶ 어르신
모래판에서 벌어진 싸움 하나를 봤습니다.
자, 그럼 다음 장면을 하나 더 보시죠.

선생님: 너희들! 너희들이 어떻게 이럴 수가 있니? 안 그래도 너희들한테 힘하게 대한 게 미안해서 어떻게든 잘 해보려고, 별의친구들에서 하는 연수도 갔다가, 선생님들끼리 술 한 잔 하고 왔는데... 그래서 교실에서 너희들을 만나면 어떻게든 정말 잘해 봐야겠다고 다짐하고 왔는데 말이야. 너희들이 놀이터에서 내 욕을 하고 있어? 정말 배신감 느껴! 내가 너희들한테 이렇게 할 수 밖에 없는 이유가 따로 있는 게 아니야! 할 말 있으면 해봐!

학생1: 선생이 연수 가서 술 마시고 잘한다. 머리... 귀밑머리 1cm 정말 짜증나! 내 머리 다 깎였잖아!
학생2: 술 먹고 연수 가시는 분이 숙제 좀 안 해왔다고 그렇게 뭐라 그러시고... 그러시면 곤란합니다.

▶ 어르신
인생의 놀이에는 싸움까지 포함됩니다. 방금 학생이 선생을 가르치고 있었죠? 자, 이런 인생의 놀이판, 싸움까지 포함된 즐거운 놀이판, 이것을 누릴 수 있는 시간이 이제 저에게는 얼마 남지 않았습니다.
시간을 갖고 계신 그대들이여, 더 신나게 놀다가 오십시오!

〈 몸과 목소리 그룹 도의 발표내용 〉

장 노엘 봤습니다. 발표해 주신 선생님 중에서 이 공연이 만들어지기까지 어떤 일이 있었는지, 어떻게 진행되었는지 말씀해 주시면 좋겠습니다. 저는 글쓰기 아뜰리에를 하느라고 몸과 목소리 아뜰리에에서 무슨 일이 있었는지 전혀 알지 못합니다. 저와 글쓰기를 했던 선생님들은 모두 같은 생각일 텐데요, 그분들을 위해서 설명을 부탁드립니다.

참여자 먼저 세 그룹으로 나누었습니다. 그리고 처음 만나서 생긴 어색한 분위기를 바꾸고 긴장도 풀기 위해서 '장님걸음놀이'를 하였습니다. 둘씩 짝을 이루어 한 사람이 장님이 되고 뒷사람이 하라는 대로 움직이는 것이었습니다.

그리고 두 장의 종이를 받아 한 장에는 상황을, 다른 한 장에는 인물을 적었습니다. 이때 단순한 직업을 적는 것이 아니라 구체적인 역할을 덧붙여 적었습니다. 적은 후에 준비된 바구니에 넣고 섞은 후 한 사람씩 인물을 뽑아서 그룹 활동을 하는 교실로 갔습니다. 그리고 잠시 후 그룹의 대표가 상황통에서 한 장의 상황을 뽑고, 그룹 사람들은 각자 자신이 맡은 인물이 무엇인지 이야기하고 주어진 상황에 맞추어 자신의 역할을 설정하였습니다. 대화를 계속하면서 스토리 라인을 작성하고 대사를 정하면서 하나의 공연이 탄생하게 되었습니다.

올리비에 감사합니다. 오늘 연수를 마치기 전에 정해야 할 몇 가지가 남아있습니다. 연수 첫날 이야기 나왔던 것처럼 '자유표현이 무엇인가'에 대한 토론과 자치회의 그리고 교사의 역할에 대해 논의하고, 마지막으로 이번 연수에 대해 종합정리를 하는 시간이 필요합니다. 이 네 가지를 어떻게 배치할 것인지 시간표를 짜는 일이 남았습니다.

오늘 자유표현 작업을 했으니 내일 꾸아 드 네프 후 자유표현에 대한 토론으로 이어가는 것은 어떨까요? 그리고 나서 자치 회의에 대해서 할까요, 교사역할에 대해 토론을 할까요?

참여자 내일은 자유표현과 자치회의에 대해 토론하고 마지막 날 교사의 역할을 했으면 좋겠습니다.

장 노엘 그럼 남은 이틀의 연수 시간표는 다음과 같습니다.

	화요일	수요일
1교시	자유표현의 의의	교사의 역할
쉬는 시간		
2교시	자치회의	종합정리

〈 제안된 시간표 〉

장 노엘 내일 1교시에는 자유 표현에 대한 토론을 하고 쉬는 시간이 지난 후 2교시에 자치 회의를 하도록 하겠습니다. 덧붙일 말씀이 없으시면 오늘 일정은 이것으로 마치도록 하겠습니다. 수고하셨습니다.

제 3 장 _ 결정하지 않는 교사

| **결정하지 않는 교사** |

꾸아 드 네프

이유정 집중연수 셋째 날을 맞았습니다. 저는 오늘 꾸아 드 네프의 진행을 맡은 이유정입니다. 스승의 날을 맞아 선생님들께서 다양한 행사로 분주한 시간을 보내고 오셨으리라고 생각하는데요, 오늘을 의미 있게 마감할 수 있도록 이 자리에서 많은 나눔과 배움이 이루어졌으면 좋겠습니다.

꾸아 드 네프는 7시까지 진행될 예정입니다. 시간체크를 도와주실 분을 기다리고 있습니다. 그리고 꾸아 드 네프의 내용을 적어주실 기자 분도 필요합니다. 어제 하신 선생님께서 계속하시길 원하십니까, 아니면 다른 분께 기회를 드리도록 할까요?

참여자 다른 분께 기회를 드렸으면 좋겠습니다.

이유정 네, 그럼 누가 하시겠습니까? (기자선정) 우리가 함께 작성한 시간표에 의해 오늘 1교시는 자유 표현에 대해 종합평가를 하고 2교시에는 자치 회의에 관한 토론이 이루어질 예정입니다. 먼저 자유표현 종합평가를 기록해 주실 분을 선정하도록 하겠습니다. (기자선정) 그리고 2교시 자치 회의에 기자를 하실 분 계십니까?

참여자 기자라고 하면 그 시간을 단순히 스케치만 하는 것인가요, 아니면 꼼꼼하게 모두 적어야 하나요?

이유정 두 가지 방법이 모두 가능합니다. 있었던 일만 단순하게 기록하셔도 되고 사실을 적은 후 의견을 덧붙이셔도 됩니다.

참여자 그럼 제가 하겠습니다. (기자선정)

이유정 꾸아 드 네프는 말 그대로 본 프로그램에 들어가기에 앞서 워밍업을 하는 시간, 즉 여는 모임을 의미합니다. 어제부터 있었던 새로운 일이나 여기 계신 분들과 꼭 나누고 싶은 이야기 등 일상에 있었던 이야기들을 들려주셔도 되고 어제 우리가 했던 자유표현에 관한 느낌 등을 자유롭게 말씀해 주셔도 됩니다.

참여자 오늘 아이들이 어버이날 부모님께 드리려고 만들었던 꽃을 재활용하여 저에게 달아주었습니다. 이런 재활용도 가능하구나 생각하면서도 참 기뻤습니다.

이유정 선생님께서도 잘 간직하셔서 내년 어버이 날 또 사용하시면 되겠네요?

참여자 저는 기자들의 글을 모아 신문을 작업하는 코디네이터 역할을 맡고 있습니다. 좋은 글을 많이 보내주신 선생님들께 감사드립니다. 아직 글을 보내지 않으신 분은 메일로 보내주셔도 되고 직접 전달해 주셔도 좋습니다. 그리고 지금 우리가 만들고 있는 신문의 제목을 공모합니다. 우리가 함께 만드는 신문이니까 이름도 함께 정했으면 합니다. 좋은 의견 있으시면 연수 중 언제라도 코디네이터에게 말씀해 주시기 바랍니다.

참여자 저도 오늘 스승의 날이라 호사하고 왔습니다. 아이들이 눈을 가리고 교사 방에 데려다 놓더니 나오지 말라고 했습니다. 한 30분쯤 후에 가보니까 의자에 앉으라고 하더니, 아이들이 모여서 교사들의 발을 씻겨주었습니다. 발을 담그고 있는 동안 몇몇 아이들은 안마를 해주고 몇몇은 얼굴에 황토팩을 해주기도 했습니다. 세족례가 끝나고 나서 과일, 떡, 케이크가 차려진 상도 받았습니다. 그렇게 아이들과 함께 행복한 잔치를 하고 왔습니다. 제 모습이 어제보다 나아 보이지 않나요?

참여자 1학년 중에서 말썽을 많이 피우지만 정말 귀여운 아이가 있습니다. 오늘 제가 질문을 했지요. "오늘이 무슨 날인지 알아?", 그랬더니 이 아이가 "할머니 제삿날?", "아니, '어린이날', '어버이날'과 같은 날이 또 하루 있잖아. '스'자로 시작하는 거.", "...", 아이가 모르는 것 같아서 오늘이 스승의 날이라고 설명해 주고 그러니까 나를 기쁘게 해 줘야 한다고 말해주었습니다. 그랬더니 "오늘 김치 먹어줬잖아!"라고 대답하더라고요. 그 아이 때문에 기분 좋은 하루였습니다.

참여자 어제 자유표현 '몸과 목소리'를 하면서 느낀 것입니다. 발표할 생각으로 정말 열심히 준비했습니다. 연습하면서도 '이건 정말 창조적인 거야, 분명히 사람들이 많이 웃을 거야.'라고 생각했습니다. 그런데 발표 때보니까 저희 앞에서 하신 분들이 너무 잘하셔서 주눅이 들었습니다. 열심히 준비한 것이 생각만큼 돋보이지 못해서 아쉬웠지만 정말 재미있었습니다.

어제 자유표현을 설명하면서 '표현을 하지 않을 자유'도 있다고 말씀하신 것이 기억납니다. 우리 학교에서 만약 어떤 학생이 안 하겠다고 한다면, 이전의 저 같으면 그 학생에게 참여할 것을 강요했을 것 같습니다. 하지만 생각이 바뀌었습니다. 이제는 그 '학생의 하지 않을 자유'를 받아들이고 시간이 흘러 그 학생의 생각이 바뀌기를 기다릴 것 같습니다.

스승의 날과 관련된 에피소드도 있습니다. 오늘 졸업생들이 교사들을 위해 음식과 선물을 준비했는데요, 수업을 마치고 나온 신입생들이 모르고 그 음식을 먹고 선물도 열어버렸습니다. 정성껏 준비했던 졸업생들이 속상해서 나가버리고 신입생들은 미안해서 어쩔 줄을 모르고.. 좀 어색한 스승의 날이 되었습니다.

참여자 요즘 저희의 하루는 프랑스 선생님들과 함께 시작해서 선생님들과 함께 마무리됩니다. 낮에 프랑스 선생님들께서 무엇을 하시는지, 어떤 일정을 보내고 계시는지 궁금해하실 것 같아서 말씀을 드립니다. 오늘은 스스로넷 미디어 스쿨을 방문했습니다. 매번 별학교와 같은 곳을 보시다가 시설과 환경이 잘 갖추어진 이곳을 돌아보시고 많이 놀라기도 하시고 새로운 조언을 주기도 하셨습니다. 스스로넷 선생님들께 학교철학과 학습원리에 대한 소개를 받고, 아이들과 함께 식사하고 설거지하고 학교에 대한 대화도 나누었습니다. 어디를 방문하든 프랑스 선생님들께서는 늘 아이들과 대화하고 아이들을 통해 학교에 관해 이야기 듣는 것을 좋아하신다는 것을 알았습니다.

스스로넷을 나와서 하자작업장학교가 있는 서울시 대안교육센터에 다녀왔습니다. 간사들과 한 시간 정도 대화를 나눈 후 연수 시간이 촉박해서 나왔는데 정원에서 상상노리단의 악기를 발견하게 되었습니다. 그곳에서 음악교사인 장 노엘의 열정이 마구 발산되는 것을 느꼈습니다. 이것저것 다 살펴보고 직접 연주해 보고 설명을 듣고 사진을 찍다가 급기야 악기를 제작하고 있는 아이들을 만나셨습니다. 아이들에게 생 나제르 학생들이 편지로 '이런 악기들을 어떻게 만들고 연주하는지'에 대해 묻는다면 답장을 해 줄 수 있느냐고 물으셨습니다. 아이들이 영어로 한다면 가능하다고 했더니 "이것이 바로 프레네 교육에서 말하는 편지교환의 시작이다"라고 말씀하시면서 좋아하셨습니다.

참여자 오늘 하루를 되돌아봅니다. 스승의 날 행사를 준비하기 위해 6시에 일어나서 6시 30분에 집에서 나왔습니다. 택시를 타고 학교에 도착하니 8시 30분이었습니다. 먼저 방송반 문을 열고, 스카우트 아이들과 함께 교문 앞에서 꽃을 달아드리는 행사를 하고, 방송조회를 한 후 학생들과 이동해서 수영장으로 달렸고, 다녀와서 4교시 수업을 하고 아이들과 밥을 먹고, 먹자마자 아이들을 모아놓고 전달 사항을 알려줬습니다. 5교시 마지막 수업을 하고 하교지도를 하니까 2시 반이었습니다. 급하게 공문처리를 하고 3시부터 교직원 체육대회를 하고 나니 4시였습니다. 몇 가지 일들을 팩스로 처리하고 나니까 4시 30분이었습니다. 정리하니까 5시가 되었고 급하게 식사를 마치고 연수받으러 왔습니다. 아마 연수가 끝나고 집에 가면 또 11시가 될 것이고 잠을 청할 것입니다. 내일이면 또 다른 행사가 기다리고 있겠지요. 스승의 날이라고 꽃을 많이 받기는 했는데요, 다른 선생님들의 이야기를 듣고 보니 제가 보낸 스승의 날이 너무 생소하지 않았나 하는 생각이 들었습니다.

참여자 7시입니다.

이유정 오늘의 꾸아 드 네프를 마치겠습니다. 이야기를 나누어주고 경청해 주신 선생님들께 감사드립니다.

1. 자유표현 종합정리 및 평가

올리비에 어제 했던 아뜰리에에 대한 종합정리를 하겠습니다. 쉬는 시간 전 8시 15분까지 진행하겠습니다. 시간체크는 같은 분이 해 주실 건가요? (선정) 먼저 어제 했던 아뜰리에에 대한 평가를 하고, 이어서

'자유표현을 왜 하는지, 무엇을 표현하는지, 어떤 식으로 표현하는지'에 대해 이야기 나누도록 하겠습니다. 지금 이야기된 세 가지 외에도 자유표현에 대해 제가 기억하지 못하는 것이 있다거나, 더 다루고 싶은 부분이 있으면 말씀해주시기 바랍니다. 그럼 지금부터 아뜰리에 평가를 시작하겠습니다. 먼저 수학 아뜰리에가 어떻게 진행되었는지 참여하셨던 분께서 설명해 주시기 바랍니다.

아이들의 낙서에서 시작하는 자유표현 수학 아뜰리에

장 노엘 저는 수학 아뜰리에에 참여하지 않아서 어떻게 진행되었는지 모릅니다. 어떤 과정으로 무엇을 하였는지 나누어주시기 바랍니다.

참여자 올리비에 선생님과 함께했습니다. 준비물은 종이, 자, 그리고 동그랗게 오린 도화지와 연필이었습니다. 그것으로 종이 위에 하고 싶은 대로 하라고 하셨습니다. 어떤 선생님은 동그라미를 대고 계속 원을 그리기도 하셨고, 어떤 선생님은 종이를 접어서 입체적인 그림을 그리기도 하셨습니다. 얼마 동안 이런 작업을 한 후 결과물을 책상 위에 올려놓고 옆으로 돌아가면서 다른 사람이 그린 것을 하나씩 살펴보았습니다. 그리고 원의 중심을 찾는 방법에 관해서 토론하였습니다. 올리비에 선생님께서 원의 중심을 찾는 방법은 만 이천 개가 넘는다고 하셨고 이 4가지 도구만을 이용하여 찾을 수도 있다고 하셨습니다. 이런 작업은 아이들이 공책 구속에 해놓은 낙서에서부터 시작할 수 있고 그것을 통해서 아이들의 수학에 관한 관심을 끌어낼 수 있다는 것이 흥미로웠습니다.

참여자 원을 그리라고 하니까 어떤 사람은 수학도형을 생각했고 어떤 사람은 단순한 원 대신에 다이어그램을 그리기도 했습니다. 그리고 그 안에 자신의 의사소통방식을 표현하신 분도 있고 분식집의 메뉴표나 시간표 등을 만드신 선생님도 계셨습니다. 올리비에 선생님께서는, 이런 것을 통해서 아이들은 생활 속의 감정을 표현하기도 하고 수학적 문제의식을 드러낸다고 하셨습니다. 그리고 그것을 해결할 수 있도록 과제를 내면서 수학작업으로 이끌어가는 것이 교사의 역할이라고 하셨습니다.

장 노엘 여기에 계시는 모든 분께서 자유글쓰기에 참여하셨으니 우선 몸과 목소리 아뜰리에의 진행 과정을 먼저 이야기해 주셨으면 합니다.

올리비에 저도 참여했는데 한국말로 진행되었기 때문에 하나도 이해할 수는 없었지만, 진행과정을 모두 지켜볼 수는 있었습니다. 저에게 흥미로웠던 것은 교실에 들어갔을 때 한가운데 책상이 준비되어 있던 것입니다. 사람들은 그곳에 자신이 뽑아온 인물과 상황쪽지를 올려놓고 인물을 나누어서 배치함으로써 일종의 무대연출을 하는 상황이 창출되었습니다. 여기에서 책상이 굉장히 중요한 역할을 하였다고 생각합니다. 왜냐하면, 그곳에 한 사람도 빠짐없이 자기의 종이를 놓고 각자 역할을 정하는 과정 동안, 참가자들은 실제 무대 위에서 연극을 하는 것처럼 작업하였기 때문입니다. 책상이 무대의 역할을 해주었습니다. 다음에 몸과 목소리 아뜰리에를 조직할 기회가 생긴다면, 저 역시도 책상을 놓고 시도해볼까 생각합니다. 어제 공연이 있었던 후로 그 공연에 참여했던 선생님들을 이전과는 다른 눈으로 보게 된 것 같습니다.

참여자 생각이 다른 여럿이 모여서 하나의 이야기를 만든다는 것은 시작부터 힘들었습니다. 정해진 시간 안에 모든 인물이 출현하는 상황을 설정해야 하고 대사를 만들어야 한다는 것은 계속 난항이었습니다. 그래서 인물과 상황의 대략적인 흐름만 잡아놓고 각자가 대사나 상황을 마음대로 풀어보자고 했습니다. 사실 마치기 10분 전까지 조직하는 데만 대부분의 시간을 소요했는데, 마음대로 해 보자며 실제로 한발을 내디뎠을 때 오히려 자연스럽게 진행되는 느낌을 받았습니다. 여럿이 모였으니까 일단 합의를 한 후 무언가를 시작하는 것이 이 아뜰리에의 중요한 목적이 아닐까라고 생각했었는데, 일단 규칙이나 틀에서조차 벗어날 수 있는 자유를 받아들이니까 훨씬 수월하게 진행이 된다는 것을 알았습니다. 방식의 자유를 주니까 새로운 방법이 나왔고 그것이 더 좋은 결과를 낳았던 것 같습니다.

'프레네 교육은 내용이 아니라 형식'

장 노엘 어제 있었던 아뜰리에에 대해서 하실 말씀이 있거나 느낀 점이 있으면 말씀해 주시기 바랍니다.

참여자 '프레네 교육은 내용이 아니라 형식이다'라는 말을 잘 이해하지 못했습니다. 사실 우리가 교사로서 교육활동을 할 때, 우리는 보통 이 작업이 학생들의 의식을 어떻게 채워줄지에 대해 고민합니다. 하지만 어제 두 개의 아뜰리에를 체험해 보면서 프레네 교육은 의식보다는 무의식, 즉 자기가 자각해서 알지 못하는 부분을 들여다보도록 하고 그것을 끄집어내는 작업을 계속하게 한다는 것을 알았습니다. 자유 글쓰기를 통해 불안, 사랑, 기쁨 등 감정적인 부분들이 드러나게 하는 것도 그렇고, 몸과 목소리를 통해 자신이 받은 상황과 인물에 대한 유형을 만들도록 유도하는 것도 의식이 아닌 무의식의 세계와 연관된 작업이라고 생각합니다. 그래서 프레네 교육에서는 내용이 아닌 형식을 던져주고, 무의식에서 끄집어낸 자아를 통해 의식의 세계에서 갈 수 있도록, 스스로 그 내용을 채워가도록 한다는 것을 느꼈습니다.

장 노엘 혹시 이 의견에 대해서 어떻게 생각하시는지요?

참여자 약간 다른 식으로 표현하겠지만 제 이야기 역시 무의식과 관련된 것입니다. 오늘 연수에 오면서 이런 의문을 가졌습니다. '어떻게 단 두 번 만났는데 우리가 이렇게 가까워질 수 있었을까?' 이것이 아이들과의 만남이라면 놀이를 하고 장난을 치면서 금방 친해질 수 있겠지만, 아무리 연수라고는 하지만 마흔 명이 넘는 어른들이 엊그제 처음 만난 것인데 이렇게 가까워질 수 있는 이유는 무엇이었을까 하는 의문을 가졌습니다. 저는 무엇보다도 마음이 굉장히 편했습니다. 어릴 때는 누구나 본능에 따라 오감을 잘 사용합니다. 하지만 어른이 되면서 고정된 자세에서 극히 고정된 감정만을 사용하게 되고 따라서 몸은 점차 경직됩니다. 이틀 동안 우리가 한 것을 돌아보면 정말 별것 없었습니다. 토론하고 글 쓰고 몸짓을 조금 했을 뿐인데 이 단순한 행위들이 왜 이런 영향을 주었을까요? 큰일을 한 것도 아니고 뭔가를 많이 한 것도 아닌데요. 하지만 우리가 한 것들은 우리가 잊고 있었던 감각들을 깨우는 작업이었다고 생각합니다. 평소에 잘 사용하지 않았던 느낌을 끄집어내어 적어보고, 몸을 움직이고 소리를 내면서 기분이 좋아진 것입니다. 그리고 이 행위들이 우리를 자유롭게 한 것이지요.

　아이들과 수업할 때의 제 모습도 돌아보게 되었습니다. 아이들에게 주고 싶은 것이 많아서 잔뜩 준비해가면 갈수록 아이들에게 그것을 전부 전해주려는 욕심에, 아이들을 더욱 잡아두게 되고 아이들의 소리를 잘 듣지 않게 됩니다. 하지만 준비해 갔던 것을 버리고 마음을 비우면 오히려 아이들의 목소리가 잘 들립니다. 어제 아뜰리에를 하고 토론을 하면서 제 자신 안에 있는 두려움이 사라지고 경직된 것이 풀리는 느낌을 받았습니다. 제가 풀리는 것을 보고 저의 자유로움을 느끼는 옆 사람이 또 그렇게 풀리고 또 그것이 옆으로 전달되는 과정에서 우리 모두 치유가 되고 있는 것은 아닐까 싶습니다. 우리가 함께 이 기회를 통해 풀리니까 거기에서 해방감을 느끼고 그런 모습을 보고 있는 사람들도 저와 같은 자유와 해방감을 느끼게 되는 것이라고 생각합니다. 이런 만남이 기쁘고 좋습니다. 앞으로 학교에서도 저의 이런 경험과 느낌을 토대로 아이들에게 잘 적용할 수 있을 것 같습니다.

　장 노엘 두 분의 의견 감명 깊게 들었습니다. 저희가 프레네 운동의 실천가로서 이 자리에 와 있지만, 여러분 또한 현장의 실천가로서 저희에게 배움을 주고 계십니다. 앞으로도 오늘처럼 우리가 생각하고 있는 것들을 계속 공유할 수 있기를 바랍니다. 지금부터 이렇게 의견을 나누는 방식으로 진행하는 것이 어떨까 합니다. 쉬는 시간 후 자치 회의에 관한 토론도 서로의 경험과 생각을 나누는 식으로 진행했으면 좋겠습니다. 그리고 앞서 선생님께서 말씀해 주신 것처럼 몸이 편안해야 정신이 자유로워지고 그래야 좋은 의견이 나올 수 있는 것입니다. 혹시라도 자리가 불편하다거나 피곤하다고 느끼시면, 잠깐 나가서 쉬고 오셔도 좋고 차 한 잔을 들고 오셔도 좋습니다. 몸이 편할 수 있도록 자유롭게 대처하시기 바랍니다.

제 의견도 두 분 선생님과 마찬가지로 무의식과 관련이 있습니다. 저희가 학생들과 공유하는 것은 '작업'인데, 이것이 바로 학생과 저와의 지렛대, 즉 수단이 되는 것입니다. 이 부분에 대해서는 잠시 후 정신분석전문가 선생님으로부터 전문적인 말씀을 요청해 듣도록 하겠습니다.

제 학급의 경험도 앞에서 발표해 주신 선생님의 경험과 비슷합니다. 작업 자체에 치이지 말아야 학생들의 자유표현이 활발할 수 있습니다. 학생들에게 지식적인 것을 많이 준비해서 전달해 주고자 하면 물론 지식이 전달되기는 합니다. 하지만 자유로운 작업을 통해 내용이 전달되는 학습활동은, 진행되는 과정에서 예측 불가능한 일이 발생할 수도 있는데 그렇게 발생한 새로운 변수에 대처하는 과정을 통해 교사가 준비한 지식과 동등하거나 더 많은 자격을 가질 수 있는 성과를 낳을 수도 있게 됩니다. 그렇다고 교사가 준비를 안 해도 된다는 얘기는 아닙니다. 실제로 우리는 수업에 들어가기 전에 매우 많은 준비를 합니다. 우리가 준비하는 것은 '수업 시간에 어떤 도구를 사용할 것인가, 수업을 어떻게 조직할 것인가, 어떤 재료를 사용할 것인가' 하는 장치적인 측면에 관련된 것입니다. 이것들을 어떻게 활용할 것인가 고민합니다. 그리고 저는 책 읽는 것을 굉장히 좋아하는데요, 제가 읽는 책도 수업을 위한 하나의 도구로 준비되는 것입니다.

올리비에 여러분하고 지금까지 해본 것들은 프레네 교육에서 사용하고 있는 기술 일부이며 프레네 교육으로 입문할 때 사용하는 기본적인 것들입니다. 교사나 학생들이 초기 단계를 벗어나 일상 속에서 프레네 교육을 따르고 그것이 습관화되면, 일부러 프레네의 테크닉을 사용할 필요가 없어집니다. 조직적 측면에서 시간표를 같이 짜고 학교 안의 모든 활동을 학생이 알아서 논의하도록 내버려 둔다면 저절로 모든 것이 굴러가게 됩니다.

장 노엘 자유표현 작업을 활성화할 수 있는 촉매는 사방에 널려있습니다. 교사는 이 촉매를 어떻게 사용할지에 대해서 연구해야 합니다. 글쓰기 협회를 통해 영감을 얻을 수도 있고, 연극을 보거나 독서를 통해서 혹은 동료교사들을 관찰하면서 방법을 구상할 수도 있습니다.

오늘 낮 하자 학교에서 악기를 만드는 학생들을 만났을 때, 전 바로 '이건 매우 좋은 촉매제'라고 생각했습니다. 그래서 학교에 돌아가면 우리도 악기를 제작할 수 있는 공간을 만들어봐야겠다고 생각했습니다. 또한, 이 머릿속의 영감들을 실천해 보고 도움과 조언을 얻기 위해 그쪽 학생들과 서신 교환을 할 예정입니다.

그러면 이번에는 자유표현, 즉 창작과 관련된 모든 자유로운 활동들이 과연 어떤 의의가 있고 있으며 무슨 소용이 있을까에 대해서 이야기를 나눠보도록 하겠습니다.

참여자 자신의 무의식 속에 잠재된 부분이 여러 가지 방법을 통해서 나올 수 있도록 하고 그것을 확인하도록 하는 것 같습니다. 확인하지 않고 상상 속에만 머물러 있을 때 우리의 망상은 깊어지게 마련입니다. 자기표현을 통해서, 자신에 대한 인식이 가능하고 자신이 누군지 알게 될 때야 비로소 부정적 자아에 대한 진정한 수용도 가능하지 않을까 싶습니다. 즉, 내가 누구인가, 나는 무엇을 할 수 있는가를 알게 되는 것입니다. 이런 과정을 통해서만이 진정 자기가 주인 된 삶을 살아갈 수 있지 않을까요? 그 힘을 얻을 수 있는 뿌리가 바로 자유표현인 것 같습니다. 아뜰리에를 하기 전에는 자유표현이 중요하지만 왜 중요한지 몰랐는데, 아뜰리에를 경험하면서 그것이 얼마나 중요한 작업인지 깨닫게 되었습니다.

장 노엘 다른 분들의 의견은 어떻습니까?

참여자 연수 내내 협동과 소통을 강조하셨는데, 제 생각의 흐름과 연수시간의 흐름에 맞추어 저의 경험을 말씀드리겠습니다. 저는 정말 놀라운 경험을 했는데요, 그것은 이 종이와 펜과 관련이 있습니다. 여태껏 어떤 연수를 가든지 이 두 가지는 제가 소유하고는 있지만, 저의 생각을 적는 것이 아니라 남의 것을 받아 적는 도구였습니다. '아, 저 사람이 한 말 정말 멋있어', '저건 방법이 괜찮은데...' 하면서 저에게 말하고 있는 사람의 것을 적었습니다. 다시 말하면 이 두 가지는 '제 것'이지만 사실은 '남의 것'이었습니다.

예전에 존경하는 한 선생님께서 '교육이라는 것은 학생의 머릿속에 물을 집어넣는 것이 아니라 불을 지르는 것'이라고 말씀하셨습니다. 하지만 저는 학생들에게 불을 지피는 것이 아니라 물을 채워주려고 하였습니다. 가끔 불을 붙였을 때는 이러다가 다 타버리는 것이 아닌가 불안했습니다. 그래서 끝날 때는 꼭 물을 부어주었습니다. 그렇지만 그것은 아이의 불안이 아니라 제 자신의 불안이었습니다.

첫날 연수를 받으면서 저는 이 불안한 마음 때문에 많은 것을 열심히 받아 적었습니다. 그런데 시간이 지나면서 제 펜이 조금씩 굳어지고 있었습니다. '뭐야, 다 알고 있는 것이잖아!' 하는 생각에 적는 것을 멈추었습니다. 그런데 적는 것이 없는데도, 제 자신이 점점 편안해지고 행복해지고 아이들을 가르치면서 들었던 불안이 덜어져 나가는 것을 느꼈습니다. 배운 것이 많지 않다고 생각하는데도 저는 점점 동화되고 있었습니다. 이런 느낌이라면 '나도 학교에서 아이들과 할 수 있겠다'는 자신감이 생겼습니다.

집으로 돌아가면서 소통에 대해서 생각했습니다. 소통이 중요하다고 하는데 소통은 도대체 무엇이며, 왜 우리는 소통이 안 될까 라는 질문을 던져보았습니다. 결국, 제가, 제 자신의 의견을 가지지 못하고 항상 어디서 들었던 남의 의견을 통해서 이야기했기 때문에 진짜 소통이 이루어지지 않았다는 생각이 들었습니다. 저기 프랑스 선생님 두 분이 계시는데요, 저는 저 두 분과 아무 말도 통하지 않습니다. 첫날 연수에서 정말 답답했던 것이 통역이라는 단계를 거쳐서 저분들의 이야기를 이해할 수 있고 내 말을 전달할 수 있다는 것이었습니다. 그런데 연수를 하루 이틀 받으면서 하나의 단계를 거치더라도, 내가 고유한 나의 생각을 가지고 있을 때는 소통이 된다는 것을 알았습니다. 직접 한 마디도 나눌 수 없지만 내가 내 의견을 갖고 그 사람의 생각과 이야기를 하는 순간에 소통이 시작되는 것을 깨달았습니다. 내 의견을 갖는 것이 소통의 출발이라고 생각합니다.

마지막으로 자유표현에 대해 말씀드리고 싶습니다. 자유표현은 자신의 의견을 드러내는 단계라고 생각합니다. 의견을 표출하는 방식이 소통이고 그 소통은 또한 서로 다른 의견을 조율하는 단계이기도 합니다. 몸과 목소리 아뜰리에에서 서로가 의견을 내면서도 어떻게 하면 상대의 기분을 상하지 않게 나를 표현할 수 있을지 고민하고 조율하는 과정을 거쳤습니다. 발표를 통해서 만족을 느끼고 많은 것을 얻어갈 수도 있겠지만, 이런 과정을 거쳤다면 발표를 하고 안 하고는 중요한 문제가 아니라고 생각합니다.

매번 연수에서 많은 것을 적고 다시 읽어보지 않은 채 잊어버렸는데, 이번 연수는 종이에 적는 것이 아니라 제 자신에게 담고 있습니다. 제 자신에게 담으면서 '아, 바로 이렇게 성장하는 것이고 이렇게 배우는 것이구나' 하고 느낍니다. 이번 연수는 배움의 방법에 불을 지르는 것이 아니라 내 자신에게 불을 질러서, 아무것도 남지 않은 무의 상태에서 새로운 나의 것을 건설해 가는 시간이라고 생각합니다.

장 노엘 이런 이야기들을 어떻게 꺼내면 좋을지 고민했었는데 이렇게 나누어 주셔서 감사드립니다. 그룹 활동의 장점은 다른 사람들과 신뢰관계를 쌓을 수 있다는 것입니다. 동기화나 준비하는 과정이 모두 여기에 포함이 된다고 할 수 있겠습니다. 지금 말씀하신 것과 다른 의견이 있으면 또 말씀해 주시기 바랍니다.

참여자 지금까지 자유표현에 대해 생각할 때 막연하게 표현을 자유롭게 한다는 것이라고 생각했는데, 오늘 꾸아 드 네프를 하면서 그 반대라는 생각이 들었습니다. 내가 자유로워지면서 그 자유가 표현으로 이루어지는 것이 바로 자유표현이 아닐까 하는 것입니다.

저는 어제 자유 글쓰기와 자유수학을 했습니다. 내성적이고 소극적인 성격 때문에 몸과 목소리를 하면서는 자유로울 수 없을 것이라고 판단했기 때문입니다. 대화를 통해서 자유를 느끼거나 그것을 통해 존재를 인식하고 상대와 교류하는 것에 어려움을 느끼면 주어진 활동이나 과제가 나의 자유를 아무 여과 없이 전진시킬 수 있는 방화제 역할을 하는 것이 아닐까 생각했습니다. 그런 부분에서 두 분께서 말씀하신 것처럼 '내 것을 갖는 것'이 중요한 것 같습니다. 내 것이 생기면 나의 개념이 생기고 상대적으로 상대방의 것도 생긴다고 생각합니다. 지난 시간까지는 만약 상대방이 자기를 표현하면 내가 영향을 받게 되고 그것 때문에 혼란스럽지 않을까 하고 걱정했는데, 지금은 그 혼란조차도 지속적인 활동과 과제를 통해 거듭되면서 내 것을 이루도록 도와주는 역할을 하며 나를 성장시키는 것이라고 생각하게 되었습니다. 시도하는 모색이라는 것이 바로 이런 것이 아닐까 싶습니다. 그런 부분에서 소통은, '나와 너는 다르다'가 아닌 '같다'라는 의식에서 출발해야 하고, 그렇기 때문에 비난이 아닌 존중하는 상태에서 자유로운 대화와 교류를 할 수 있다고 봅니다.

올리비에 자유표현과 관련하여 다음 문제로 넘어가겠습니다. 학급에서 자유표현을 한다고 가정했을 때 학생들이 창작한 것을 가지고 무엇을 할 것인가, 무엇을 할 수 있는가 하는 문제가 남았습니다. 제가 중요하게 생각하는 것은 각 학생이 자신이 창작한 것을 소유하고 있는 것입니다. 포트폴리오라고 하지요. 선생님들께서는 학생들이 창작한 것을 가지고 무엇을 할 수 있다고 생각하시나요?

장 노엘 저희 학교에서는 자유 글쓰기를 통해서 학교신문을 제작합니다. 자유롭게 쓴 글이 학교신문에 나오는 것입니다. 쓰고 싶은 사람이 글을 써서 신문에 냅니다. 학교신문은 정기적으로 발행되며 두께도 꽤 됩니다. 어떤 경우에는 학생이 가져오는 글이 폭탄이 될 경우도 있습니다. 고등학생이기 때문에 자신이나 그 글을 읽는 사람에 대한 폭력이 담긴 글을 종종 쓰기도 합니다.

참여자 그럴 경우에는 어떻게 하십니까?

장 노엘 저희는 학교 내 신문 담당팀이 있습니다. 일단 글을 받으면 그 글을 읽어본 후 진실성의 여부를 판단합니다. 진짜 심각한 내용인지 아니면 재미로 쓴 글인지를 먼저 알아봅니다. 그리고 조치가 필요하다고 판단했을 경우, 먼저 글쓴이에게 이 글을 우리가 어떻게 해주기를 바라는지 묻습니다. 그 자리에서 바로 답을 요구하는 것이 아니라 생각할 시간을 줍니다. 제가 재직한 후 두 번 그런 경우가 있었는데, 두 번 모두 신문 담당팀이 얼마 동안 생각을 한 후 그 글을 저에게 가져다주었습니다. 그래서 저는 글을 쓴 학생에게 '네가 원하는 것이 무엇'인지 생각해

보고 이틀 후에 토론하자고 했습니다. 실은 저도 그 글을 처음 읽었을 때 어떻게 해야 좋을지 모를 정도로 공포를 느꼈습니다. 저는 제가 신뢰할 수 있는 사람들을 찾아가 상의했고 함께 학생을 만나보기로 했습니다. 그렇게 해서 글을 쓴 학생이 원하는 것을 해결해 주기 위한 방도를 찾는 토론이 시작됩니다. 다양한 해결책이 나올 수 있습니다. 내용에 따라서 경찰에 도움을 요청할 수도 있고 심리적인 문제가 있다고 판단이 되면 정신과의 상담을 의뢰할 수도 있습니다. 학생들이 글을 쓸 경우, 특히 그 글이 문제가 있는 글이면 글일수록 그것을 왜 썼는지, 그 글을 통해 무엇을 원하는지 그리고 그 학생이 할 수 있는 것은 무엇인지 물어봐야 합니다.

참여자 경찰에 도움을 요청한다는 말은 신고를 한다는 의미인가요?

장 노엘 학생을 경찰에 신고한다는 것이 아닙니다. 위에서 말씀드렸던 학생의 글에는 그 학생이 당했던 심각한 사건이 기록되어 있었습니다. 혼자서는 감당하기 힘든 충격적인 일이었는데, 이 학생은 그것을 아무에게도 말하지 못한 채 간직하고 있다가 글을 통해 자신이 당한 일과 마음의 상태를 드러냈던 것입니다. 이런 경우 학생을 보호하고 문제를 해결하기 위해 경찰에 도움을 요청할 수도 있다는 이야기입니다.

"마음의 변화의 주인공은 여러분입니다"

장 노엘 좀 전에 몇몇 선생님들께서 자유표현과 무의식, 정신적인 측면에 대한 이야기를 나눠주셨는데요, 지금 이 분야에 대해서 전문가의 말씀을 한번 들어보도록 하겠습니다.

 김현수 이 연수 과정에서 느끼는 마음의 변화의 주인공은 바로 여러분입니다. 저는 제가 보고 느낀 점을 말씀드리도록 하겠습니다. 프레네 교육의 자유표현에서 사용되고 있는 모든 기법에는 의미가 있습니다. 어제 제가 참석했던 자유표현 아뜰리에는 자유 글쓰기였기 때문에 여기에서 이루어진 것과 본 것을 토대로 설명해 드리도록 하겠습니다.

 먼저 자유글쓰기는 '문법과 철자를 추방하는 의식'으로 시작됩니다. 글을 쓸 때 학생들은 알게 모르게 '글을 잘 써야 한다는 부담'을 가지고 있습니다. 그 부담을, 역설적으로 그것의 가장 전문가인 교사가 쫓아내는데 그것도 말로 하지 않고 시각화합니다. 이것은 그동안 글을 잘 못쓴다는 이유 혹은 철자법을 자주 틀린다는 이유로 알게 모르게 상처를 받은 학생들을 위로하는 과정입니다. 의식을 통해 일종의 치유를 받는 것입니다.

 이어서 글쓰기가 시작되는데 먼저 종이를 돌려가며 '나누는 글쓰기'를 하고, 공간을 '섞어 쓰기', 다른 사람의 소리에 '반응하며 쓰기' 그리고 두 사람이 이동하는 것을 '관찰하면서 쓰기' 등의 순서대로 이루어졌습니다. 프레네 교육의 전반적인 과정은 외부적 의식(타자에 관한 관심)이 내부적 관심(자아에 대한 의식)으로 이어지도록 하고, 그 내부적 관심을 다시 다른 사람의 글을 듣도록 하면서 타자에 관한 관심으로 되풀이되도록 합니다. 보통 아이들에게 우리가 사용하는 기법은 '남을 쳐다보지 않게 하는 기법'이라고 할 수 있습니다. '나만 쳐다봐라, 하나만 파고들어라' 하는 것이지요. 하지만 프레네의 자유 글쓰기는 밖에서 보고 안에서 보고 서로 바라보게 합니다. 모든 것이 나의 의식과 타인의 의식에 대해 명료함을 부여하는 과정이라고 할 수 있습니다.

글쓰기를 하기 전에는 항상 시간을 정하고 시간적인 제약이 있음을 확인하는데, 이것은 모든 사람에게 같은 조건을 제공해 주는 것을 의미합니다. 그리고 글을 쓴 후 꼭 자신이 쓴 것을 돌아보도록 합니다. 성찰과 관련이 있습니다.

조용히 속으로 글을 읽은 후 큰 소리로 읽어볼 사람이 있는지 묻습니다. 이때 교사는 '읽어주는 사람은 선물을 주는 것이고 듣는 사람을 그 선물을 받는 것'이라고 비유합니다. 읽는 이와 듣는 이 모두가 비평과 판단으로부터 자유로워지도록 하기 위해서입니다. 비평과 갈등의 두려움에서 벗어나고 경쟁적인 관계에서 오는 두려움에서 벗어나도록 하는 것입니다. 중요한 것은 그렇게 함으로써 그 시간 동안 누구도 수치를 느끼지 않도록 하는 것입니다.

글 읽기가 끝나면 교사는 '이렇게 쓰인 글이 서로 의미를 가지고 있는지' 물어봅니다. 연상과 환상, 즉 창의적 상상력을 통한 일종의 소통을 유도하는 것입니다. 새로운 글쓰기로 들어가기 전에 시간이 급박해도 교사는 다시 한 번 자신의 글을 꼭 읽고 싶은 사람이 있는지 체크합니다. 그리고 글을 신문이나 책에 싣고 싶은 사람이 있는지도 물어봅니다. 비판적이지 않은 상황에서 자신을 표현하도록 계속 유도하는 것입니다.

마지막으로 글이 쓰인 종이를 구겨서 던져버립니다. 이것 역시 치유와 관련된 행위입니다. 자신을 향해서 쓴 글에는 부정적인 내용이 많이 표출됩니다. 종이를 버림으로써 우리는 부정적 자아를 버리고 스스로 정화된 느낌이 들 수 있습니다.

자유표현이 이루어지는 전체 과정 안에서 암묵적으로 전달하는 것은 '내가 진정 원하는 것은 무엇인가?' 하는 질문입니다. 질문에 대한 답을 찾는 과정에서 자기표현을 하게 되고 그것을 통해 자존감을 향상하고 정체성을 찾게 됩니다. 내가 가지고 있는 생각에 대한 경계가 확실해집니다. 성찰을 강화하는 기법이라고 봅니다.

형식이 없다는 것은 억압된 자유를 풀어주고 부정적 에너지를 방출하게 합니다. 마찬가지로 옳고 그름이 없다는 사실은 우리를 가볍고 즐겁게 만들며 자신을 꺼내볼 수 있게 합니다. 정신적 자유를 가지게 하는 것입니다. 여기서 우리는 '배우지 않아도 된다, 놀기만 해도 괜찮다'라고 말할 수 있습니다. 그리고 놀기만 해도 괜찮다는 사실이 우리를 즐겁게 합니다.

이 작업은 정신과의 분석적 상담과 비슷합니다. 사람들은 분석상담이란, 상대방의 이야기를 듣고 해석을 하는 것으로 생각하는데 이건 정신분석에 대한 오해입니다. 분석상담이란, 상대를 해석하는 것이 아니라 상대방의 생각을 따라가는 것이며 그 사람이 중요한 문제에 봉착했을 때 옆에서 물어보고 함께 작업하는 것입니다. 교실 안에서의 수업도 마찬가지입니다. 아이가 가진 호기심을 찾아내어 아이의 생각을 잘 따라가면서 그 아이와 함께 작업하는 것입니다. 그렇게 해서 어떤 결과물을 만들어 내는 과정이 바로 수업이라고 생각합니다.

2. 자치회의 : 모든 것은 협상이 가능하다

장 노엘 쉬는 시간에 한 선생님께서 학급신문을 만드는데 느낀 어려움에 대해서 말씀을 해주셨습니다. 우리도 이 자리에서 경험했듯이, 신문을 만들기 위해 기자를 선정하고 글을 쓰도록 하기가 쉽지만은 않은 일입니다. 학급이든 그룹이든 모인 사람들 모두가 꼭 필요하다고 느끼지 않으면 실행하기 힘든 것이 사실입니다. 제 고백을 드리자면, 처음 제가 학급을 맡고 아이들과 함께 신문을 만들어야겠다고 생각했을 때 무척 설렜습니다. 그리고 아이들에게 신문을 만들자는 제안을 했을 때 아이들도 "좋아요!"하고 신이 나게 대답했습니다. 그런데 나중에 알고 보니 사실은 저를 기쁘게 하려고 그랬던 것이지 속으로는 다들 싫어했다고 합니다. 협동작업을 통해 학급신문을 만들겠다는 계획은 비록 실패했지만, 이 사건은 저에게 성찰의 기회를 주었고, 이후 무엇을 시도하거나 제안할 때 다른 방법을 모색하게 되었습니다.

이것이 시도하는 모색과 관련이 있습니다. 시도하는 모색이란, 누군가가 나에게 가르쳐 주는 것이 아니라 바로 현장에서 실험하면서 얻게 되는 과정을 의미합니다. 이 과정에서 동료와 토론을 통해 서로의 생각과 방식들을 공유하게 되면 더 좋은 성과를 이룰 수 있습니다. 학급신문이야기로 돌아가서, 저는 선생님께서 느끼시는 어려움과 고민이 바로 시도하는 모색의 과정이라고 생각합니다. 어떤 학생들과 어떤 어려움을 겪고 계시는지 구체적으로 알지는 못하지만, 지금 경험하고 계신 이 모든 과정이 학급의 상황에 적합하고 아이들에게 꼭 필요한 것을 가져다줄 것이라고 믿습니다.

같지만 다른 시간표

장 노엘 올리비에가 시간표를 보면서 조직회의에 대해 먼저 말씀드리겠습니다.

올리비에 여러분에게 프레네 학급의 일주일 시간표를 보여 드리는 것은 쉽지 않은 일입니다. 왜냐하면, 단 한 주도 똑같이 진행된 적이 없기 때문입니다.

	월	화	목	금	토
	꾸아드네프	꾸아드네프	꾸아드네프	꾸아드네프	꾸아드네프
	언어(국어) 개별화 작업	언어 / 상호도움	개별화 작업 발표	언어 / 상호도움	학업계획표작성 종합평가
	쉬는 시간 (레크리에이션)				
	수학 개별화 작업	수학 / 상호도움	수학	수영	부모 참관 발표
	점심 시간				
	책 소개 및 독서				
	연구	연구	음악	연구	
	쉬는 시간 (레크리에이션)				
	암산			자치회의	
	발표				
	미니테스트→자격증				

〈프레네 학급 시간표의 예〉

　지금 여러분께서 보고 계시는 시간표는 새로운 학기가 시작되고 얼마 지나지 않았을 때의 초등학교 한 학급 시간표입니다. 프랑스 초등학교는 수요일에 수업이 없고 월, 화, 목, 금 그리고 토요일 오전까지 수업합니다. 매일 아침은 꾸아 드 네프로 시작합니다. 오전과 오후에 각각 쉬는 시간(레크리에이션)이 있습니다. 오전에는 언어와 수학에 관련된 개별화 작업이 있습니다. 개별화 작업이란, 아동이 자신의 수준과 리듬에 맞추어 혼자서 학습하는 것을 의미합니다. 물론 그것을 가능하게 하는 것은 프레네 교실 안에 있는 수많은 개별화 교구들입니다. 이때 교사가 해야 할 중요한 업무는 학생들이 지난주에 어떤 것을 학습했고, 어디까지 할 줄 아는지를 파악하는 것입니다.

학생들이 할 줄 아는 것을 파악하는 이유는 프레네 교육이 성공을 위한 교육이기 때문입니다. 예를 들어 수학 개별화 학습을 위해 사용되는 교구는 '자가수정카드'입니다. 이것은 색깔별로 구분되어 있습니다. 하얀색은 문제를 푸는 카드, 초록색은 답이 적혀져 있는 카드 그리고 오렌지색은 테스트카드로 교사가 직접 답을 알려주고 동시에 학생의 진도를 파악하는 용도로 쓰입니다.

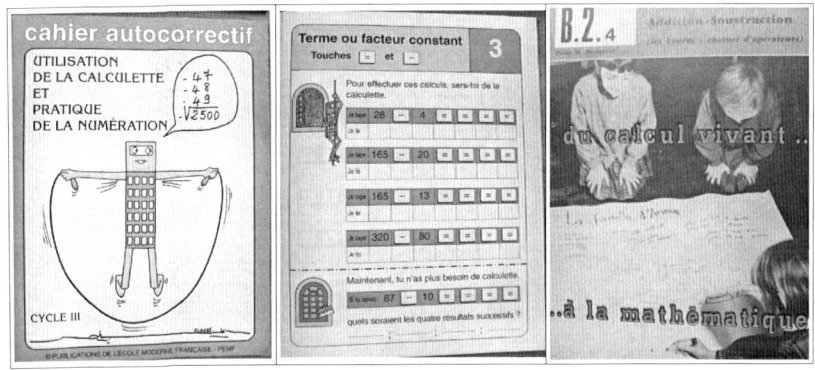

〈 다양한 자가수정카드 〉

학생들이 개별화 작업을 하는 동안 교사는 특별하게 할 일이 없습니다. 그래서 그 시간을 활용하여 교사의 손길을 좀 더 필요로 하는 아이에게 도움을 줄 수 있습니다. 이렇게 오전 활동을 끝내고 점심식사를 마친 후 오후 활동으로 넘어갑니다. 오후에는 새로운 책을 소개하는 시간, 학생들이 그룹을 지어 과목 연구를 하는 시간 등이 있습니다. 매일 오후에 한 번 정도는 암산하는 시간이 있고 발표를 하는 시간도 갖습니다. 이때는 그룹으로 연구한 것을 발표하기도 하고 신문에 실기를 원하는 내용을 친구들에게 들려주고 의견을 묻기도 합니다.

하루가 끝날 때는 학생들이 학습한 것, 습득한 것을 공식적으로 인정해 주는 일종의 '자격증'을 부여하는 시간이 있습니다. 예를 들어, '두 자리 곱셈할 줄 아는 자격증', '입체도형을 그릴 줄 아는 자격증' 등입니다. 이 자격증을 어떻게 선정하고 어떤 절차에 따라 부여할지는 아이들과 함께 정하고, 문제가 있을 때는 함께 토론하며 수정합니다. 요일에 따라 조금 변화를 주어 수영, 음악을 하기도 합니다. 보통 토요일 오전에는 다음 주의 수업계획을 위해서 학생과 일대일 면담을 하기도 합니다. 또한, 토요일에는 외부사람이나 부모님을 초대해서 공연과 발표를 하는 등 학급을 외부에 개방하기도 합니다.

그럼 이런 한 주간의 활동을 조직하는 순간은 언제일까요? 그것은 매일 아침 꾸아 드 네프가 끝날 무렵입니다. 이날 오늘 하루 동안 어떤 활동을 할지에 대해 함께 확인합니다. 예를 들어 누가 무엇을 연구할 건인가, 누가 발표를 할 것인가 등을 정합니다. 또한, 학습활동에서 자신이 갖는 어려움에 관해서 이야기를 할 수도 있습니다. 예를 들어서 '나는 두 자릿수 곱셈이 잘 안 돼요'라고 도움을 요청할 수 있습니다. 학생수가 서른 명이니까 서른 가지의 다른 요구가 있을 수 있습니다. 그때 교사는 두 가지의 해결책을 가지고 있는데, 하나는 굉장히 빠른 속도로 학생을 모두 봐주는 것이고, 다른 하나는 '누가 이 학생을 도와줄 수 있니?'라고 다른 학생에게 부탁하는 것입니다. 일반적으로 제가 부탁을 하면 두 자릿수 곱셈을 할 줄 아는 학생들은 모두 손을 듭니다. 도움을 요청했던 친구는 그들 중 한 명을 선택할 수 있습니다. 보통 처음에는 친한 친구를 선택합니다. 그리고 과제를 하기보다는 떠들면서 놀기 일쑤이지요. 이렇게 되면 다음날 같은 시간이 되어 '누가 또 안 풀리는 게 있니?'라고 물었을 때 그 친구는 또 손을 들게 됩니다. 그럴 때 우리는 '너를 도와준 친구가 별로였니? 그러니까 네가 아무것도 못 배웠지. 그러니까 오늘은 다른 친구를 골라야 하지 않을까?'라고 얘기합니다. 하지만 그 학생이 똑같은 친구를 다시 골라도 괜찮습니다. 문제라면 단지 다른 친구들보다 진도가 느릴 것이라는 것뿐입니다. 이렇게 매일 아침마다 그날의 시간표에 대해서 점검하는 시간을 갖습니다.

이것 외에도 교실에서는 여러 가지 다른 문제들이 제기될 수 있습니다. 예를 들어서 '쉬는 시간인데 교실에 있어도 되나요?', '인터넷을 사용해도 되나요?'라는 질문을 하기도 합니다. 프랑스 학교에서는 쉬는 시간 동안 아이들이 운동장에 나가서 뛰어놀도록 하는 것이 원칙입니다. 그런데 인터넷을 하고 싶어서 그 시간 동안 교실에 있겠다고 하는 것입니다. 이런 얘기가 월요일 아침에 나왔다면 저는 '금요일 자치회의 때 이야기해 보자'라고 대답합니다. 그동안 저는 생각할 시간을 가질 수 있습니다.

모든 것을 결정하는 회의

올리비에 그럼 자치 회의를 보겠습니다. 자치 회의는 동그랗게 앉아서 합니다. 그리고 안건을 내놓습니다. 쉬는 시간에 교실에 있어도 되느냐는 문제로 토론하게 됩니다. 자치회의를 시작하기 전에 먼저, 저와 학생들이 전에 정했던 두 가지의 규칙을 상기해야 할 필요가 있습니다. 이 약속은 학기가 시작될 때 저와 아이들이 함께 정한 것으로 저는 이 두 규칙을 정하면서 '이 두 가지 외 모든 것은 협상할 수 있다'고 했습니다. 첫 번째 규칙은 '작업을 할 때 최소한의 침묵을 지킬 것'입니다. 소란 속에서는 진지한 작업을 할 수 없고 다른 사람을 방해하기 때문입니다. 두 번째는 '우리는 사물이나 사람을 대상으로 아무렇게나 마음대로 할 수 있는 권리가 없다'라는 것입니다. 이것을 기억하면서 '쉬는 시간에 인터넷을 사용하기 위해 교실에 있어도 되는가?'에 대한 토론을 시작합니다. 우선 교사인 저는 '나는 교실에 있을 수 없다. 쉬는 시간에는 커피도 마셔야 하고 화장실에도 가야 하기 때문이다'라고 말합니다. 그러니까 만약 이 제안이 통과되더라도 교실에 남아있는 학생과 저는 함께 있어줄 수가 없다는 것을 알려줍니다. 학생들은 서로 이야기를 나눕니다. 학생 혼자서 교실에 남아있는 것은 안전의 문제 때문에 안 된다는 말을 합니다. 그리고 교사가 함께 있을 수 없다고 했으니까 교사 대신 쉬는 시간에 학급을 책임지는 사람이 필요하다는 의견을 내놓습니다.

이런 토론은, 바로 그러면 누가 책임자가 될 것인가라는 문제를 제기합니다. 또 그 책임자는 어떻게 정할 것인가라는 문제도 제기합니다. 학생들은 투표를 통해서 결정하자고 합니다. 그때 저는 선출되는 사람은 모든 사람의 동의를 얻어야만 하고 또 누가 되었든 그의 말을 따라야 한다고 덧붙입니다. 이런 과정을 거쳐서 선출되는 아이는 보통 리더형이라기 보다는 주로 모든 사람에게 신뢰를 얻는 얌전한 학생인 경우가 대부분입니다. 그렇게 저희 반 아이들이 선출한 책임자는 키가 작고 조용한 여자아이였습니다. 이 자그마한 여자아이가 덩치 큰 개구쟁이 남학생들을 감시하게 되는 상황이 온 것입니다.

 이렇게 자치 회의가 진행되는 동안 저는 그 자리에 있기는 하지만 꼭 필요한 경우가 아니면 개입을 하지 않습니다. 이후로 쉬는 시간의 문제는 다시 제기되지 않았습니다. 반면 덩치 큰 아이들로부터 투표를 다시 하자는 요구는 많았습니다. 모두 휴식시간 동안의 책임자가 되고 싶었던 것입니다.

 '비판한다, 축하한다, 제안한다'

 올리비에 자치 회의에 대해서 궁금하신 점이나 의견을 말씀해 주십시오.

 참여자 학교에서 인터넷을 할 수 있나요?

 올리비에 네, 학급에 컴퓨터가 설치되어 있기 때문에 원하면 인터넷을 할 수 있는 상황입니다.

 참여자 쉬는 시간과 점심시간은 몇 분 정도 되나요?

 올리비에 쉬는 시간은 20분이고 점심시간은 학교에 따라서 다른데 보통 1시간에서 2시간 사이입니다.

참여자 만약 규칙을 지키지 않는 학생이 있으면 어떻게 하나요? 예를 들어서 저렇게 정해놓고 책임자의 말을 듣지 않는다거나 허락 없이 혼자 인터넷을 한다든지 하는 학생이 있으면요?

올리비에 그럴 경우에는 책임을 맡은 여학생이 즉각 다음 자치회의 때 논의대상으로 적어놓겠다고 말합니다. 대체로 그런 말을 들은 학생들은 당황하고 걱정하게 됩니다. 오직 책임자만이 그 이름을 다시 지울 수 있는 권리를 가지고 있습니다. 시간이 흐르면서 그 남학생의 행동이 얌전해지고 문제가 해결된 것 같다고 판단하면 보통 이름을 지웁니다.

참여자 감독의 역할은 얼마동안 지속됩니까?

올리비에 자치 회의에서 결정할 만한 아주 좋은 질문입니다. 어떻게 생각하십니까?

참여자 반대로 책임을 맡은 학생이 편파적으로 친구들을 대할 수도 있지 않을까요?

올리비에 그럴 경우 다른 학생들, 혹은 처벌의 대상이 된 학생이 자치회의에서 그것을 안건으로 제기할 수 있습니다. 일단 자치 회의에 문제가 제기되면 누가 맞는지 가릴 수 있게 됩니다. 하지만 대체적으로 이런 문제들은 자치 회의에 제기되기 전에 알아서 해결이 되곤 합니다.

참여자 학생들이 인터넷으로 무엇을 하고 싶어하는 것일까요? 왜 인터넷을 하고 싶어 할까요?

올리비에 학생들의 90% 정도는 좋아하는 가수의 노래를 듣는다든지, 배우를 찾아서 이미지를 인쇄하거나 만화를 보거나 합니다.

참여자 그런데 왜 인터넷을 하면 안 된다고 하나요?

올리비에 대체로 자기가 좋아하는 것을 보기는 하지만 사실 좋지 않은 사이트에 접근할 수 있는 위험이 늘 있기 때문입니다. 그렇다고 해서 모든 학급에서 쉬는 시간에 인터넷 사용을 금지하는 것은 아닙니다. 교사나 학생들이 많이 있을 때는 아이들이 자유롭게 사용할 수 있습니다. 두 가지 결정이 가능한데, 인터넷을 사용하지 않도록 하거나 아니면 위험을 감수하면서 사용의 자유를 주는 것입니다.

참여자 모든 활동에는 시간제한이 있다고 하셨습니다. 자치회의 때 서로의 의견이 팽팽하게 맞설 때 어떻게 하시나요? 그리고 자신의 의견을 잘 주장하는 학생도 있지만 그렇지 않고 말을 하지 않는 학생도 있을 텐데 이럴 때 교사는 어떻게 하나요?

올리비에 자치 회의에서 모두가 다 이야기를 해야 하는 것은 아닙니다. 학생들 중에는 처음부터 적극적으로 참여하는 학생이 있는 반면에 그렇지 않은 학생들도 많이 있습니다. 이런 학생들은 처음에는 참여하는 것에 의미를 두고 시간이 흐르면서 자기 의사를 표현하는 방법을 찾게 됩니다.

장 노엘 의견이 팽팽하게 대립되는 경우 일단 지켜보다가 그들의 대립이 어떤 기준이나 규칙을 잊어서 생기는 것이라면 교사는 그것을 상기시켜 줍니다. 그러나 이런 대립상황이나 그에 따른 토론이 더 필요하다고 판단될 때는 학생들과 합의하에 다음 주 자치 회의로 넘기기도 합니다. 그리고 보통은 투표를 통해 최종적인 결정을 합니다.

참여자 모든 학년이 다 자치 회의를 하나요?

올리비에 네, 심지어는 유치원에서도 해 본 적이 있습니다. 5세의 아이들과 매일 집에 가기 전에 10분씩 자치 회의를 해 보기도 했습니다. 왜냐하면 나이가 어릴수록 어떤 문제가 발생했을 때 뒤로 연기하는 것이 힘들기 때문에 매일 오후 짧게 하는 것입니다.

참여자 그런 어린 아이들과 무엇에 대해서 이야기를 하나요?

올리비에 주로 일상에서 있었던 일들입니다. 누가 누구를 밀었다든지, 어디에 침을 뱉었다든지 하는 등 자기들끼리의 논쟁거리에 대해서 함께 이야기합니다. 낮에 아이가 와서 '누가 때렸어요'라고 교사에게 이를 경우에도 이따 회의시간에 이야기하자고 말합니다. 처음에는 아이들이 뭐하는 것인지 의아해합니다. 하지만 시간이 지나면서 금세 10분 회의에 익숙해지고, 먼저 와서 '오늘 회의 때 이걸 꼭 말해야 돼요'라고 말하기도 합니다. 이때 글을 쓸 줄 아는 사람이 저밖에 없기 때문에 제가 칠판에 기록합니다. 그리고 해결이 될 때마다 하나씩 지웁니다. 아이들은 곧 자기들이 쓰는 것까지 하고 싶어 합니다.

참여자 학급에서 자치 회의를 운영하고 있는데 회의에서 거론된 규칙을 지키지 않는 아이들이 있습니다. 저희 학급에서는 이런 아이들에게 책을 베껴 쓰기와 같은 벌을 줍니다. 프레네 학급에서는 규칙을 지키지 않는 아이가 있을 때 어떻게 벌을 주나요?

올리비에 프레네 학급에서 규칙을 지키지 않은 아이가 있다면, 우리는 그 아이에게 '너는 이제부터 우리가 허락할 때까지 교실에 들어올 수 없다'라고 말할 수 있습니다. 왜냐하면, 법을 지킴으로써만 학급에 속하는 것인데 법을 어겼기 때문에 학급에 속할 자격이 없어지는 것입니다. 이런 언급은 학급의 책임자 혹은 그 시간의 담당자가 할 수 있는데 처음에는 교사가 아이들이 이야기하는 옆에 있어줍니다. 하지만 점차 교사가 없어도 아이들은 이것이 무엇을 의미하는 것인지 알고 행동을 고치게 됩니다.

사실 규칙을 안 지킨 아이 때문에 다른 아이가 피해를 보았다면, 피해 입은 아이가 원하는 것은 가해자를 벌하는 것이 아니라 자기가 보상을 받는 것입니다. 다른 사례로, 쉬는 시간에 운동장에서 놀 때 큰 아이들이 작은 아이들과 부딪치거나 밀어서 넘어뜨리는 경우가 있습니다. 이때 어린아이들은 왜 그들이 자기를 밀었는지 몰라서 두려워합니다. 큰 아이들이 고의로 그런 것이 아닐 경우 피해자가 요구하는 것은 자기에게 사과하라는 것입니다. 그런 일이 있은 후 큰 아이들은 조심하게 되고 추후 같은 일이 발생했을 때 즉시 사과를 하게 됩니다. 이런 예를 말씀드리는 것은, 벌을 주는 것보다 피해를 본 측에 보상을 해주는 것이 더 중요하다는 사실을 설명하기 위해서입니다.

참여자 자치 회의가 자유롭게 이루어진다는 말은 회의의 기본형식이 없다는 의미입니까?

올리비에 시작하고 끝날 때는 간단한 의식이 있습니다. 진행되는 동안에도 규칙이 있습니다. 이야기할 때 따르는 규칙인데 '나는 …을 비판한다', '나는 …을 축하한다', 그리고 '나는 …을 제안한다'라는 것에 맞추어 의견을 내놓는 것입니다.

장 노엘 좀 더 큰 아이들의 경우를 말씀드리면, 생 나제르 고등학교에는 자치 회의를 위한 의식과 틀이 정해져 있습니다. 저희학교의 자치 회의는 두 가지로 나누어져 있는데, 학교위원회가 주축이 되어서 진행하는 전체 회의와 학생들이 학급의 개념으로 소속되어 있는 기본그룹에서 운영하는 기본 그룹회의입니다. 전체 회의란 학교의 전반적인 정책과 운영에 관련된 사항을 논의하는 것이고, 기본 그룹회의는 일반적인 정보를 서로 나눈 뒤 정해진 법규가 잘 지켜졌는가에 대한 안건을 정해서 토론을 하는 것입니다.

참여자 자치 회의에서 거론되는 아이는 늘 같은 아이일 경우가 많습니다. 교사가 최초에 정한 두 가지의 규칙을 어기는 아이가 있을 때 그리고 감독자(책임자)에게 폭력을 가하는 학생이 있을 때 어떻게 대처하는지 알고 싶습니다.

올리비에 폭력이 행사되는 경우에 교사가 즉각 개입해서 해결합니다. 반면에 서로 싸우면 즉각 말리기는 하지만, 즉석에서 시비를 가릴 수 없어서 그 자리에서 누구에게도 벌을 주지 않습니다. 대신 자치 회의의 논의사항으로 넘기고 두 사람에게는 회의 때 자기 뜻을 설명할 수 있도록 준비하라고 일러둡니다.

참여자 어제 개인적인 사정으로 자유표현 아뜰리에에 참여하지 못했습니다. 자유표현에 대해 저는 자유 '표현'이 중요하다고 생각했었는데 오늘 나눠주신 말씀을 통해 '자유'표현이라는 것을 이해했습니다. 이런 의미에서 프레네 학급에서 자유란, 수단이 아닌 아이들의 본질로 받아들이고 있으며, 프레네 교사는 아이들이 가진 자유를 지키고 존중해 주도록 노력한다고 느꼈습니다. 하지만 교사는, 교사로서 가지고 있는 생각과 지식이 있고 해야 할 일이 있습니다. 때때로 이런 교사의 임무가 아이들의 자유로운 욕구와 배치되지는 않는지 궁금합니다. 다시 말하면 교사의 의무와 아이들의 욕구가 갈등을 빚는 상황이 야기될 수도 있지 않은가 하는 것입니다. 예를 들어서 보여주신 시간표에는 오전 중 첫 수업으로 언어와 수학이 자리 잡고 있습니다. 이것은 교육부에서 중요하다고 여기는 과목인데 다른 과목이 아닌 언어와 수학이 이 시간에 배치된 것은 교사의 의도가 들어간 것이 아닌가 싶습니다.

장 노엘 지금 보시는 시간표는 수많은 프레네 학급 중 한 프레네 학급이 가지고 있는 너무나 많은 시간표 중의 하나입니다. 한 학급은 수많은 시간표를 가지고 있으며 한 주가 다른 주와 같은 시간표로 운영되는 경우는 거의 없습니다. 수학과 언어수업의 시간도 변경할 수 있으며 다른 주에는 다르게 진행될 수도 있다는 의미입니다.

올리비에 사실 지금 보시는 시간표는 프랑스의 일반학교 시간표와 다를 것이 없어 보이지만 조직에서 차이를 가지고 있습니다. 수요일에 수업이 없지만, 학생들이 찾아와 '수요일에 꽃에 물을 주러 학교에 와야 한다'고 말을 합니다. 수요일은 학교가 쉬는 날이기 때문에 교사가 없습니다. 그런데 학생이 들어오겠다면 열쇠를 학생에게 주어야 합니다. 이런 경우 시청과 학부모와 협의한 후 부모가 동반해서 학교를 올 수 있도록 했습니다.

학교는 교사에게 속하기 전에 학생들에게 속하는 것이기 때문에 가능한 일입니다.

장 노엘 선생님께서 말씀하신 경우와 같은 마찰이 생길 때 교사로서 해야 할 일을 상기함으로써 해결할 수 있을 것 같습니다. 교사의 임무에는 학생이 새로운 것을 발견할 수 있도록 이끌어 주는 것도 포함되어 있으니까요. 그런데 지금 제기하신 문제는 내일 교사의 역할과 위상에 관해 토론할 때 다시 한 번 다루는 것이 어떨까 싶습니다.

자치회의의 주제는 학생의 흥미로부터

참여자 프레네 교육에서는 자치 회의가 매우 중요하다는 것을 이해했습니다. 모든 프레네 학급에서 이런 자치 회의를 하나요?

올리비에 네, 그렇습니다.

참여자 저도 학생들과 함께 자치 회의를 운영하는데 안건에 따라 아이들의 반응이 다릅니다. 예를 들어서 장난감이나 흥미 있는 놀이에 대한 안건이 나오면 아이들은 열띤 토론을 벌입니다. 하지만 매번 그런 안건이 올라오는 것은 아닙니다. 관심이 없는 주제나 안건이 올라왔을 때 대부분의 아이는 침묵하거나 딴짓을 하기 때문에 회의가 잘 진행되지 않습니다. 프레네 학급에서도 이런 상황이 벌어지나요?

올리비에 사례로 들어주신 문제는 자치회의에서 다뤄질 문제라기보다는 꾸아 드 네프에서 다뤄지는 유형의 문제인 것 같습니다. 프레네 학급의 자치회의에서 학생들이 말을 하지 않고 보내는 순간은 별로 없습니다. 장난감과 관련된 예를 들면, '장난감을 가지고 올 수 있는가, 없는가? 장난감을 가지고 오고 싶다면 그 이유는 무엇인가? 장난감의 소용은 무엇인가?'에 대한 것을 종합적으로 다루는 순간이 자치 회의입니다.

참여자 만약 자치 회의가 지루하고 힘들어서 싫다고 하는 학생이 있다면 어떻게 하나요?

올리비에 그런 경우는 없었지만, 그 학생이 분명하게 의사를 표현한다면 자치 회의 자리에서 할 수 있는 다른 것을 찾아보라고 권할 수 있습니다. 만약 자유표현 작업을 하고 싶다고 하면 자치 회의를 하는 동안 그 자리에서 개별적인 자유표현을 할 수 있겠지요.

장 노엘 제 아들은 초등학교 5학년인데 프레네 교육을 하지 않는 학교에 다니고 있습니다. 일반학교이지만 프랑스 전 학교에서 자치 회의가 유행처럼 운영되고 있기 때문에 이 학교에도 자치 회의가 있습니다.

　어느 날 제 아이가 학급에서 두 명의 대표를 뽑아서 학교 전체회의에 참여하는데 가게 되었습니다. 회의가 진행되기 전, 대표로 뽑힌 학생들이 모여서 이번 회의에서는 '운동장을 넓히는 문제'에 대해서 논의를 하자고 합의를 했습니다. 그리고 회의에 갔는데, 담당 교사가 와서 오늘은 '식물과 오염'을 안건으로 토론하겠다고 하자 갑자기 분위기가 바뀌면서 회의가 순조롭게 진행되지 않았다고 합니다.

　아이들은 자신의 의견이 존중되고 있느냐, 무시되느냐에 굉장히 민감합니다. 일반학교에서 자치 회의가 운영되고 있는 방식은 현재 민주주의가 행해지고 있는 방식과 비슷한데, 참여자가 진정한 권한을 가지고 있지 않은 경우가 많습니다. 자치 회의를 할 때 참석자가 실질적인 권한을 갖는 것과 관심과 흥미가 있고 있는 주제를 놓고 토론하는 것이 무엇보다도 중요합니다. 이때 주제는 교사가 아니라 학생의 흥미로부터 나와야 합니다.

　물론 이번 연수는 정해진 시간 안에 많은 것을 해야 하기 때문에 프로그램이 다소 표면적으로 신속하게 다루어진 측면이 있습니다. 실제 프레네 학급에서는 처음에는 짧게, 그리고 점점 시간을 늘리는 방식으로 학생들이 적응하고 이해할 수 있는 시간을 주며 모든 면에서 훨씬 부드럽고 여유롭게 진행됩니다. 교사가 아니라 학생으로부터 시작할 수 있도록 하십시오. 감사합니다.

제 4 장 _ 통념을 뒤흔드는 교사

| 통념을 뒤흔드는 교사 |

꾸아 드 네프

장 노엘 프레네 연수 마지막 날입니다. 지금부터 꾸아 드 네프를 시작하겠습니다. 7시까지 진행이 될 예정인데 기자분과 시간을 체크해 주실 분을 기다립니다.

(선정)

참여자 오늘 학생들과 자유 글쓰기를 했습니다. 자유롭게 음성을 내고 그것을 정의하는 작업이었습니다. 아이들이 만든 음성은 '야-하-신-분'이었습니다. 중학교 2학년 학생들인데 그 학생들이 만든 정의는 다음과 같습니다.

- 국어 문법상 '으' 발음의 'ㅇ', '흐' 발음의 'ㅎ', '스' 발음의 'ㅅ', '브' 발음의 'ㅂ'에 'ㄴ'이 문법적으로 합쳐서 생성된 단어
　- '야!'를 외치신 분
　- 바바리 맨 비슷한 인간
　- 서울특별시 동작구 흑석동 소망병원 사거리에서 우회전해서 200m에 위치해 있는 한방병원에 있는 돌팔이 원장을 일컫는 말

　그리고 다른 학생은 자폐의 어려움을 가진 한 친구를 일컫는 말이라고 적기도 했습니다. 이 친구가 여자 친구의 몸을 만지려고 하는 습관이 있는데 그것 때문에 그런 것 같습니다.

　장 노엘 다른 선생님들께서도 덧붙일 말씀이나 새로운 일이 있으면 나눠주시기 바랍니다.

〈 자유표현 프레스코 협동화 그리기 〉

참여자 별학교에서 올리비에 선생님과 아이들과 함께 자유표현 그림 작업을 했습니다. 학생 18명과 교사 4명이 함께 프레스코 협동화를 그렸는데, 지금 교실 뒤에 걸려있는 것입니다. 아래, 위의 구별이 없는 것이 보이실 겁니다. 과정을 잠깐 설명해 드리겠습니다.

먼저 책상 위에 큰 종이를 놓고 아이들에게 각각 잡지 한 권과 6장의 백지카드 그리고 검은색 사인펜을 주었습니다. 잡지를 아무 데나 펴서 마음에 드는 그림이 있으면 6장의 카드 위에 그 형태만 간단하게 그리라고 하였습니다. 여섯 장의 카드에 그림을 다 그린 후 그것을 책상 위에 가지런히 놓았습니다. 그리고 먹물과 붓을 들고 한 칸씩 옆으로 이동하면서 친구의 그림 중 제일 마음에 드는 것을 골라 전지에 따라 그렸습니다. 그렇게 몇 바퀴를 돌고 나니 전지에 갖가지 형태의 그림이 가득 찼고 잠시 마르기를 기다렸다가 원하는 대로 색칠을 했습니다. 원래 학생들이 한 시간 이상 집중하는 것을 힘들어했는데, 오늘 작업은 두 시간가량 계속 서서 진행되었는데도 전혀 산만하지 않고 아주 즐겁게 작업했습니다. 특히 큰 전지가 점점 채워지는 것을 보면서 좋아했습니다. 모처럼 아이들과 보람 있는 수업을 해서 기뻤습니다.

참여자 말씀을 듣다 보니까 아이들과 했던 작업이 생각납니다. 예전에 근무했던 학교 뒤에는 나무가 많이 있어서 쉽게 나뭇잎을 볼 수 있었습니다. 어느 날 아이들과 함께 나뭇잎을 주워서 자기가 본 것을 그림으로 옮기는 작업을 시도했습니다. 그냥 나뭇잎 모양을 그리는 것이 아니라 사이사이에 있는 작은 모양을 느낌대로 그리라고 했더니, 어떤 아이는 '돼지 꼬리 같다'고도 하고 어떤 아이는 '생선 뼈 같다'고도 했습니다. 그리고 검은색 도화지의 가운데를 사각형으로 오려서 종이 액자를 만든 후, 그림 위를 돌아다니며 관찰을 했습니다. 저학년생들과는 마음에 드는 이미지가 있으면 그것을 그대로 액자에 넣어 작품을 만들었고, 고학년생들과는 마음에 드는 이미지에 그대로 멈춰서 옮겨 그리기를 했습니다. 옮겨 그리기를 하는 동안 모양이 또 바뀌고 원하면 그것을 액자에 넣었습니다. 아이들이 굉장히 재미있어했습니다. 도시에서도 나뭇잎을 흔히 볼 수 있는데 주변의 사물을 이용해서 아이들과 충분히 이런 작업을 시도해 볼 수 있을 것 같다는 생각이 들었습니다.

장 노엘 지금 말씀하신 부분은 프레네 교육과 닮은 부분입니다. 특히 도구를 사용하는 면에서 그렇다고 할 수 있습니다.

오늘 오후에 우리 교육 기자와 인터뷰를 했습니다. 질문 중에 '프레네 교사의 상상력은 어디서 나오는 것인가?'라는 물음이 있었습니다. 저는 '우리는 정말 평범한 교사일 뿐입니다. 단지 지금 이 자리에서 이루어지는 것처럼, 교사들끼리 모여서 함께 일하고 의견을 교환하면서 상상력이 생기는 것이다'라고 대답했습니다. 예를 들어 뒤에 전시된 프레스코화 작업에 대해, 사십 명의 교사가 모여 방법을 논의한다면 사십 개의 새로운 아이디어가 나올 수 있고 그것을 토대로 새로운 시도를 해 볼 수 있습니다. 교사들 간의 지원과 도움을 두고 프레네 교사의 상상력이라고 말하는 것이 아닌가 싶습니다.

참여자(코디네이터) 프레네 신문을 담당하고 있습니다. 기한을 따로 정하지는 않았지만 모든 분께서 신문을 빨리 받아보길 원하시기 때문에 기사를 늦지 않게 보내주셨으면 좋겠습니다.

그리고 신문이름을 공모 중인데요, 두 가지 의견이 나왔습니다. 하나는 '자유를 향한 외침'이고 다른 하나는 '행복한 모색과 소통'이라는 두 가지입니다. 다른 의견이 있으면 지금 말씀해 주셔도 좋고 연수 중 아무 때나 제안해 주셔도 좋습니다. 오늘이 만남의 끝이 아니기를 원하지만 사실 끝나는 날입니다. 그래서 우리가 함께 정해야 하는 것들이 있습니다. 우선 신문이 언제 나오길 원하시나요? 그것에 따라서 원고를 주셔야 하는 날도 달라질 수 있습니다. 그리고 첫날 봉투를 나누어 드리고 주소를 적어서 돌려달라고 했는데, 그 봉투는 우리가 만들 신문을 발송해 드리기 위한 것입니다. 봉투를 돌려주지 않으신 분들도 오늘 연수가 끝나기 전까지 돌려주시길 바랍니다.

참여자 원고는 토요일까지 쓰면 어떨까요?

참여자 주최 측에서 잠깐 말씀드리겠습니다. 프레네 선생님들께서 토요일 정오에 떠나십니다. 이왕이면 우리가 함께 했던 기념으로 우리가 만든 신문을 선물로 드리면 어떨까 싶습니다.

참여자 그러면 금요일 두시는 어떨까요? 그러면 코디네이터 선생님들께서 오후에 작업을 하셔서 토요일에 드릴 수 있지 않을까요?

참여자(코디네이터) 금요일 두 시 괜찮으세요? 그때까지 원고를 주시면 토요일에 신문을 드릴 수 있도록 열심히 편집하고 인쇄하겠습니다. 그리고 신문 이름에 대해서 계속 고민해 주시길 부탁드립니다. 감사합니다.

- 꾸아 드 네프 마침 -

1. 교사의 역할은 통념을 뒤흔드는 것

장 노엘 오늘 해야 할 일은 두 가지입니다. 1교시에는 교사의 역할에 관해서 토론하고 쉬는 시간 후 2교시에는 이번 연수에 대해 종합정리를 하도록 하겠습니다. 두 분의 기자가 필요합니다. 먼저 교사의 역할에 대해 기자를 해 주실 분 계십니까? 지원자가 없는데요, 교사의 역할에 대해 기록하고 싶은 분이 안 계신가요? (기자선정) 종합정리 시간에 기자의 역할을 해 주실 분은 누구십니까? (기자선정) 감사합니다. 우선 어제 있었던 질문에서 출발하겠습니다.

학생이 원하는 것과 교사가 원하는 것 사이에 마찰이 생기면 어떻게 할 것인가에 대한 질문을 해 주셨습니다. 여기 계신 분들이 모두 교사의 역할을 하고 계시거나 그것을 준비하고 계신 것으로 알고 있는데 어쨌든 우리는 모두 교사로서 아이들을 이끌어 갈 의무를 지고 있습니다. 프레네 교육에서 제안하고 있는 다양한 기술이나 도구들이 어떻게 교육의 틀 안에서 부합하게 사용될 수 있느냐에 대한 답이 우리에게 도움을 줄 수 있습니다. 교사는 이런 것을 사용할 줄 알아야 하며 그것에 관한 기준을 가지고 있어야 합니다. 한국에도 이런 기준이 존재하리라고 생각합니다.

최근 학교에서 공연해야 하는 일이 있습니다. 학생들은 연극이나 춤, 노래 등을 다 섞어서 동시에 한 무대에 올리고자 하는 욕구를 표현했습니다. 저는 음악을 담당하는 학생들과 함께 작업하게 되었습니다. 그런데 이들 중 2 / 3 이상이 악기를 연주해 본 경험이 없는 학생들이었습니다. 고심 끝에 우리는 악기를 사용하지 말자는 결정을 내렸습니다. 그리고 각자 물건을 하나씩 들고 소리가 있는 세계를 만들어 내기로 했습니다. 악기는 아니지만, 소리를 낼 수 있는 주변의 상자나 통, 병 등으로 분위기를 만들어 나갔습니다. 이 과정을 통해서, 즉흥적으로 무엇을 해내는 것과 남을 경청하는 것을 배울 수 있었습니다. 그리고 일련의 모든 과정 즉, 학생들과 대화를 하고 훈련하고 도구를 모으고 서로 연습을 하는 데는 시간이 필요하다는 것을 보여줍니다. 당일 무대에서 학생들은 자신들의 사물을 가지고 마치 음악가이고 연주자인 것처럼 공연하였습니다. 공연은 잘 끝났고 학생들은 만족했습니다.

하지만 우리는 뭔가 부족함을 느꼈고 그것이 무엇일까 고민하게 되었습니다. 그래서 학생들과 저는 과연 음악의 가장 큰 기능은 무엇인가에 대한 질문이 있고 토론을 하게 되었고 어떤 의도와 마음으로 공연했는지에 대해 나누었습니다. 어떤 학생은 감동을 주고 싶었다고 했고 어떤 학생은 정신을 잃을 만큼 심취하게 하고 싶었다고 말했습니다. 그리고 다른 학생들은 감정을 생산해 내고 사람들을 모으고 그 앞에서 연주하는 사회적 기능에 대해 이야기를 했습니다. 이런 나눔을 통해 우리는 음악의 역할에 대한 고민과 이런 역할을 실현할 수 있는 음악의 기술적인 기능에 대해 발견하게 되었습니다. 또한, 위대한 음악가인 라흐마니노프라든지 보로딘과 같은 사람이 추구했던 것도 음악의 이런 기능 중의 하나였다는 것을 알게 되었습니다. 프랑스에서는 18세기 음악이나 고전음악을 듣고 아는 것을 음악교육의 중요한 가치라고 여기고 있으며 이런 음악들을 라디오에서도 쉽게 들을 수 있습니다. 이런 통상적인 구조 안에서 교사의 역할이란 학생들의 기본 생각을 뒤흔들어서 음악의 겉모습이 아니라 진정한 음악적 기능은 무엇인가를 직접 느끼도록 하는 것으로 생각합니다. 그것을 위해서 학생들이 직접 작곡을 하게 할 수도 있고 악기가 아닌 것을 가지고 악기와 같은 기능을 하도록 모색할 수 있는 조건을 제공해 줄 수도 있습니다. 어쨌든 공연을 준비하는 과정에서 음악에 대해 그들이 기존에 가지고 있는 통념을 뒤흔드는 것이 교사의 역할이었습니다.

모든 사람의 의견이 존중되고, 교사의 의견도 존중되는 길

참여자 학생들이 자유롭게 표현하도록 교사가 도와야 한다는 부분에 대해서 동의합니다. 하지만 선생님께서 주신 예는 특히 예술과 관련된 부분입니다. 예술은 표현과 관련이 있고 더구나 음악은 고정적인 통념이 존재하기는 하지만, 한국에서도 교사에게 자유가 많이 주어지고 있다고 생각합니다. 물론 전통적인 방식을 고수하는 교사도 있지만 다른 과목보다 자유로운 시도가 더 많이 가능한 과목인 것이 사실입니다.

하지만 언어와 수학은 다릅니다. 이 두 과목은 프레네 시간표에서도 보이듯이 매우 중요한 과목이며 국가에서 요구한 일정 정도의 수준을 따라가야 합니다. 제가 알고 싶은 것은, 이런 주요 과목에서 교사가 의무적으로 가르쳐야 하는 것과 아이들의 욕구가 마찰을 빚을 때 어떻게 할 것인가 하는 것입니다.

장 노엘 잠깐 음악과 예술에 대한 비중을 추가로 말씀드리면, 프랑스 대학입학자격시험을 준비할 때 예술은 가장 큰 비중을 차지합니다. 시간 표상으로 볼 때 음악은 7에 해당하고 철학이 6으로 그다음을 차지하는 과목입니다. 하지만 우리가 진지한 과목을 생각할 때 떠오르는 것은 물론 언어와 수학이기 때문에 선생님께서 그런 질문하시는 것이 당연하다고 생각합니다.

올리비에 불어 과목에서 교사의 역할은 매우 중요합니다. 교사가 학생들에게 자유롭게 글을 쓰라고 하고 학생의 자유텍스트를 교재로 사용한다면 그것으로 국어교육이 될 수 있다고 상상이 됩니까? 아마 상상하기가 힘드실 거라고 생각합니다. 학생들은 글을 잘 쓰지 않거나 쓴다고 해도 그 결과물이 교사의 요구를 다 채워주지 못할 것입니다. 하지만 프랑스에서 일부 저의 동료교사들은 자유로운 글쓰기를 통해 국어교육이 가능하다고 생각하는 사람들이 있습니다.

제가 가르친 교실에서는 종종 기적이 일어나서 학생들이 굉장히 빨리 글을 배우고 실수 없이 글을 쓰게 되는 일이 일어납니다. 그 이유는 간단합니다. 바로 소통의 힘이지요. 학생들은 글을 쓸 때 누군가 그 글을 읽어주기를 원합니다. 엊그제 했던 자유표현 글쓰기는 읽기 위한 것은 아니었습니다. 하지만 연애편지와 같이 누군가가 꼭 볼 것이라는 조건이 있다면 철자와 동사 규칙이 틀리지 않을까 하는 것에 더욱 더 신경을 쓰게 됩니다. 학생들은 보통 저에게 와서 틀린 것이 없는지 물어봅니다. 글을 보여주러 와서는 꼭 '제 글의 내용은 보지 말고 틀린 글자만 고쳐주세요'라고 요구합니다. 학생이 어떤 목적을 위해 언어를 직접 사용할 때는 그 언어를 배우게 되는 것입니다.

어떤 비행기를 타시겠습니까

올리비에 제가 초등학교에 있을 때 저희 학급에는 날마다 무엇이든지 원하는 것을 쓰는 규칙이 있었습니다. 매일 제 책상 위에는 아이들이 쓴 종이가 쌓였습니다. 그리고 저는 학생을 한 명씩 따로 불러서 글을 고쳐주었습니다. 학생들의 실수를 고쳐준 것은, 교사인 저는 그것이 실수라는 것을 알기 때문이며 학생들이 결코 실수하고 싶어서 한 것이 아니라는 것을 알기 때문입니다. 실수는 그것이 실수인지 모르기 때문에 하는 것입니다. 그리고 그 순간에 학생들에게 문법규칙을 설명해 줍니다. 시간이 지날수록 아이들이 쓰는 글의 양은 늘어납니다. 한 아이가 쓰는 글의 양이 점점 많아질수록 흥미롭게도 실수는 점점 적어집니다. 그때 저는, 너희가 원하는 만큼 쓰는 것에 제동을 걸고 싶지는 않지만 그렇게 많은 양의 글을 혼자서는 다 고쳐줄 수 없다고 말합니다. 그리고 실수를 거의 하지 않는 학생들을 통해 다른 친구의 글을 고쳐주도록 합니다. 점차 친구의 글을 고쳐주는 것은 학생들의 구체적인 작업으로 인정되고 주간학습계획표 안에 표시하게 됩니다. 때로는 고쳐주는 학생과 상대 학생 사이에 이견이 생기기도 합니다. 이런 경우에는 생각해 보는 시간을 갖고 각각의 의견에 대해 설명을 하도록 합니다. 놀랍게도 이때 학생들은 언어에 대해 일관성이 있고 지적인 이야기를 펼칩니다. 교사로서 저는 '날마다 단어 하나라도 써라'라는 것과 '서로 고쳐주어라'라는 간단한 규칙만을 주었을 뿐인데 말이죠.

프랑스에는 언어 과목에 대한 많은 이론서와 학습서가 있습니다. 하지만 저는 실용주의자입니다. 제가 좋아하는 학생은, '나는 실수를 조금 하기는 하지만 문법에는 자신이 있다'라고 말하는 학생이 아니라 '나는 글을 잘 쓰는데 내가 왜 실수를 안 하는지 몰라'라고 말하는 학생입니다. 여러분께서는 어느 쪽을 더 선호하시나요?

질문이 조금 어려우신가요? 좀 쉬운 예를 들어보겠습니다. 비행기에 대해 이론적 지식은 많으나 비행기 운전은 못 하는 사람과 비행기 운전은 잘하지만, 이론적 지식이 부족한 사람이 있다면, 여러분은 어떤 사람의 비행기를 타시겠습니까? 저는 후자 쪽을 선택하겠습니다. 때로 이론은 다 알면서도 실천하지 않는 것은 공포를 불러오기도 합니다.

장 노엘 한국의 상황은 모르지만, 프랑스의 국어 시간에는 문법이나 동사 변화에 대한 수업은 강조하지만, 실제 글을 쓰는 시간은 거의 주어지지 않고 있습니다. 어렸을 때 저는 철자법과 동사에 대해서는 굉장히 많은 지식을 가지고 있었는데, 이렇게 많은 것을 알고 있음에도 받아쓰기에서는 항상 많은 실수를 했습니다. 받아쓰기 점수가 너무 낮아서 열등생이라는 강박관념이 있었습니다. 학교에서 중요시한 것은 흥미롭고 창조적인 생각을 하는 것이 아니라 철자를 틀리지 않는 것이었습니다.

그러나 프레네는 일단 쓰기부터 시작하라고 말합니다. 그리고 쓸 수 있는 만큼 쓰라고 권유합니다. 또한, 글을 쓰는 이유가 명확해야 한다고 합니다. 그리고 글을 쓰는 이유가 많을수록 좋다고 합니다. 예를 들어 재미로, 다른 사람에게 보여주기 위해서, 그리고 신문을 만들기 위해서,

신문을 통해 다른 사람들에게 우리를 알리기 위해서, 편지를 쓰기 위해서, 답장하기 위해서 등과 같이 글을 쓰는 이유는 여러 가지가 있습니다. 이런 식의 글쓰기 시도가 글을 쓰는 흐름을 원활하게 하고 그 안에서 언어란 무엇인가에 대한 성찰을 심화시키는 것입니다. 문법규칙과 철자를 잘 알아서가 아니라, 언어에 대한 성찰이 심화함으로써 그 결과로 프레네 교육을 받은 학생이 언어학자가 될 수도 있고 문법 연구가가 될 수도 있는 것입니다.

올리비에 물론 직접 실천하면서 배우는 방법 외에 미리 알아야만 하는 경우도 있습니다. 예를 들면 교통법규와 같은 것이지요. 빨간불을 알아야 빨간불에서 멈출 수 있으니까요. 하지만 그런 경우가 아주 많진 않습니다.

장 노엘 글쓰기에 대해서도 미리 준비되어야 하는 것들이 있습니다. 종이와 펜 그리고 아이디어입니다. 그리고 단어 하나를 쓰더라도 쓰는 방법을 알아야 쓸 수 있는 것이 사실입니다. 이것은 조금씩 배워지는 것으로 생각합니다.

올리비에 언어학습과 교사의 역할에 관해서 덧붙이고 싶은 것이 있습니다. 프랑스는 언어에 대한 공식문서를 보면 왼쪽에서 오른쪽으로 글자가 진행되는 규칙이 있고 이것은 오른손잡이가 정한 것임을 알 수 있습니다. 아랍어 같은 경우에는 왼손잡이가 정하지 않았을까 싶습니다. 어쨌든 프랑스에서는 이런 연유로 글자는 왼쪽에서 오른쪽으로 써야 한다고 가르칩니다. 그런데 이러한 방식이 왼손잡이 학생의 언어학습에 어려움을 주고 있습니다. 글자의 진행순서가 잘 보이지 않을 뿐만 아니라 종이를 많이 더럽히면서 스트레스를 받기도 합니다. 그때 교사의 역할은 이 왼손잡이 학생이 더욱 효율적으로 글을 쓸 수 있도록 테크닉을 알려주는 것이 될 수 있습니다. 하나의 예입니다.

교육적 이상과 사회적 현실 사이에서

참여자 저는 공교육 계를 떠나 대안학교 교사로 일을 시작한 지 삼 개월이 조금 넘었습니다. 제가 공교육 계에서 대안교육으로 넘어오면서 가장 불안했던 것이 바로 선생님들이 질문하신 부분이었습니다. 교사가 가르쳐야 할 것이 있다는 사실입니다. 교과서는 사용하지 않는다고 하더라도 국정 교육과정은 가르쳐야 하는 것이 아닌가 했습니다. 지식을 전수하는 데는 분명히 단계가 있는 것이고 그 순서대로 가르쳐야 하지 않을까 생각했습니다. 그러면 자유롭게 아이들의 욕구를 존중하는 수업 안에서 그것을 어떻게 풀어내야 할까 하는 고민이 컸습니다.

교육에는 신화가 많습니다. 그것이 무엇인지에 대해 제대로 생각하지 않고, 바꾸는 것은 불가능하니까 맹목적으로 받아들이는 것입니다. 현재 우리나라의 교육과정은 브루너의 교육과정에 맞추어서 그대로 도입이 되었습니다. 나선형으로 위계를 갖춘 지식의 구조 안에서 상위지식을 배우면 연계 지식을 획득하게 하여 놓은 것이 지금의 교육과정입니다. 사실 '교육의 과정'을 읽으면서 저는 이 이론을 처음 제기한 브루너조차도, 교육 안에서 이 구조가 너무 방대해지거나 확대될 경우 아이들이 학문 주의에 휘둘리지 않을까 하는 문제점을 지적했다고 이해했습니다. 그리고 아직 읽지는 못했지만, 최근에 출판된 '교육의 문화'라는 저서에서 자신의 학문 주의적 교육관에 대해 한발 물러서 있는 것을 볼 수 있다고 들었습니다.

배움의 방법은 다양합니다. 그 하나가 프레네가 될 수도 있고 우리가 하는 어떤 것이 될 수도 있습니다. 그럼 이런 방법으로 목표를 달성할 수 있는가 하는 질문을 던질 수 있습니다. 산에 오르는 방법은 분명 존재한다는 것을 우리는 모두 알고 있습니다.

요즘 3학년 아이들과 함께 재미있는 작업을 하고 있습니다. 아이들에게 주제가 있는 이야기를 들려줬는데 무척 좋아했습니다. 그래서 이야기를 마음대로 변형시켜 보라고 했고 다음에는 삽화를 그려보라고 했습니다. 아이들이 너무 신나 하면서 또 하자고 했습니다. 무엇을 할까 고민하다가 삽화를 사진으로 찍었습니다. 그리고 미디어 프로그램에 있는 영상도 구를 이용해서 영상배치를 하고 목소리를 넣었습니다. 혼자서 다역을 할 수 없으니까 친구를 찾아가서 작업에 끌어들였습니다. 그렇게 자기들끼리 모여서 녹음을 했습니다. 그리고 장면에 적합한 배경음악을 찾아서 깔았습니다. 작업이 끝난 후 아이들은 서로 자기 것을 보여주고 남의 것을 보며 감상을 하였습니다.

방식은 다르지만, 이 속에는 아까 우리가 이야기했던 교육과정이 모두 들어있습니다. 이야기하기, 다시 쓰기, 친구를 찾아가서 설득하고 협업하기, 음악을 고르기 위해 내용을 이해하기 등 모든 것이 들어있습니다. 그러면 제가 했던 이것이 국가의 교육과정에 빠지지 않은 것이라는 자신이 있느냐고 물으면 확실하게 답을 하지는 못합니다. 하지만 다른 나라의 사례로써 답을 대신하고 싶습니다.

미국에서 약 8년에 걸쳐 우리가 고민하는 것과 똑같은 문제를 가지고 실험을 했습니다. 서른 개 이상의 중학교 학생들을 대상으로 '아이들의 욕구를 존중하는 교육방식(국정 교과 과정을 따르지 않는 수업)과 일반학교 수업에 따라 양육된 학생들 사이의 차이'를 연구했다고 합니다. 중학생이었던 이들이 대학생이 되었을 때 결과를 열어보니 두 학생 사이에는 아무런 차이도 없었습니다. 오히려 자유로운 교육방식 속에서 자라난 아이들이 자기존중감의 측면에서 일반학교 아이들보다 훨씬 우월하다는 결과가 나왔습니다. 이런 아이들이 교과 과정을 따르지 않았다고 해서 말을 잘 못할까요? 아니면 인물의 성격을 파악하지 못할까요? 오히려 온몸으로 그것을 느낄 줄 아는 사람이 되지 않을까 생각합니다.

결국 우리가 가지고 있는 신화를 깨지 못하기 때문에 우리가 불안해하는 것은 아닌가 싶습니다. 어쩔 수 없이 받아들여야 하는 입시와 같은 사회적 걸림돌 때문에 스스로 불안해하는 것은 아닌가, 그렇다면 교육적 이상과 사회적 현실 사이에서 지금 내가 선택해야 하는 것은 무엇인가 하고 자문해 봅니다.

연루되기

참여자 교사의 역할만큼 궁금한 것이 학생들의 권리입니다. 프레네 학급에서는 매주 수업시간표가 바뀐다고 했는데 그건 특히 학생들을 위한 것으로 생각합니다. 그런데 만약 한 학생이 올해는 수학하고 싶지 않다고 분명한 의사를 밝히고 수학 수업에 참여하는 것을 거부한다면, 교사는 그 의견을 존중해 줄 수 있는지, 그리고 그렇다면 그 학생의 상급 과정 진학은 어떻게 되는지 알고 싶습니다.

올리비에 그 학생과 같은 경우는 수학의 문제라고만 볼 수 없습니다. 그래서 그럴 경우 여기에 계신 김현수 선생님(정신과 전문의)과 같은 분에게 보내겠습니다. 수학의 문제만이라고 생각하지 않기 때문입니다. 수학적인 생각이 존재하지 않는 순간은 없습니다. 아주 어렸을 때부터 아이들은 줄을 따라 걷거나, 빨간 블록만 밟으면서 걷는다든지 하는 수학적 행동을 합니다. 일상생활에서 굉장히 다양하게 존재하는 것이 수학입니다. 예를 들어서 그 학생에게 이런 것들이 바로 수학이라고 말한다면 그 학생은 많이 놀랄 것입니다. '이게 수학이라고요? 나는 수학을 싫어하는데!'라고 반응할 것입니다.

예전에 실제로 한 여학생이 수학을 하지 않겠다고 저를 찾아온 적이 있습니다. 그래서 도와주겠다고 대답했습니다. 그리고 저는 그 학생이 어떤 수학적 행동을 할 때마다, 예를 들어서 돈을 꺼내려고 하거나 시간을 보려고 하거나 줄넘기를 하려고 하면 '안돼!'라고 말했습니다. 이런 것은 모두 수학이니까 너는 하면 안 된다고 설명했습니다. 그리고 나서

네가 진정 싫어하는 것이 무엇인지 말해보라고 했습니다. 물론 그 후 이 여학생은 수학 작업에 열심히 참여하였습니다.

장 노엘 고등학생 같은 경우엔 상처가 더 깊은 경우가 많습니다. 왜냐하면, 수학이 학생들을 선별하는데 사용되고 있기 때문입니다.

예전에 학생들과 '수학을 폐지하자'라는 아뜰리에를 한 적이 있습니다. 세 가지 상황을 설정했는데, 첫 번째는 '방의 카펫을 교체하기', 두 번째는 '사막 한가운데에 있는 여자 친구를 정확한 시간에 데리러 가기', 그리고 세 번째는 '맘모스 고기를 먹는 데 지쳤다, 수박을 먹게 해 달라'라는 것이었습니다. 수학 없이 이 세 가지 문제를 해결해야 하는데 정말 아무것도 할 수가 없었습니다. 그래서 숫자를 재창조하는 작업을 했습니다. 물론 같은 것을 창조하지 않고 새로운 규칙을 만들어 냈습니다. 10개의 숫자가 아니라 5개의 숫자를 사용하기로 한 것입니다. '5'가 기준이 되는 것입니다. 어떻게 해야 할까요? 선생님들이라면 어떻게 하셨을 것 같습니까? 숫자의 재창조 작업에서 가장 어려웠던 것은 '0'을 되살리는 것이었습니다. 성공하지 못했습니다. 그런데 이 과정에서 우리는 '0'의 탄생은 인간의 역사에 있어서 굉장히 특별한 도약이었다는 사실을 배웠습니다. '어디에서부터 '0'은 왔는가?'라는 질문에서 시작해서 역사와 철학에 관한 토론으로 이어졌습니다. 학생들은 결국 이 아뜰리에를 통해서 수학이 무척 재미있는 학문이라는 것을 배웠습니다. 그리고 우리가 설정한 세 가지 상황은 진정한 문제의 설정이었으며 인간사에서 실제로 존재했던 문제들이라는 것도 발견했습니다.

학생들에게 요구하는 것은 수학 문제를 푸는 것이 아니라 수학에 대한 자신의 관점을 바꾸는 것입니다. 마치 줄을 따라서 걷는 어린이가 그것이 수학적 행동이었다는 것을 깨닫는 경우처럼 말입니다. 이런 작업을 한 후보다 공식적인 수학학습으로 들어갑니다.

음악이나 미술과 같이 창작할 수 있는 과목에서 더 주관적이 될 수 있다는 의견에 동의합니다. 하지만 거기에 수학도 포함될 수 있습니다. 대상 혹은 과제에 자신을 직접 연루시키고, 자신이 진정 연루되었을 때는 그곳으로 가게 되어있습니다. 그리고 배를 타고 여행을 할 수밖에 없습니다. 배를 탔다고 해서 모두가 수학을 좋아하게 되는 것은 아니지만, 예전에는 몰랐던 자신의 취향을 발견하게 될 수도 있습니다. 하지만 여기서 중요한 것은 이제 수학이 모든 사람에게 고통이 되는 것은 아니라는 것입니다.

프레네 교육을 하는 것은 테크닉과 도구를 설치하는 것

참여자 선생님은 수학전문가이신가요? 수학에서 철학을 할 수 있다니 놀랍습니다. 저희가 질문을 드리면 항상 아이들과의 사례를 선명하게 그것도 단계별로 설명해 주시는데 이것은 실제 아이들과 신나게 수업을 하지 않으면 정리되지 않는 것이라고 봅니다. 개인의 경험을 뛰어넘는 상당한 실천과 연구를 통해서 가능한 것이 아닐까 합니다. 교사로서의 이런 자세나 철학은 일반화되어서 교대나 사대에서 필수적으로 배워야 할 것들이 아닌가 하는 생각도 들었습니다. 저도 선생님들의 말씀에 동의하고 그렇게 가고 싶어 하는 사람 중 한 명입니다.

　그런데 저의 이런 바람들 사이에는 여전히 불안감이 존재하고 있습니다. 지금 설명해 주신 것들은 우리가 흔히 생각하는 지식이 아니라 그냥 생활 속에 녹아있는 삶의 자세와 같은 것이라는 생각이 듭니다. 특히 국가가 요구하는 국어, 수학과 같은 교과에 걸려있는 지식과는 거리가 있지 않을까 싶습니다.

　이 부분을 교과서와 연관해서 설명해 드리면, 지금 저는 교재개발에 참여하고 있는데 교재에서는 교과 과정을 체계적으로 짜내야만 합니다. 아이들과 현장에 있다 보면 자유작업, 창조활동, 심리적 요소까지 다양한 것들을 발견할 수 있는데 이것을 교재에 넣을 수는 없는 것이 현실입니다. 개념적으로 봤을 때 지식은 학문중심이 되고 활동은 경험중심이 되기 때문입니다. 프랑스에서는 교사에게 교과서 선택의 자유가 있다고 하는데 한국은 아직 그런 자유를 획득하지 못했습니다. 그래서 교사들에게는 국가가 정해놓은 교과서를 버릴 수 없는 불안감이 항상 따라다니는 것입니다.

　가기는 가야겠는데 어떻게 가야 할지 잘 모르겠습니다. 아까 올리비에 선생님께서 언어나 수학을 할 때 교통법규와 마찬가지로 미리 알아야 하는 것들이 있다고 하셨습니다. 거기에 관한 판단을 가지고 계신 것입니다. 우리는 어떤 것이 이미 배워두어야 하는 교통법규이고 그 주변의 것들은 어떻게 풀어줘야 하는지에 대한 판단이 서질 않습니다. 어떤 순간에, 어떤 단계에서 아이들을 자유롭게 놓아둘 수 있을까요? 판단이 없는 상태에서 무작정 가야 한다고 길을 나서도 되는지 망설여집니다.

올리비에 아까 제 사례를 끝까지 말씀드리지 못했는데 이어서 말씀드리겠습니다. 현재 프랑스에서 교육학은 고립된 학문입니다. 그래서 정신과 전문의나 심리전문가의 도움을 얻어 유지되고 있습니다. 언어를 활용하는 측면에서 보면 교통법규와 같은 사회적인 규약을 지킬 수 있으려면 우선 언어사용능력을 타고나야 한다고 봅니다.

장 노엘 다시 말하면 코드, 즉 규약을 사용할 수 있으려면 공간에 대한 감각이 있어야 합니다. 그리고 그것이 문제가 됩니다. 문제가 되기 때문에 교통사고와 같은 것이 발생하는 것입니다. 학생들에게 길을 건널 때 주의를 하라고 말을 하지 않았기 때문에 사고가 나는 것은 아닙니다. 이것은 이 학생이 아직 공간적 감각을 습득하지 못했기 때문입니다. 규칙을 습득하지 못한 것이 아니지요. 조금 전 이곳에 오기 위해 길을 건널 때 신호등이 초록 불이었는데도 불구하고 차가 지나갔기 때문에 길을 건너지 못했습니다. 규칙이나 코드가 있다고 해서 위험을 완전히 피할 수 있는 것은 아닙니다.

올리비에 교사의 역할에 대해 덧붙이고 싶은 것은 여러 가지 자료입니다. 프레네 교사들은 학급에 적용할 수 있는 많은 교구들뿐만 아니라 여러 모임을 통해 다양한 자료들을 만들어 내고 있습니다. 지금 보여드리는 이것은 도 단위의 지역모임에서 발간하는 교육잡지입니다. 이 자리에서 연수를 하면서 우리가 만드는 신문하고 비슷한 형식이라고 할 수 있지요.

그리고 다음으로 보여드릴 잡지는 같은 성질의 것인데 국가단위에서 발행되는 소식지입니다. 1920년대 프레네 교육실천에 동조하는 교사들이 모여 단체를 결성한 후 "학교 인쇄소"라는 기관지를 발행했고 그 후 "프롤레타리아 교육자"라고 이름을 바꾸어 발행하다가 "새로운 교육자"라는 이름으로 현재까지 발행되고 있는 교사잡지입니다. 이 잡지에는 교사들의 경험을 공유하는 사례가 매번 500가지가 넘게 실립니다.

예를 들면 여기에 나온 글의 제목은 '죽은 자들의 박물관을 방문하다'라는 글입니다. 그리고 또 다른 도구들은 학생들에 의해 만들어지는 것입니다. 학생들이 만든 잡지의 내용을 채우는 것은 바로 학생들의 작업입니다. 한 권을 만들기 위해 약 6개월에서 1년이 걸리고 글쓰기, 사진, 편집을 모두 학생들이 직접 합니다.

참여자 잡지인가요?

올리비에 네, 월간지입니다. 일 년에 10부 정도가 발행됩니다. 이것은 유치원생부터 대학생들까지를 대상으로 하는 작업총서입니다.

〈 BT 작업총서 〉

만들어지는 과정을 예를 들어보겠습니다. 한 학급의 학생들이 사슴을 관찰한 후 토론하고 쓴 글을 5개의 학급으로 보냅니다. 그것을 받아본 학급에서 그 글을 읽으며 서로 질문을 합니다. 그리고 '그런데 사슴은 어떻게 새끼를 낳지?'라는 새로운 질문이 나옵니다. 그 질문을 또 다른 학급으로 보내고, 새로운 질문이 추가되는 작업이 반복됩니다. 나중에는 그 분야의 전문가, 즉 동물학자가 와서 학생들이 제기한 모든 질문이 연구가치가 있는지 판단합니다. 그리고 마지막으로 그것이 가치를 가졌다고 판단하면 어른들이 출판합니다. 초반부터 글쓰기와 질문 던지기에 참여했던 학급에서는 모두 잡지를 받아보게 됩니다. 이것은 아이들에게 동기부여를 하게 됩니다. 잡지만이 아니라 학생들은 CD를 만들 수도 있고 여행수첩을 만들 수도 있습니다.

이런 모든 것들이 바로 학급에서 직접 사용 가능한 도구들입니다.

〈여행수첩〉

장 노엘 오늘 우리가 시작할 때 시간을 체크하는 분을 정하지 않았습니다. 지금 그 결과가 나타나고 있습니다. 시간이 많이 지났습니다. 교실에서 작업을 시작할 때 시간체크를 잊지 마시길 바랍니다. 잠깐 쉬었다가 다시 시작하겠습니다.

2. Ne restez pas seul! (혼자 있지 마세요)

장 노엘 마지막 시간입니다. 시간을 체크해 주실 분을 기다립니다. (선정) 지금은 종합정리 시간입니다. 보통 학급에서 총정리 시간은 어떻게 하시나요? 학생들에게 각자 종이에 적게 한 후 토론을 합니까, 아니면 그런 작업 없이 논의하십니까? 선생님들께서는 어떤 것을 더 선호하십니까?

참여자 논의 자체를 잘 안 하기도 하지만 만약 한다면 그냥 논의만 하는 경우가 많습니다.

참여자 저희는 보통 토론을 하는데요, 우선 '하루살이'라는 일지를 작성합니다. 어떤 것을 배웠는지, 어떤 질문이 있었는지, 누구를 만났는지, 어떤 소통을 했는지에 대해 몇 가지 정리합니다. 이런 시간을 잠깐 가진 후 교사의 주도하에 함께 이야기를 나누면서 마감을 합니다.

올리비에 저는 오랫동안 유치원 교사를 했습니다. 다섯 살 아동들과 하루를 정리할 때 일본에서 사용되는 방식을 도입해서 적용했습니다. 다양한 표정이 그려진 얼굴 카드를 나누어지고 그날에 대한 자기의 감정을 뽑아서 학급 뒤에 나뭇잎처럼 붙이게 하였습니다.

장 노엘 고등학교에서는 교사가 주도할 수밖에 없는데, 문제가 되었던 사항이나 질문을 받은 다음 10분에서 15분 정도 답을 생각할 수 있는 시간을 가진 후 거기에 대해 토론을 하였습니다.

참여자 저희 학교는 하루의 시작과 끝을 매우 중요한 것으로 간주하는 의미에서, 하루의 시작은 명상으로 열고 하루의 끝은 그날을 스케치하는 것으로 마무리합니다. 그런데 하루에 있었던 일을 스케치하면서 친구들의 문제점 등을 이야기하다 보니까 그 시간에 희망적이고 좋은 이야기를 하기보다는 상대를 비난하기도 하고 어떤 학생은 화가 나서 집에 가버리는 일이 발생하기도 하였습니다. 이런 일은 고학년보다는 저학년에서 더 많이 일어납니다. 교사들 사이에서 이렇게 진행되는 '하루 닫기'의 보완책을 마련하기 위해 고심하고 있습니다.

올리비에 제가 자치 회의에서 말씀드린 규칙을 적용할 수 있을 것 같습니다. '나는 …을 제안한다. 나는 …를 축하한다. 나는 …을 비판한다.'는 형식으로 발제하기를 하면 도움이 되지 않을까 싶습니다.

참여자 사실 교사는 아이들이 밝은 모습으로 등교하고 하루 중에도 밝은 모습을 보이고 또 그 모습으로 돌아가야 한다는 강박관념이 있는 것 같습니다. 그런데 비판을 하게 되면 분위기 자체가 험악해지는 경우가 있습니다.

올리비에 그럴 경우에는 학생들을 보호할 수 있는 규칙을 정해야 할 것 같습니다.

김현수 이제는 우리가 어떻게 정리해야 할 것인지에 대해 이야기를 나눠야 할 것 같습니다. 먼저 이번 나흘간의 연수에 대해서 말씀드리고 싶습니다.
저는 이분들을 포함해서 다른 프레네 교사들과의 만남을 여러분보다 조금 더 일찍 시작했습니다. 프랑스에 가서 연수를 받기도 했고 1년 반 전 별학교에서 첫 번째 프레네 교사연수를 개최하기도 했습니다. 처음의 연수를 머리로 기억하는 시간이었다고 하면 이번 연수는 몸이 기억하는 연수라고 할 수 있을 것 같습니다.

두 번의 연수를 통해 무엇보다 마음에 와 닿은 것은 학생들이 즐겁고 재미있게 배울 수 있도록 교사가 가져야 할 태도입니다. 프레네식 태도라고 할 수 있겠지요. 교사인 내가 경험한 것 이상으로 아이들이 경험하는 것도 중요하다는 사실을 다시금 깨달았고, 그런 의미에서 '능숙한 손은 지식으로 가득 찬 머리보다 낫다'라는 말을 몸과 마음으로 느꼈습니다.

두 번째는 교구에 대한 것입니다. 우리들의 많은 질문에 대해 프레네 선생님들께서는 사례 위주로 답을 주셨습니다. 이것은 자신의 프로젝트나 경험을 늘 교재로 만들고자 하는 교사로서의 의지가 있기 때문이라고 생각합니다. 수학을 싫어하는 아이를 어떻게 도와줄 것인가 하는 문제는 사실 우리가 모두 고민하고 있는 문제이기도 합니다. 장 노엘 선생님의 경험을 교구에 싣는다면 우리는 우리의 현장에 맞는 더 많은 토론을 끌어내고 해결책을 찾게 될 것입니다. 우리가 찾은 방법과 경험은 또 교구를 통해 전파될 것입니다. 아이들과 함께 그리고 교사들과 함께 교구를 개발해야겠다는 의지가 더욱 확고해졌습니다. 태도가 바뀌고 교구가 다양해진다면 아이들의 배움의 문제를 해결할 수 있는 더욱 다양한 배움의 길이 열릴 것이라는 희망을 느끼는 연수였습니다.

참여자 저는 사범대학교 한문교육과 학생입니다. 사실 한문을 좋아해서 이 과를 선택했는데 요즘 너무 많은 과제에 떠밀려 스트레스를 받고 있습니다. 처음 학교에 들어갈 때 가졌던 교육에 대한 성찰과 다짐들이 모두 사라지고, 과연 내가 이런 여건에서 살아남을 수 있을지 몰라 자포자기하고 있을 때 이 연수를 알게 되었습니다. 그리고 나흘간의 시간을 통해 자신감을 회복하고 사범대학을 들어갈 때 가졌던 최초의 동기에 대해서 다시 생각했습니다. 용기내서 다시 시작할 수 있을 것 같습니다.

참여자 저도 역시 교사역할에 대한 강박관념을 가지고 있었습니다. 교사는 항상 무엇이든지 많이 알아야 하고, 바로 서 있어야 하고, 늘 도와줄 수 있고 던져줄 수 있으며 이끌어 줄 수 있는 사람이어야 한다는 생각이 있었습니다. 12년째 언어치료사를 하고 있는데 이제 이것을 버리고 생활교사를 하려고 합니다. 저에게 의미가 없어졌기 때문입니다.

내가 삶을 좀 더 편하고 효율적이고 합리적으로 살기 위해서 배우는 것이 지식인데 이 지식이라는 것이 학습 위주, 주지주의적으로 갔을 때는 항상 교사로서의 고민을 당연히 하게 되어야 한다고 생각합니다. 내 인생과 타인의 인생이 서로에게 영향을 주고받으면서 교육이 이루어지는 것입니다. 아이들이 갈등 상황에 있을 때, 물론 그것이 오래간다면 교사가 개입해야겠지만, 그 자리에서 즉시 갈등을 조절하려고 하는 것은 그것을 통해 아이들이 시간을 갖고 생각할 기회와 소통할 기회를 방해하는 것으로 생각합니다.

중요한 것은 내가 서 있는 이 길에서, 내가 나를 인식하고 내 인생의 목표를 가지고 향하고 있느냐 하는 것입니다. 자유 글쓰기를 할 때 글을 읽어주는 사람은 선물을 주는 것과 같다는 말씀을 하셨습니다. 그것은 내가 바로 서 있고 자유로워서 소통으로 상대방에게 베풀 수 있기 때문이라고 생각합니다. 그런 의미에서 침묵의 자유를 행사할 수도 있다고 봅니다. 이번 연수를 통해 저는 특히 교사가 뭐든지 잘해야 한다는 강박관념을 버림으로써 훨씬 더 많은 것을 얻을 수 있는 시간이었습니다.

참여자 이번 연수에서는 자유라는 게 중요한 주제였다고 생각합니다. 그 주제에 맞게 프로그램이 잘 진행이 되었고 앞으로 고민할 주제를 던져주는 시간이었습니다. 이것을 통해 학생과 교사가 함께 학교를 바꾸는 방법을 찾을 수 있겠다는 희망을 보았습니다.

참여자 첫날 처음 시작부터 두 시간 정도 지속되었던 침묵하고 어색했던 분위기가 사실 힘들었습니다. 그런데 그날 끝날 때쯤 되니까 '아, 그랬구나!' 하는 감탄이 나왔습니다. 그리고 시간이 지나면서 마음이 편해지고 스스로 자유로워지는 것을 느꼈습니다. 보통 다른 연수에서는 강의를 듣고 마지막에 한마디를 할 수 있을까 말까 한데, 이번 연수의 방식은 참석자가 계속 말하도록 하는 것이었습니다. 우리가 하고 싶어 하지만 잘 하지 못했던, 실천하기 힘들어했던 방식입니다. 우리가 말하도록 처음부터 끝까지 기다려 주시는 두 분 선생님께 내공을 느낄 수 있었습니다. 이번 연수는 구체적인 내용이나 기술이 아니라 두 분 선생님의 내공과 에너지를 전해 받은 시간인 것 같습니다.

참여자 길지 않은 시간이지만 여기에서 우리가 배운 것은 매우 가치 있고, 좀 더 거창하게 말씀드리면 프레네에서 하는 것은 문명사적이라는 생각이 들었습니다. 교단의 야만성에 대해서 다시 언급하지 않더라도, 한 사람의 교사가 사십여 명의 아이들에게 한 교과서를 똑같이 가르친다는 것 자체가 이미 폭력을 행사하고 있는 것입니다. 그것을 깨달은 소수 교사가 조직을 만들고 새로운 것을 시도하고자 하지만 대부분 내부적인 요인으로 지속하지 못하고 있는 게 현실입니다. 그럴 때 가장 필요한 것이 자성이나 믿음인데 여기서 그 힘을 느꼈습니다.

참여자 선생님들의 말씀을 듣다 보니까 일 년 반전 첫 번째 프레네 연수가 떠오릅니다. 그때도 연수의 마무리를 오늘처럼 종합정리로 맺었는데 이야기를 나누는 참여자들을 보시면서 올리비에 선생님께서 '우리 없이도 이렇게 소통이 잘 되는데 이제 우리가 사라져야겠다. 떠날 시간인 것 같다'라는 말씀을 하셨습니다. 자유롭고 자신 있게 소중한 나눔을 주시는 모습이 그날과 똑같다는 생각이 듭니다.

Retrouvez - vous ensemble! (함께 하십시오)

장 노엘 제가 정보통신사회와 자본주의사회가 제공하는 모든 난관을 거쳐 처음 프레네 운동을 접하게 된 길은 집에서 가장 가까운 곳에 있는 학교를 찾아가는 것이었습니다. 교육계를 선택한 것은 잔인하고 원시적인 자본주의와 맞서기 위해서였지만 저는 어떻게 싸워야 할지 몰랐습니다. 그래서 사람들을 만나야 할 필요를 느꼈습니다.

그것은 제가 '할 수 있는 것'과 '하고 싶은데 안 되는 것'들을 다른 사람들과 함께 해 나가기 위해서였습니다. 처음에는 네 명이 모였습니다. 경험을 공유하고 기록하고 보관하면서 우리는 책을 한 권 쓰게 됐습니다. 그리고 그것을 프레네에서 출판하게 되었습니다. 중요한 것은 시간이 지나며 고독감이 없어졌다는 것과 더 이상 혼자가 아니라는 사실입니다. 모임은 한 달에 한 번 저녁 시간을 이용해서 열렸습니다. 당시 저는 일반 학교 교사였는데 혼자였다면 결코 프레네 운동을 하지 못했을 것입니다. 학교에서 있었던 여러 일들로 자주 좌절하고 낙담한 상태로 모임을 찾아갔는데 모임이 끝날 때면 항상 할 수 있다는 마음의 힘을 안고 돌아왔습니다.

지금도 여러 선생님이나 관심 있는 분들께서 저를 찾아와 조언을 구하곤 하시는데 제가 할 수 있는 것은 '혼자 있지 마라, 사람들과 함께해라'는 말 뿐입니다. 여러분께도 같은 말씀을 드립니다. "혼자 있지 마세요!"

올리비에 2007년 8월 프랑스에서 이상한 일이 벌어집니다. 방학인데도 불구하고 오백여 명의 교사들이 프랑스의 수도로 모여 학교 문을 엽니다. 저도 그때쯤에는 해변에서 여름의 태양을 즐기고 있기를 바라지만, 가야 합니다. 갈 것입니다. 왜냐하면, 8월 말이 지나면 제가 새로운 에너지로 가득 채워지리라는 것을 알고 있기 때문입니다.

사실 저는 여러분을 생각합니다. 고된 일과를 끝내고 왜 집에 돌아가서 쉬지 않고 이 자리에 오시는 걸까요? 우리는 정말 평범한 교사일 뿐입니다. 하지만 아마도 아이에 대해서, 학생에 대해서 똑같은 생각이 있는 것이 아닐까 싶습니다. 감사합니다.

제2부 프레네 교육 세미나

제5장 프레네 교육에 입문하기
제6장 평범한 교사의 평범한 역할

| 프레네 교육에 입문하기 |

올리비에 프랑콤 (Olivier Francomme)

안녕하세요, 올리비에 프랑콤입니다. 저는 약 20여 년간 초등학교와 유치원에서 교사로 일했고 현재는 프랑스의 한 교사양성대학에서 미래의 교사가 되고자 하는 학생들을 가르치고 있습니다. 프레네 교육과 한국의 인연은 몇 년 전에 이루어졌으며 그때부터 지금까지 한국의 대안학교와 몇몇 교사들과 함께 프레네 운동을 전개하고 있습니다. 여러분을 오늘 이 자리에서 다시 뵙게 되어서 정말 기쁩니다.

이번 강연의 테마는 〈프레네 교육의 교사양성과 성장〉에 관한 것입니다. 좀 더 구체적으로 저는 한 교사가 어떻게 프레네 교사가 되는지에 대해 말씀드리려고 합니다. 이 주제는 프레네 운동 안에서도 지속해서 관심을 기울이고 있는 부분입니다. 최근에도 반느(Vannes) 교사양성대학의 장-피에르 부르주아(Jean-Pierre Bourgeois) 교수의 글을 비롯하여 여기에 대한 글들이 많이 쏟아져 나오고 있고 숙고할 문제로 논의되고 있습니다.

다양한 논의와 발표된 자료에 의하면, 한 교사가 프레네 교사가 되겠다고 결심하는 데에는 두 가지의 계기를 찾을 수 있습니다. 첫 번째 계기는 '시간성'입니다. 모든 사람이 동시에 프레네 운동에 들어오는 것이 아닙니다. 각각의 교사는 그의 인생에서 프레네를 접하게 되는 특별한 순간이 있습니다. 두 번째 계기는 프레네로 입문하는 길의 '다양성'입니다. 사람들은 다양하게 존재하는 문 중 하나의 문을 열고 들어오는데, 때로는 그것이 무엇인지 모른 채 열고 들어오기도 합니다.

프랑스 프레네 운동의 현재

프레네와 동시대를 살았던 동지들은 이제 많이 남아있지 않습니다. 그래서 우리는 프레네의 삶을 직접 증언해 줄 사람을 더 이상 많이 가지고 있지 않습니다. 하지만 프레네 운동은 여전히 존재합니다. 그리고 날마다 조금씩 성장하고 있다고 말할 수 있습니다. 이것은 현재 세상이 돌아가는 모습에 비교해 보았을 때 역설적입니다. 개인화로 가고 있는 사회에 대한 역설입니다. 하지만 우리는 우리를 희망하는 모든 공간 속에 존재하고 있으며 존재하기 위해 노력하고 있습니다.

이 강연에서 저는 여러 각도에서 프레네 교육 안에서 볼 수 있는 교사와 아동의 특수한 관계에 대해서 말씀드릴 것입니다. 여러분은 강연의 중간 중간에서 이 주제에 대한 언급들을 발견하게 되실 겁니다. 이것은 전체 테마를 이해하는데 매우 중요한 포인트입니다. 왜냐하면, 프레네 교육으로의 입문이란 바로 아동, 학생 그리고 미래의 어른을 마주한 위치에서 하나의 선택을 하는 것을 의미하기 때문입니다.

언제 우리는 프레네 교육을 만나는가

2005년에 가을에 개최된 리츠의 생 힐레르(Saint Hilaire de Rietz) 총회에서 다음과 같은 사실이 논의되었습니다. 그것은 프레네 교육에 입문하는 데는 나이의 구별이 없다는 것과 이러한 현실이 프랑스 프레네 운동의 모든 작업구조 안에서 조금씩 드러나고 있다는 것이었습니다. 다시 말해서 일생의 모든 순간이 프레네 교사가 될 수 있는 순간입니다. 평범한 말처럼 들릴 수도 있겠지만, 이것이 예전부터 늘 가능했던 것은 아닙니다. 1980년대 오아즈(Oise) 지역의 경우를 예를 들면, 젊은이들은 사범대학에 입학하자마자 프레네 교육을 만날 수 있었습니다. 게다가 도 단위의 프레네 그룹 본부가 사범대학 내에 설치되어 있기도 했습니다. 현장의 교사들이 프레네 교육으로 입문하기는 수월했습니다. 그들은 수많은 활자가 번쩍이는 인쇄기가 잘 설치된 교실에서 얌전하게 기다리기만 하면 되었습니다. 이때는 노동조합이나 프레네 운동이 멀지 않게 있었고, 서로서로 성장시키면서 둘 다 활기를 띨 수 있었습니다.

현재 여러 가지 이유에서 교사양성대학의 교육은 상당 부분 교육적인 차원을 상실하고 있고 새롭게 조직된 교육과정이 도외시 되고 있습니다.
 - 대학의 첫해에는 교사자격을 얻을 수 있는 시험을 준비하는데 온통 할애됩니다. '속성 시험준비의 해'라고 부릅니다. 그 안에서 교육적 발견이나 실험을 한다는 것은 거의 불가능한 일입니다.
 - 두 번째 해에는 집중적으로 교과지식을 쌓는 데 주력합니다. 연수생이 개인적으로 진취성과 책임감을 가지고 노력하지 않는다면 교육학에 대해 시간과 공간을 투자하는 것은 어려운 일입니다.

얼마 전부터 우리는 몇 년간의 교직 생활을 통해 풍부한 직업적 경험을 갖추고도 지역의 모임에 찾아오는 사람들을 만나게 되었습니다. 그들은 모두 '다른 것을 보아야 할' 필요성이 있음을 고백하고, 지금까지 해왔던 것과는 다른 교육적 시도에 대해 고민하고 있음을 이야기합니다. 이런 사람들은 종종 자료나 주변 사람들의 증언을 통해 프레네 교육을 읽고 발견한 사람들입니다. 그들의 요구는 매우 명확하며 때때로 어떤 교사에겐 교사를 그만두기 전에 하는 마지막 시도인 경우도 있습니다.

이와 같이 프레네 교육을 시작하는 데는 나이가 중요하지 않을 뿐만 아니라 때로는 어떤 교사에게는 교사로서 도착점이기도 합니다. 프레네 교육을 찾고 입문하는 사람들은 모두 자신만의 근거가 있습니다. 그것은 프레네 교육의 주요한 가치가 될 수도 있고 직업윤리가 될 수도 있으며 때로는 사회적인 프로젝트가 될 수도 있습니다.

프레네 교육으로 입문하는 길을 네 가지로 정리해 보았습니다. 이것은 앞에서 소개해 드렸던 장 피에르 부르주아 교수가 연전에 발표했던 글을 정리한 것입니다. 한국의 동료에게 아직 소개되지 않았기 때문에 함께 나누고자 이 자리에 가지고 왔습니다.

첫 번째 길 : 유물론적 철학

프레네 교육학은 매우 매력적입니다. 왜냐하면, 그것은 현실적이며 구체적인 것 그리고 교육적인 실천에서부터 시작하기 때문입니다. 프레네 교육의 실용주의는 이 교육학의 가장 두드러진 양상 중의 하나입니다. 프레네 교사들은, 우리가 해야 할 것에 대해 장광설을 늘어놓기 이전에, 지금 우리가 하는 것과 현재 일어나고 있는 것에 관해 이야기합니다. 게다가 프레네 교육에서 다루는 모든 연구는 증거와 전문적 저술, 그리고 실천으로 시작됩니다.

프레네 교육을 하는 것, 이것은 아이들의 표현을 향상하고 발전시킬 수 있는 테크닉과 도구를 설치하는 것입니다. 교육적 자유란 추상적인 개념이 아니라 물질적 생산물입니다. 교사의 일은 우선 학급이 기능할 수 있도록 구체적인 조건을 갖추는 것입니다. 그것은 모든 측면에서 가능한 것인데 표현이 될 수도 있고 학급경영이나 개별화 작업이 될 수도 있으며 협동 혹은 공동작업이 될 수도 있습니다.

유치원에서 정리를 어떻게 시킬 것인가 하는 예를 하나 들어보겠습니다. 어린 아동들은 굉장히 서툴고 종종 학급활동에 해를 입히기도 합니다. 청소도구는 아이들의 안전에 적합해야 하며 마찬가지로 아이들이 접근할 수 있도록 해야 합니다. 아이들이 작업을 끝까지 할 수 있게 해줘야 합니다. 그래야 죄의식이 없어지고 자유로워지며 동시에 아이들이 맡은 일을 더 잘할 수 있게 해 주는 것입니다.

프레네의 기술들은 사용할 수 있는 모든 도구를 가리키는 것으로, 이것은 자율적 아동이 되도록 하는 물질적 조건을 실현하기 위하여 사용됩니다. 학교라는 세계는 아동에게 적합해야 합니다. 이런 점에서 프레네 학급의 물적인 조직화는 특별하다고 할 수 있겠습니다. 프레네 운동이 다양한 교구를 개발하고 갖추는 데 노력하는 것은 프레네 교육의 부차적 측면이 아니라는 사실을 알 수 있습니다. 도구들은 프레네 교육의 기반 그 자체입니다.

우리가 교육적 가치에 대해서 고민하는 순간이 프레네 교사양성의 또 다른 예가 됩니다. 즉, 교사의 길을 선택했다는 것은 각자가 지키고 싶은 교육적 가치들이 무엇인지 명확히 해야 한다는 것을 뜻합니다. 어쨌거나 여기에는 조건이 있는데 그것은 우리의 실천과 우리의 가치들을 일치시켜야 한다는 것입니다. 즉, 매일 하루 일을 결산하면서 오늘 하루 동안 일어난 일들이 우리가 지키고자 하는 가치들이 실현되는 데 도움이 되었는지 아닌지를 반성해야만 합니다.

어쨌거나 우리는, 프레네 교육을 도구를 도입하고 교육적 재료를 사용하는 것만으로 한정해서는 안 될 것입니다.

두 번째 길 : 시도하는 모색
자문하고 연구하는 교육학

모든 현대의 교육학은 다양한 의미에서 시도적 모색을 권장합니다. 그것은 시도와 실수를 통한 탐구, 장애물을 극복하는 방법으로의 작업뿐만 아니라 학교 작업에서 개별화의 필요성까지도 언급합니다. 그러나 이것은 거의 통용되지 않는 하나의 출발(demarche)에 불과합니다.

단순화시켜서 말씀드리면, 뇌 안에서 오직 행동의 흔적만이 중앙신경계에 머무는데, 이 행동의 흔적이란 것은 (과거에) 습득한 것을 (미래에) 사용할 수 있도록 동화시키는 능력을 소유한 것입니다. 구조적인 그물망 안에서 관계적인 고리를 형성하는 것은 바로 구체적인 경험입니다.

더욱이 이것은 주어진 주제에 대해 적응 가능성(완벽한 주제)을 높이는 접근방식을 늘려간다는 뜻입니다. 즉 대화를 통한, 소리를 통한, 이미지를 통한, 도표를 통한, 직접 해보는 작업 등을 통한 접근방식이 그것입니다.

잘 살펴보면, 사실 모든 교사는 어쨌든 이러한 방법으로 직무를 수행하고 있는 것을 알 수 있습니다. 그것은 그들이 지식을 지배하고 있다는 환상을 버려야 한다는 것을 받아들이든 그렇지 않던 마찬가지입니다. 그들은 〈배우는 것을 통해 배우는 것〉을 향해서 가고 있습니다. 가르치는 직업은 (통치자나 치료자와 함께) 프로이트에 의하면 불가능한 직업입니다. 실천이 첫 번째입니다. 그리고 모든 이론은 실천의 이론화에 불과합니다. 각각의 아동은 사물(읽기, 과학 등)을 자기 것으로 하는 그만의 방법을 가지고 있습니다. 깨달음에 대한 길은 예측할 수 없는 것이며 또한 제어할 수도 없는 것입니다. 사실 상황이 어떻든 간에 적용하기만 하면 되는 예측 가능한 방법론이라는 의미에서, 프레네의 방법론이란 존재하지 않습니다.

예를 들어 올해 초 프랑스에서는 읽기의 방법론에 대한 활발한 토론이 벌어졌습니다. 그런데 이렇게 우리가 읽기와 쓰기의 자연적 방법론(MNLE)을 발전시키고 있음에도, 각각의 아동은 읽기를 배우는 그만의 고유한 길을 가지고 있다는 것은 분명합니다. 그리고 아동은 그 고유의 길 위에서 자기의 필요에 따라 해독의 도구라든지 행동주의적 방법이 주는 도움을 빌릴 것임이 분명합니다.

이런 이유로 아동은 작업의 순간에 도구가 필요합니다. 그런데 그 도구란 것은 제도적인 방법이 아니라 기술적 도구입니다. 주요한 결론은 인간이 그만의 고유한 길로 자신의 지식을 구성하고 통합한다는 것이다.

시도적 모색으로 우리는 과학의 확실성(그 종착점이 과학 만능주의인)에서는 멀어졌지만, 학문의 기원에 흥미를 느끼는 인식론에는 더욱 근접했습니다. 프레네 교육은 진화하는 본성을 가지고 있습니다. 실천이란 정해진 한 모델로 환원될 수 있는 것이 아니라 영원한 발명이기 때문입니다. 아동은 따라서 다양한 수많은 경험을 해보아야 할 필요가 있습니다. 그리고 이 연습에 적합한 환경이 필요합니다. 이런 틀에서 부모와 환경은 책에서만 얻어지는 지식보다 훨씬 더 완벽한 파트너가 될 수 있습니다. 책에서만 나오는 지식보다는 그들의 생생한 경험이 더 많은 것을 가져다줄 수 있기 때문입니다.

세 번째 길 : 인류학
인간에 중심을 두는 교육학

이것은 아동을 바라보는 특별한 입장에 의해 정의된 길입니다. 그 입장이란, 아동은 선험적 지식의 틀 안에 있는 것이 아니라는 것입니다.

프레네는 아동을 선험적인 지식의 틀 속에 가두는 사상을 반대했습니다. 즉 아동에 관해서 이야기하면서도 아동에게는 발언권을 주지 않는다는 것을 지적했습니다. 조지 레르베(Georges Lerbet)는 이것을 세 가지의 교육적 자세로 표현했습니다.

첫 번째는 나를 앞세우는 일인칭 교육으로, 즉 '아는 사람은 나'라는 것입니다. 그리고 '내가 아니까 내가 말하는 것'이라고 합니다. 두 번째는 삼인칭 교육으로 객관적 자세입니다. 나는 아동에 대해서 말하고 있지만, 아동에게 말하지 않고 그를 발견하지 않으며 그를 알려고 하지 않는 것입니다. 이론적인 아동입니다. 마지막은 이인칭적 교육으로, ''내'

가 '너'를 '만난다'는 것입니다. 아동은 본질적으로 아동이 아니라 인간화 과정에 있는 인간입니다. 아동은 인간으로서 성인과 동일한 행동, 바램 그리고 반응을 보입니다. 그리고 이것은 근본적인 불변요소입니다 : 아동은 성인과 동일한 본성을 가지고 있다.

이런 의미에서 프레네 교육은, 흥미롭지 않은 활동을 그럴듯하게 포장한 것에 불과한 놀이의 교육이 아닌 작업의 교육입니다.

아동심리학은 실제로 인류학입니다. 다시 말하면 그것은 인간 고유의 보편적 행위들을 (최소한 임시로나마) 규정할 수 있는 원칙들의 총체입니다. 인간은 그를 성장하고, 개선하도록 밀어주는 삶의 원칙에 의해 성숙합니다.

동기부여에 대한 좋은 질문은 "아동에게 어떻게 동기를 부여하지?"가 아니라 "어째서 아이가 배우려고 하지 않을까?"입니다. 아이의 인간성을 존중하는 것은 그에게 풍성한 활동을 제공하는 것이며 주변세계를 향해 그의 정신과 몸과 마음을 열어주는 것입니다. 교실에서 아이들이 제안한 활동 중 매우 일부만이 받아들여지고 좋은 성과를 거두기는 하지만 그렇다고 하더라도 우리는 아동의 선택에 대해 신뢰를 해 주어야만 합니다. 학급 간 서신교환, 협동적인 경영, 지역사회의 프로젝트에 참가하는 것, 자유표현(소리, 연극, 글쓰기, 그림, 조형예술 등)을 통해 아동의 동기를 격려해 줄 수 있을 것입니다.

이런 인류학적인 논의를 보충해 줄 수 있는 부차적인 5가지 원칙들을 소개해 드리겠습니다. 이것이 부차적 원칙인 이유는 작업이라는 1차 원칙으로부터 도출된 것들이기 때문입니다.

1. 작업은 공동체 안에서 수행된다. (사회적 행위)
2. 작업은 협동 외에도 타인에 대한 시선을 요구한다. (평가의 형태)
3. 작업의 내용을 강요할 어떤 이유도 없다.
4. 기억은 작업에 종속된다.
5. 작업은 많은 종류의 지성을 동원한다.

네 번째 길 : 의무론 혹은 윤리학
인간과 사회의 비전을 발전시키는 정치적 교육학

교사는 가치의 전령이며, 학교는 사회와 인류에 봉사합니다. 프레네 교육에서 실천은 항상 의식적 혹은 무의식적 가치에 의해 방향 지워집니다. 다시 말해서 수단은 그에 종속되는 목표에 따라서 방향을 정해야 한다는 것입니다.

교육이 목표로 해야 할 것은 인간의 잠재력 실현, 즉 세상에 대한 지식과 힘의 욕구를 무한정 증대시키는 것입니다. 원시적 상태로 머무르는 것은 인간의 운명이 아닙니다. 학교와 삶의 관계가 적응의 관계인가, 아니면 완성의 관계인가 하는 것은 모호합니다. 한편으로 학교는 사회에 봉사합니다. (학교는 인간이 사회에 적응하는 것을 돕습니다) 그러나 학교는 인간 안에 있는 어떤 목적이 아니라, 인간성 자체에 봉사하는 것입니다. 학교는 생존수단이 아닌 목적으로서의 삶에 열려있어야 합니다. 학교가 열려있다는 것은 작업하는 인간 공동체를 향한 것이지 생계와 경쟁의 세계를 향해 열려있는 것이 아닙니다. (학교와 사회의 가치는 기업의 가치와 같지 않습니다) 학교는 경제 세계로 가는 길을 연결하는 가죽끈이 결코 아닙니다.

예를 들어서 학교조직 안에서 인본주의는 말해지는 것이 아니라 살아지는 것입니다. 민주주의 혹은 협동에 대해 하나의 수업을 하는 것이 아니라 학교에서 그것을 살도록 하는 것입니다. 생 나제르 자주 고교만큼 민주주의에 대해 언급하지 않는 학교도 없습니다. 그곳이 바로 매우 민주주의적이기 때문입니다.

프랑스에서 학교의 가치는 학교제도의 설립 이래 많이 향상되었습니다. 오늘날 우리는 학교의 목표가 기회균등이라고 말하고 있습니다. 그러나 프레네의 인류학에 충실하다면 기회균등이란 단지 수단에 불과한 것입니다. 우리가 지향해야 할 것은 기회균등이 아니라 잘 사는 것이며 인간적인 작업입니다. 경쟁이나 모든 대가를 치르는 성공과 같은 것은 이것을 위협하는 요소입니다.

프레네가 했던 주된 비판은 현재에도 주목받고 있습니다. 그것은 '점수 매기기'가 점수 자체를 위하여 그리고 측정 가능하고 인정받을 수 있는 능력만을 위하여 일하도록 한다는 것입니다. 한 국제조사(PISA)가 프레네가 옳다는 것을 증명해 주었습니다. 왜냐하면, 가장 성공하는 아이들이 있는 국가는, 평가에 가장 늦게 종속되는 아이들이 있는 국가였기 때문입니다.

프레네의 입장에서 연유하는 몇 가지 결론을 살펴보겠습니다.

- 첫째, 아동이 학습에서 겪는 어려움과 학습에 대한 거부는 장애물이 아니라 성찰과 작업의 대상이라는 것입니다.
- 둘째, 교사는 아동을 자극하고 격려하며, 그들이 발견하도록 돕고 말하고 듣고 조직할 수 있도록 도와준다는 점에서 매우 중요한 역할을 하지만 서열상으로 아동보다 우월하지는 않다는 것입니다.
- 셋째, 교사는 능력의 획득을 격려해야만 합니다. 단지 착오일 뿐인 실패와 아직 습득되지 못한 자질에 집중해서는 안 됩니다.
- 넷째, 학교는 풍성한 상호교류를 통하여 문화와 작업을 공유하는 장소입니다.
- 마지막으로 교사는 초월적 존재로 있어서는 안 됩니다. 다만 열정적 존재로 있어야 합니다.

다른 길들

지금까지 프레네 교육에 입문하는 몇 가지 길을 보여드렸습니다. 이것 외에도 다른 길을 찾는 것은 얼마든지 가능하다고 생각합니다. 어떤 사람들은 매우 혁명적이며 정치적 소신을 가지고 노동조합투사들과 짝을 지어서 프레네를 찾기도 합니다. 또 어떤 사람들은 아예 들어오지 않는 사람도 있습니다. 그들은 계속 거기에 있었기 때문입니다.

결론

프레네 교육에 입문하는 동일한 순간도, 유일한 동기도 없습니다. 우리는 모두 프레네 교육의 동일한 차원에 관심을 갖는 것도 아닙니다. 이 때문에 프레네 운동적 삶의 모든 단계에서 흥미로운 교류가 가능합니다.

다양성, 이것이 바로 프레네 운동의 풍요로움이며 이 때문에 우리는 바로 이곳에서 함께 일하고 있는 것입니다. 감사합니다.

| 평범한 교사의 평범한 역할 |

장 노엘 에반 (Jean-Noël EVEN)

송순재 선생님께서 교육의 세 가지 모형에 따라 아이들을 생각하도록 상기시켜 주셨습니다.

- 돌처럼 깎이고 조각되는 공장에서 생산되는 아동
- 자연의 섭리에 의해 꽃 피는 아동
- 소통하는 인간 구조 안에서 대화하는 아동

송순재 선생님께서는 우리에게, 아동을 교육한다는 것은 이 세 가지 모델 중에 한 가지를 선택하는 것임을 상기시켜 주셨습니다.

홍세화 선생님께서는 한국에서 교육은 사상의 도구였다는 것을 상기시켜 주셨습니다. 몇 년 전까지는 반공사상 그리고 현재는 신자유주의

사상의 도구. 특히 이분은 이러한 사상들이 다른 많은 사상처럼 사회 구성원들의 '자발적 복종'에 의해 자생한다는 사실을 상기시켜 주셨습니다. 에티엔느 드 라 보에티(Etienne de La Boétie)가 16세기 프랑스 사회에 대해 가졌던 비판적 시각이 불행하게도 오늘날도 계속되고 있습니다.

프랑스에서 우리도 같은 문제와 같은 선택을 가지고 있습니다. 공화국의 역사가 가장 오래되었고 일정한 인본주의를 보장한다고 하는 나라에서조차 말입니다. 과거와 마찬가지로 현재의 통치자들은 자발적으로 복종하는 국민을 원하고 있습니다. 신자유주의는 세계화되었으며 자발적 노예를 양성하는 교육을 필요로 하고 있습니다.

따라서 저항해야 합니다.

저는 조금 전 영상으로 보았던 사진의 학교에서 일하고 있습니다. 저는 운이 좋아서 과거에 '나쁜 학생'이었던 적이 있습니다. 그리고 운이 좋아서 '나쁜 학생'을 친구로 두기도 했습니다. 그래서 저는 학교가 나쁜 학생들에게 어떻게 하는지 알고 있습니다. 그리고 제가 이 학교에서 일하는 것은 저항하기 위해서입니다. : 우리는 사람에게 그렇게 할 수 없다! 라고.

제가 일하는 학교는, 셀레스탱 프레네가 그의 부인과 함께 70년 전에 프랑스 남쪽 벵스(Vence) 지역에 세운 학교와 비슷하게 운영되는 학교입니다. 프레네의 학교는 지금까지 잘 운영되고 있습니다. 거기에 비하면 저희 학교는 매우 젊다고 할 수 있습니다. 이제 25년 되었거든요.

이곳은 자주적으로 운영되는 고등학교입니다. 다시 말해서 모든 결정이, 그것이 경제적이든, 정책적이든 혹 교육적이든, 모든 결정들이 학생과 교육팀 구성원들에 의해 함께 결정됩니다. 이 결정들은 물론, 민주주의를 보장해주는 제도 안에서 이루어집니다. 소수의 목소리가 들려지는 것을 보장하고, 결정이 생성되는 과정에서 합의를 도출하기 위하여 서로 논쟁할 수 있는 것을 보장합니다.

이렇게 우리는 모든 학교처럼 경제적, 행정적 그리고 정책적으로 결정을 내려야 합니다. 학생회에서 선출한 여섯 명의 학생 대표와 교육팀에서 선출한 두 명의 교사로 구성된 학교위원회는 일주일에 한 번씩 개최됩니다. 학생위원회는 우선 토론주제에 따라 의사일정을 정해야 하는 임무가 부여됩니다. 이 주제는 한쪽으로는 학생전체에서 토론될 것이고 다른 쪽으로는 교육팀에서 토론될 것입니다. 토론이 끝나고 학생과 교육팀 대표단이 정직하게 (양심에 따라서) 결정을 하기 위하여 다시 만납니다. 학교위원회의 구성원은 약 7주마다 교체됩니다. 항의, 프로젝트를 수행하기 위한 지원요청, 조직에 관한 좋은 의견, 그 어떤 요구나 학교에 대한 외부의 행정적인 일 등 모든 것이 공론화되고 토론됩니다.

학교위원회에서 결정된 사항들은 실행되어야 합니다. 15일 동안 스물다섯 명의 학생과 세 명의 교육팀원으로 구성된 한 그룹이 학교의 경영을 책임집니다 : 학교 건물의 문단속, 청소, 식사준비, 카페테리아 운영, 비서업무, 회계, 여러 가지 수리, 서류관리 등.. 그리고 학교위원회에서 결정된 사항을 수행하는 역할까지 맡습니다. 이 그룹은 15일을 주기로 교체됩니다. 학생이든, 교육팀 구성원이든 누구든지 한 해에 세 번 보름씩 경영에 참여하게 됩니다. 그리고 누구든지 학교에 있는 동안 적어도 한번 이상은 학교위원회에서 활동하게 됩니다.

우리는 교육적인 결정도 함께 내립니다. 무엇을 함께 배우고 어떻게 배울 것인가? 매 7주마다 학생과 교육팀 전체는 세 그룹으로 나뉘어서 우리가 배우고 싶고, 배워야만 하고, 공부해야 할 필요가 있는 테마에 대해 숙고합니다. 이 세 (교육성찰)그룹은 지식에 대해 세 가지 각도에서 생각합니다 : 인간, 언어 그리고 자연. 물론 바칼로레아를 준비하길 원하는 학생들은 교과과정을 대면해야만 한다는 것을 알고 있습니다. 이런 이유로 각 교육팀의 구성원은 각 교육(성찰)그룹에게 바칼로레아를 준비하기 위하여 고려하지 않을 수 없는 주제들을 제공해 줍니다.

일단 앞으로의 7주간의 테마가 선정되면, 담당 교육팀원과 그 테마에 관심이 있는 학생들은 함께 모여서 어떻게 할 것인지를 정합니다 : 왜, 어떤 목적에서, 어떤 방법으로 그리고 어떤 결과물에 도달하기 위한 것인가? 이들은 이 테마에 대한 아뜰리에를 함께 결정합니다. 따라서 한 아뜰리에는 하나의 테마에 대해 2주간 매일 오전 동안 함께 작업하는 사람들의 그룹입니다.

오후 시간은 기본과목 위주의 활동이 이루어집니다 : 읽기, 쓰기, 토론하기, 논쟁하기 그리고 생산하기. 이 기본활동들은 넓은 의미로 해석됩니다. 책을 읽을 줄 아는 것은 매우 중요한 것입니다. 하지만 이미지, 사회적 상황, 도표, 풍경 등을 읽을 줄 아는 것 또한 매우 중요합니다. 학생들과의 토론을 거쳐 이러한 활동을 제안하는 것은 교육팀입니다. 그리고 학생들에게는 교육적 활동을 자율적으로 결정할 수 있는 가능성이 남아있습니다. 우리가 '학생작업(Travaux d'Elève)'이라고 부르는 것입니다. 이 활동도 시간, 재료, 공간 그리고 필요할 경우에는 돈에 대하여 다른 모든 활동과 똑같은 권리를 부여 받을 수 있습니다. 또한 같은 의무를 부여받습니다. 다시 말하면, 어떤 방식으로든 학생작업 동안에 그가 실현했던 것이나 배웠던 것을 발표하는 것입니다. 왜냐하면 모든 아뜰리에와 모든 교육활동은 정해진 시간 안에 그들 작업의 결과물을 전체 구성원들에게 발표해야 한다는 의무를 가지고 있기 때문입니다.

한 학생이 학교에 등록한다는 것은 그의 교육적 노정을 선택할 수 있는 권리를 갖는 것입니다. 그리고 그것은 동시에 그 노정 안에서 공동작가이며 공동제작자이고 주인공이 되어야 한다는 의무를 갖는 것입니다.

교사로서 학교에 동참한다는 것은, 이것을 받아들이는 것입니다. 이것은 셀레스탱 프레네가 그의 삼십 가지 교육적 불변요소 중 첫 번째에 정의했던 위상 안에 있는 것입니다 : *아동은 성인과 같은 본성을 가졌다.*

아동은 본질적으로 아동이 아닙니다. 그는 인간화의 과정에 있는 인간입니다. 아동은 욕구를 가진 존재로서 그의 희망, 잠재력, 꿈을 통해 정의됩니다. 인간으로서의 아동은 여러분과, 저와 그리고 어른들과 정확하게 같은 태도, 같은 바램, 같은 반응을 가졌습니다. "아동은 어른과 같은 본성을 가졌다."

아동이 어떻게 교실에서 활동을 체험하고 있는지 알고 싶다면, 간단합니다. 그의 자리에서 상상하고 자문해 보는 것으로 충분합니다 : 만약 내가 이 아동의 자리에 있다면, 나는 이 작업을 하고 싶어 할까? 요약하면, 배움의 중심에 있는 것은 아동이 아닙니다. 그것은 인간입니다. 바로 이어 셀레스탱 프레네의 두 번째 불변요소는 '교사들이 크고 나이가 많다고 해서 아동보다 우위에 있는 것은 아니다'입니다.

이 두 불변요소가 생 나제르 실험고교 교육팀 구성원들의 위상을 결정하는 토대입니다.

결국, 이 학교에서 저의 역할을 무엇일까요? 아이들에게 열려있는 교사의 역할이란 따라서 무엇일까요? 이해하셨겠지만, 이것은 아이들에게 열려있고 아니고의 문제가 아닙니다. 이것은 젊은이와 어른에 대한 시각을 바꾸는 문제입니다. 젊은이는 유한성을 가진 불완전한 존재가 아닙니다. 그는 생성하고 있는 인간입니다. 우리는 서로 아동이고, 어른이고, 생성 중인 인간이고, 끊임없이 발전하고 있는 인간입니다. 이 발전은 타인과 세상과의 소통 안에서 모든 의미와 역량을 가지고 있는 발전입니다.

저의 역할은 대면을 발전시키는 것입니다. 우리의 욕구와 강요와 필요를 끊임없이 대면시킴으로써 교육과 양성의 길을 만들어 낼 수 있습니다. 각자는 그룹으로 구성된 사회구조 안에서 사신을 계발할 수 있는 길을 자유롭게 만들어 갈 수 있습니다. 교육자의 역할은 아동 혹은 청소년과 함께 고민하면서 이 생성을 가능하게 해 주는데 있습니다. 결정을 할 수 있도록 하는 제도를 가능하게 하고, 자기를 표현하고 자신을 평가하도록 하는 교구를 가능하게 하는데 있습니다. 왜냐하면 중요한 것은 목적이 아니기 때문입니다. 그것은 길입니다.

　다시 한 번 말씀드립니다. 왜냐하면 이것은 본질적인 것이기 때문입니다. 중요한 것은 목적이 아니라 길입니다. 인생의 길입니다.

　저의 역할은 우리 학생들에게 자발적인 복종과 수동성을 배우지 못하게 하는데 있습니다. 왜냐하면 중등교육에서 그들 역시 권력과 사상이 자리 잡고 있는 노예적 수동성 안에 이미 길들여져 있기 때문입니다. 그들이 삶을 선택하고 삶을 건설하는 자유로운 존재가 되도록 하기 위하여 조금씩 조금씩 거기에서 벗어나게 해야만 합니다. 오래 걸릴 것입니다. 어쩌면 아주 오래 걸릴 수도 있습니다. 길이 두렵게 할 수 있습니다. 자유가 두렵게 할 수 있습니다. 자발적 복종 안에 있는 것이 자유로운 것보다 더 편안하기 때문입니다.

　저의 역할은 학생들이 배움을 스스로 조직할 수 있도록 장치를 조직하는데 있습니다.

　저의 역할은 제가 있지 않아도 자율성을 향상시키고, 배움의 가능성을 향상시키고, 배움에 대한 문제제기를 스스로 하도록 하는 교구를 잊지 않는데 있습니다. 왜냐하면 어쨌든 교육행위의 궁극성은 제가 없이 그들 스스로가 해내는 것이기 때문입니다. 이런저런 교구가 왜 필요한지 학생들 스스로 이해하고 종종 학생과 함께 진보합니다.

저의 역할은 실수에 기분이 상하지 않는데 있습니다, 아니 그 반대입니다! 왜냐하면 실수가 비난받지 않기만 한다면, 실수는 성찰과 치유와 새로운 시도의 원천이기 때문입니다. 누가 넘어지지 않고 걸음마를 배웠다고 자랑할 수 있습니까?

저의 역할은 자극을 주며 격려하는 데 있습니다. 왜냐하면, 여러분이 걸음마를 배울 때, 테이블 끝을 붙잡고 망설이면서 다리를 떼어놓아야 하는 순간에, 여러분은 미지의 사람에게 의지했고 몸을 던졌습니다. 만약 여러분을 향해서 부드럽게 격려하며 펼쳐준 손이 없었다면 여러분은 할 수 있었을까요? 만약 어느 누구도 여러분을 격려하지 않았다면 여러분은 이 걸음마의 도약을 시도할 수 있었을까요? 저는 학생들에게 저의 손을 내밀어야 합니다. 그들이 미지의 지식 안에서 도약할 수 있도록 말입니다.

저의 역할은 제 지식의 권위자가 되는 데 있고, 타인을 위한 자원이 되는데 있습니다.

저의 역할은 저의 열정과 지식을 구현하는데 있습니다. 저는 삶을 중단하지 않았고 삶은 배움을 중단하지 않았습니다.

저의 역할은 학생이든 교사든, 그 누가 되었든지 간에, 지식의 권위자를 인정하고, 가치를 매기고, 자원이 되도록 격려하는데 있습니다.

저의 역할은 자신을 교육하는 것을 멈추지 않는데 있습니다. 책을 통하여, 다른 실천가와의 대면을 통하여 그리고 세상과 실천적 시도와의 대면을 통하여 계속 되는데 있습니다.

저의 역할은 모든 것과 모든 사람에게 호기심을 갖는데 있습니다.

저의 역할은 당당한 태도를 유지하기 위하여 자신을 검토할 줄 아는데 있습니다.

저의 역할은 결국, 노동이, 인간이 인간을 착취하는 우리들의 사회가 부여했던 잘못된 의미에서 벗어나 인간이 자기 스스로를 건설하는 도구가 됨으로써 점차 큰 힘을 발휘할 수 있게 하는 것입니다.

요컨대 저의 역할은, 탁월한 교육학을 만들어내는 평범하지 않은 학교 안에 있는 평범한 교사의 평범한 역할입니다.

감사합니다.

제3부 새로운 시작을 위하여

제7장 한국의 교사들에게 | 장 노엘 에반

| 한국의 교사들에게 |

프레네 교육과 관련하여 여러분을 만나기 위해 서울에 온 것은 이번이 두 번째입니다. 이번 연수가 끝났을 때 저는 여러분의 유연함과 호기심 그리고 교사로서의 엄격함과 용기에 다시 한 번 감명을 받았습니다. 사실 용기만을 가지고 이런 모든 것을 조직할 수 있는 것은 아닐 것입니다. 한 외국 교육자에 대해 이야기하고자 지구의 반대편에서 건너온 낯선 두 사람을 만나기 위해 고된 하루일과 끝에 주어진 휴식의 순간에 이 자리에 온다는 것, 그것은 호기심이 있어야 할 뿐만 아니라 의식적이야 하고 그리고 용기가 있어야만 하는 것이라고 생각합니다.

여러분은 저희들을 훌륭하게 맞이하여 주었고, 저는 역설적으로 여러분과 가깝다고 느꼈습니다. 역설적이라고 말씀드린 이유는, 지리적인 거리, 역사, 문화 등 모든 것이 다르기 때문입니다. 하지만 저는, 권력이 요구하는 것과 다르게 할 수 있는 가능성에 대해 그리고 교사로서의 실천에 대하여 서로 질문을 던지고자 하는 공통의 욕구가 우리를 이어주고 있음을 느꼈습니다. 또한 저는, 우리 자신을 위하여 그리고 우리가 함께 하고 있는 학생들을 위하여, 인간이 누려야만 하는 자유를 쟁취해야 할 공동의 필요가 우리를 이어주고 있음을 느꼈습니다. 사실 자유는 주어지는 것이 아니라 쟁취되는 것입니다. 저는, 대양과 대륙을 넘어, 우리의 역사적, 언어적, 문화적 차이의 장벽에도 불구하고, 모든 교육자가 제기해야만 하는 근본적인 질문들에서, 그리고 답을 찾으려고 애쓰는 사람들을 보편적인 것이 되게 하는 본질적인 질문들에서 우리가 다시 만났음을 느꼈습니다.

어쨌든, 기존 연수와는 동떨어진 방식으로 진행된 저희의 방식을 받아들이는데 있어서 여러분께는 분명 많은 신뢰가 필요했을 것입니다. 왜, 프레네 교육의 지식과 노하우에 대한 위탁자로서 올리비에와 저는, 여러분이 바라는 것이 무엇인지 완벽하게 알면서도 -연수를 주관한 학교로부터 그것을 전달 받았습니다- 비교적 짧은 그 정해진 시간동안 가능한 많은 정보를 전달해 줄 수 있는 일련의 강연을 하지 않았을까요?

셀레스탱 프레네는 자신의 교육 저서 중 한 권에서 주인공, 즉 지혜의 위탁자인 철학자-목자의 입을 통해 이렇게 말합니다 : *대장장이는 쇠를 벼리면서 대장장이가 된다.*

올리비에와 저는 이 목자의 충고를 따랐습니다. 자초지종을 가늠해 보고 그것이 '건설적인 것'이 되게 하려고 우리는 오랫동안 토론했습니다. 그리고 우리는 장황한 강의를 통해서가 아니라 이를 직접 경험함으로써, 즉 스스로 조직되고 있는 한 그룹의 실재를 여러분이 직접 체험하시기를 바랐습니다.

저와 마찬가지로 여러분 그리고 우리의 학생들은 -기억하시나요? 아이들은 우리와 동일한 본성을 지녔습니다- 우리를 위해서 생각해주고, 우리를 위해서 조직해주고, 우리를 위해 중요한 것을 알고 있는, '누군가'가 있다는 것에 익숙해 있는 '본성'을 가지고 있습니다. 그렇지만 이 누군가도 때론 잘못 생각합니다. 따라서 자신의 자유를 쟁취하기 위해서는 누군가의 보호 아래 있다는 상대적인 안정감으로부터 탈피해야만 합니다. 생각하는 자유, 욕망하는 자유, 소통하는 자유, 이동하는 자유 그리고 특히 행동하는 자유를 얻기 위해서는 말입니다.

이것은 교사인 우리에게 기껏해야 '계몽군주'라는 익숙한 역할에서 벗어나라고 요구합니다. 사실, 교실에서 일단 문이 닫히면 우리는 입법, 사법, 행정적인 모든 권력을 가집니다. 우리가 관대한 사람이라고 해도 우리는 모든 권력이 집중된, 하지만 다소간의 유연함과 인간미를 가지고 있는 독재자에 불과합니다. 분명히, 여러분께서 보셨듯이, 프레네 학급이나 기관에서 교사들은 이런 정치적 위치를 차지할 수 없습니다. 민주주의는 엄격하게 지켜집니다. 민주주의가 없는데 어떻게 자유에 관해서 이야기 할 수 있겠습니까! 자치 회의는 여기에서 비롯됩니다. 그러나 여러분께서도 경험하셨듯이, 자치 회의는 몇 가지 사소한 것들을 결정하는 것이 아니라 모든 것을 결정하는 회의입니다. 교사로 서 있는 우리에게 그것은 신뢰를 배우는 것과도 관계됩니다. 왜냐하면, 한 번 더 말씀드리지만, 아동은 우리와 동일한 본성을 가지고 있고, 아이들의 교육이며 나아가 우리 자신의 교육이기도 한 이 교육 모험 안에서 그들은 우리의 파트너이기 때문입니다.

자신을 <u>스스로</u> 건설하고 있는 그룹에게 결정을 내릴 권한을 주려면, 계몽군주의 역할에서 벗어나야만 합니다. 따라서 여러분께서 경험한 것은 침묵할 줄 알고, 시간을 줄 줄 알고, 비효율적이라는 인상을 줄 줄 알면서도 틀을 재정비할 줄 아는 것, 그룹이 실수하거나 길을 잃지 않도록 내버려두지 않을 줄 아는 것, 매 순간 타인에 대한 존중과 작업의 진행에 대한 존중을 강요할 줄 아는 것입니다. 왜냐하면, 작업은 실행되어야 하고, 효과적으로 그리고 잘 되어야 하며, 민주주의는 서로에 대한 존중, 즉 차이의 존중을 요구하기 때문입니다.

우리가 고려해야 하는 것은, 그룹이 조직하고 작업하고 소통할 수 있는 틀과 배치를 생각하는 것입니다. 그것이 바로 올리비에와 제가 이 연수에서 했던 것입니다.

우리는 또한 타인을 경청해야 하는데 특히 잘 들리지 않는 목소리들을 들을 줄 알아야 합니다. 종종 소수의 목소리를 고려하지 않는 경향이 있고 따라서 '독재적 그룹'이 될 경향이 있는 그룹 안으로 이 목소리를 던져주기 위하여 이들 목소리를 듣고 고려해야 합니다. 교사인 우리는 우리가 모두 함께 만들려고 하는 정직한 민주주의의 보증인입니다.

우리는 그룹에 의해 재고된 시간표 안에서, 배움이 그룹으로 혹은 자율적으로 이루어지게 하려고 교구들을 고려해야 합니다. 여기에는 분명 교사로서의 모든 노하우가 필요합니다. 올리비에와 제가 연수기간 동안 만들었던 상황은, 물론 모든 지식에 접근하도록 하면서, 한 그룹을 일깨우고 봉합시키는 데 필요한 상황이었습니다. 여러분에게 가능한 모든 교구를 펼쳐 보일 수는 없었습니다. 하지만 조직기관에서 권력이 행사될 때, 여러분이 만들었던 신문과 같은 소통의 교구를 창조하고 운영하는 것을 잊지 않는 것은 분명 무시할 수 없는 교육행위입니다.

분명 해야 할 일은 많습니다. 그러나 모든 것을 단번에 해야 하는 것은 아닙니다. 아마도 우리에게 맞는 시간과 경험의 도움으로 완전하게 민주적으로 기능할 때까지 우리의 감성에 맞는 테크닉과 제도를 조금씩 조금씩 도입하는 것이 나을 것입니다.

그러나 다른 사람이 만들어 놓은 교구를 왜 다시 만들어야만 할까요? 우리 교실의 독특한 상황에 맞게 정교화시키면 되는 것이 아닐까요? 이런 이유로 우리는 프레네 운동 안에서 우리의 지식과 노하우에 대한 교류를 하는 것입니다. 우리는 자주 오프라인에서 만나고 온라인에서 교구와 경험 그리고 조언 등을 주고받습니다.

따라서 자신의 질문과 불안, 그리고 성과를 가지고 혼자 계시지 마십시오. 나누고 해결책을 찾고, 성장하기 위하여 서로 만나십시오. 이것이 제가 여러분에게 드리는 충고입니다. 그리고 이것이 바로 이번 연수에서 여러분이 했던 것입니다. 혹시 계속하는 것이 가능할까요? 저는, 놀라운 열정으로 이번 연수를 준비하고 성공했던 별학교를 포함한 여러 대안학교에서 이미 그들의 경험을 교류하기 위하여 정기적으로 만나고 있다는 것을 알고 있습니다. 따라서 이것은 가능합니다. 그리고 저는 그 위에 덧붙여 여러분에게 가르쳐 드릴 것이 하나도 없습니다.

우리를 만나고자 하는 여러분의 동기로 보아 저는 여러분이 자원으로 충만해 있음을 확신합니다. 혹시 가능하다면 우리의 만남이 여러분께 유용했는지 알고 싶습니다. 여러분과의 만남이 저에게는 부인할 수 없는 제 개인적 성장이었다고 저는 단언할 수 있습니다.

2007년 7월 25일
프랑스 생 나제르에서
장 노엘 에반

부록

현대학교헌장

1. 교육은 지식의 축적, 훈련이나 조작이 아니라 발달이자 향상이다.

이 정신 안에서 우리는 학교 및 사회에서 발달과 향상을 최대한으로 끌어낼 수 있는 작업의 기술과 도구, 삶과 조직의 양태에 대해 연구한다. 내일의 어른이 될 아이들의 행동뿐 아니라, 사회에서 새로운 역할을 담당해야 할 소명이 있는 교육자들의 행동에도 영향을 줄 수 있다는 확신을 가지고 있다.

2. 우리는 모든 교의에 반대한다.

우리가 교육해야 할 아이에 대해 미리 어때야 한다고 정의하지 않는다. 우리는 아이가 오늘날의 세계를 지속하는데 봉사하도록 준비하지 않고 그가 최대한 자기를 펼칠 수 있는 사회를 만들 수 있도록 준비시킨다. 무엇이 되었든 미리 짜여있는 필지의 도그마에 아이의 정신이 복종되는 것을 거부한다. 우리 학생들이 모든 종류의 차별과 인간의 악용, 인종주의와 전쟁을 금지하는 세상을 건설할 책임 있고 의식 있는 어른이 되도록 하는 교육에 우리는 전념할 것이다.

3. 우리는 교육을 조건 짓는 사회적, 정치적 거대한 흐름 밖에서 그 자체만으로도 충분한 하나의 교육이 있다는 환상을 거부한다.

교육은 하나의 요소이다. 그러나 필수 불가결한 사회적 혁명의 한 요소일 뿐이다. 사회정치적인 배경과 학생, 부모의 삶과 노동 조건은 젊은 세대의 교육에 결정적인 영향을 준다. 우리는 세속교육(종교에 종속되지 않은 교육)이 훌륭한 교육적 기능을 완수할 수 있도록 노동자의 편에서 사회적 · 정치적으로 싸워야 할 필요가 있다는 것을 교육자, 부모, 그리고 우리의 학교 친구들에게 보여주어야만 한다. 이 정신 안에서 우리들 각자는 교육의 요구들이 행복, 문화, 평화를 추구하는 인간의 거대한 노력에 통합되도록 하기 위하여 사상적 · 정치적 · 철학적인 각자의 선호에 부합하도록 행동할 것이다.

4. 내일의 학교는 작업학교가 될 것이다.

자유롭게 선택하여 집단으로 나누어 담당하는 창조적인 작업은 큰 원칙이자 민중교육의 토대이다. 작업을 통해 모든 지식의 습득이 가능하고, 아동의 모든 잠재력이 보장될 것이다. 그렇게 작업과 책임감을 통해 새로워진 학교는 오늘날 분리되어 있던 사회, 문화 환경 속에 완벽하게 통합될 수 있을 것이다.

5. 학교는 아동을 중심으로 한다. 교사의 도움으로 스스로의 개성을 만들어가는 사람은 바로 아동이다.

교사의 교육적 태도를 정립하기 위해 아동 한 명, 한 명을 아는 것, 그의 심리적 성격, 그의 성향, 그의 정열을 모두 파악하는 것은 쉬운 일이 아니다. 그럼에도 불구하고 프레네 교육학은 자연스러운 방법을 통한 자유표현에 기초하여 자연스럽고 생생하며 문화적인 교육을 허락하는 조력환경, 재료, 기술들을 준비함으로써 심리적이고 교육학적인 진정한 재정립을 수행한다.

6. 실험적인 탐구는 학교의 현대화를 위한 첫 번째 조건이며 협동을 통해 이루어진다.

프레네 운동은 교리수업도, 도그마도 존재하지 않으며, 가입자에게 어떤 강요도 하지 않는다. 반대로 우리는, 수업을 하면서 우리의 경험상 효율적인 것으로 드러난 기준과 원칙에 근거해서 우리 교육학운동을 운영한다. 교사들은 협동을 통해 서로 토론, 연구하며 경험을 나눈다.

7. 프레네 교육학은 어떤 예외도 없이 모든 배우는 자들을 위한 교육학이다.

시작부터 프레네 교육학은 언제나 공립학교의 개혁을 위한 운동이었다. 그러나 우리는 사립학교에서 일하는 수많은 사람들도 우리 연맹에 받아들여야만 하고, 그들과 함께 '학교가 출신, 성, 문화, 장애 혹은 부모의 재정적인 능력에 따라 구분되어서는 안 된다'는 사상을 나누어야 한다.

8. 우리의 현대학교운동은 같은 길을 가고 있는 모든 조직들과 함께 공감, 협력관계를 유지하고자 한다.

우리의 목표로 남아있는 교육의 현대화를 앞당기고 공립학교에 최대한 봉사하고자 하는 바람으로 우리 활동에 참여한 모든 단체들과 함께 합법적이고 효율적인 협력을 완전히 독립적으로 끊임없이 제안한다.

9. 행정부와 우리의 관계

우리가 일하는 교실에서, 교사양성센터에서, 지방 혹은 국가연수원에서 우리는 교육학의 현대화를 위하여 우리의 경험을 동료와 나눌 준비가 되어있다. 그러나 우리 운동의 협동적 활동 요구에 따라 비평하고, 봉사하고, 도와주는 데 대한 우리의 자유를 지킬 것이다.

10. 프레네 교육학은 본질적으로 국제적이다.

교육자이며 교사로서 우리는 무엇보다도 우선 교실에서 아이들과 함께 일한다. 그러나 우리의 작업은 조직에 따라 지역적으로, 국가적으로, 국제적으로 확장될 수 있다. 이런 의미에서 지역적이고 국가적인 프레네 운동의 연합체로서 FIMEM은 시민성, 평화, 똘레랑스 그리고 자기 책임성을 교육하기 위하여 꼭 필요한 단체이다. 우리는 노동협력단체들의 원칙에 의거하여 국제적인 차원에서 우리의 노력을 전개시키고자 한다.

프레네 교육의 불변법칙

- 아동의 본성 -

1. 아동의 본성은 어른과 같다.
2. 크다는 것이 반드시 다른 사람보다 우위에 있다는 뜻은 아니다.
3. 학교에서 아동의 행동은 그의 생리적, 유기적, 체질적 상태에 따라 결정된다.

- 아동의 반응 -

4. 어느 누구도 -성인만큼이나 아동도- 권위적으로 명령받는 것을 좋아하지 않는다.
5. 어느 누구도 외부의 규율에 수동적으로 복종하는 것을 좋아하지 않는다.
6. 어떤 작업을 특별히 싫어하지 않는다고 하더라도 어느 누구도 그 작업을 강요받는 것을 좋아하지는 않는다. 의욕을 상실시키는 것이 바로 이 강요이다.
7. 누구나 비록 그것이 유익하지 않을지라도 자신의 작업을 스스로 선택하는 것을 좋아한다.
8. 어느 누구도 헛되이 도는 것, 로봇처럼 행동하는 것, 즉 동기가 부여되지 않은 채 기계적으로 박혀있는 생각들에 복종하는 것을 좋아하지 않는다.
9. 우리에게는 작업의 동기가 필요하다.

10. 더 이상 형식주의는 안 된다. 학교 밖에서는 유효하지 않은 학교만의 특별한 삶과 작업의 규칙은 더 이상 의미가 없다.
10-1. 모든 사람은 성공하길 원한다. 실패는 원기와 정열의 억제제이며 파괴자이다.
10-2. 아동에게 자연스러운 것은 놀이가 아니라 작업이다.

- 수업기술 -

11. 습득의 정상적인 경로는, (전통)학교의 본질적인 과정인 관찰, 설명, 증명이 아니라, 자연스럽고도 보편적인 방법인 실험적 모색(tâtonnement expérimental)이다.
12. 학교가 수없이 시키고 있는 암기는 그것이 실험적 모색에 통합될 때 그리고 삶에 실제 도움이 될 때만이 유효하며 가치를 지닌다.
13. 습득은 규칙과 법칙을 공부함으로써가 아니라 경험을 통해 이루어진다. 모국어, 예술, 수학, 과학에서 먼저 이러한 규칙과 법칙을 공부하는 것은, 소 앞에 쟁기를 갖다놓는 것과 마찬가지이다.
14. 지능은 개인의 여러 다른 생체 요소들과 분리되어 독자적으로 기능하는 특수한 능력이 아니다.
15. (전통)학교는 생생한 현실을 벗어나 암기를 통해 고정된 단어와 생각들을 매개로 작동하는 추상적인 형태의 지능만을 계발할 뿐이다.
16. 아동은 교단에서 전달하는 설교식 수업을 좋아하지 않는다.
17. 아동은 자신의 생명선에 놓여있는 작업, 즉 그를 기능하게 하는 작업을 수행하면서 피곤해하지 않는다.

18. 아동이나 성인 그 누구도 존엄성에 대한 훼손으로 여겨지고 있는 통제와 처벌을 좋아하지 않는데, 특히 그것들이 공개적으로 행사될 때 그러하다.
19. 성적과 등급제는 언제나 잘못이다.
20. 가능한 적게 말하라.
21. 아동은 개인을 순응시키는 대규모 집단작업을 좋아하지 않는다. 그는 협력적 공동체 안에서 하는 개별 작업이나 그룹 작업을 좋아한다.
22. 질서와 규율은 학급에 필요하다.
23. 처벌은 항상 잘못이다. 그것은 모두에게 모욕적이며 결코 원하는 목표에 도달하지도 못한다.
24. 학교의 새로운 삶은 학교 협력(coopération scolaire), 즉 교사를 포함한 구성원 모두가 학교생활과 작업을 운영하는 것을 전제로 한다.
25. 과밀학급은 언제나 교육적 하자이다.
26. 대단지(大團地) 학교라는 오늘날의 발상은 교사와 학생의 익명성으로 귀착된다. 그러므로 이 역시 과오이자 장애이다.
27. 우리는 학교 민주주의를 통해 내일의 민주주의를 준비한다. 권위적인 학교체제는 민주적 시민을 양성할 수 없다.
28. 우리는 존엄 속에서만 교육할 수 있다. 아동이 교사를 존중하기에 앞서 아동을 존중하는 것이 학교 혁신의 주요한 조건 중 하나이다.
29. 교육적 반동파의 반대, 즉 사회적·정치적인 반동 요인 역시 우리가 회피하거나 수정할 수 없는, 고려해야만 하는 하나의 불변요

소이다.
30. 마지막으로 우리의 모든 모색을 정당화하고 우리의 행위를 인증해주는 불변법칙, 그것은 삶(생명)에 담겨 있는 낙관적인 희망이다.

별학교란 마음과 몸이 힘든 사람들이 다니는 곳입니다.
따돌림을 당했던 친구들이 별학교에 와서 인정을 받게 된거죠.
자신의 의견을 표현해도 나무라지 않는 곳이에요.
왕따, 장애 등으로 자신감을 잃었던 아이들이 밤하늘의 별처럼 밝아지는 학교입니다.

/ 성장학교별 한 청소년의 자유글쓰기, 2023